대선 251일, 이재명의 말과 글

다시, 이재명

해설·편집
이재명후보비서실메시지팀

민중의소리

다시, 이재명

초판 발행 2022년 5월 25일

해설·편집 이재명 후보비서실 메시지팀

펴낸이 윤원석
펴낸곳 민중의소리
경영지원 김대영
전화 02-723-4260
팩스 02-723-5869
주소 서울시 종로구 삼일대로 469 서원빌딩 11층
등록번호 제101-81-90731호
출판등록 2003년 1월 1일

값 18,000원

ISBN 979-11-85253-95-4

일러두기

대선 251일, 이재명의 말과 글

다시, 이재명

민중의소리

편집을
마무리하며

5년 후를 기약하며...

윤종군

이재명 후보비서실 메시지팀 총괄팀장

2021년 6월, 지금은 원내대표가 된 박홍근 의원에게 전화가 왔다. 본인이 이재명 캠프 비서실장을 맡기로 했다며 메시지팀장을 부탁했다. 고되기로 소문난 메시지 업무, 그것도 달변가에 말과 글이 까다롭기로 소문난 이재명의 메시지라니... 세 번의 대통령 선거를 메시지팀에서 치렀지만 눈앞이 캄캄했다. 그러나 이재명, 박홍근, 거절할 수 없는 인연들이었다.

짧지 않은 시간 수많은 정치인의 말과 글을 써왔다. 토씨 하나까지 지적하며 수정에 수정을 요구하는 이, 본인이 직접 수정하는 이, 초안대로 말하는 이, 초안은 참고하되 자신의 언어로 말하는 이, 개성만큼이나 스타일이 다양하다. 군이 분류하자면 이재명의 글은 두 번째, 말은 네 번째 유형이다.

많은 사람들이 묻곤 한다. 진짜 그 많은 말글을 후보가 직접 확인하느냐? 듣던 대로 예상대로였다. 거의 모든 것을 직접 검토했다. 심지어 서면 인사말까지... 수정한 글을 받아보고는 자책하기 일쑤였다. 미사여구, 디테일은 중요하지 않았다. 시원시원한 구도와 맥락, 군더더기 없는 간결한 팩트 진단과 자기 주장, 문제제기를 할 때는 찌르고 넣는 맛이 있다. 그의 글은 날것처럼 싱싱했다. 그의 말은 시장통 선술집 통음처럼 사람들의 삶 그대로였다.

메시지팀의 사명 중 하나는 후보의 수면시간을 보장하는 것이다. 새벽녘까지 수정에 골몰하게 해서는 컨디션 조절이 되지 않는다. 다음날 일정의 성패에도 큰 영향을 미치게 된다. 총괄팀장을 맡은 초기, 후보의 텔레그램이 몇 시에 오프되는지를 체크했다. 수정이 잦아들고 호흡이 맞아간다고 느낄 즈음, "앞으로는 예민한 것 아니면 사후 보고하세요." 이제 수면시간의 책임은 메시지팀 손을 떠났다.

대통령다움, 이재명다움. 251일, 이재명의 말글을 구상할 때마다 맨 처음 직면하는 고민이었다. 어떤 이들은 말한다. 이재명다움을 충분히 보여주지 못해서 졌다. 아니다. 대통령다움이 부족했다. 이재명다움은 강하고 선명한 사이다 발언, 대통령다움은 포용, 따뜻함을 내포한다. 가정으로 이미 벌어진 일을 역산하는 것은 무의미하다. 그러나 끝나고 나서 생각하니 '이재명 안에 있는 대통령다움', 지금 시대 '대통령에게 요구되는 이재명다움'을 잘 보여주지 못했다는 아쉬움이 짙게 남는다.

민생실용주의자, 이재명의 정치는 한마디로 뭐냐는 질문에 대한 나의 답이다. 하나의 수식어를 더 붙일 때가 있다. '지독한' 민생실용주의자. "민생을 위한 것이라면 김대중 정책, 박정희 정책 따지지 않겠다". "큰 것은 누구나 하려고 한다. 그런데 작은 것은 아무도 안 하려고 한다. 정치는 작지만 소중한 민생과제를 잘 해결하는 것이다. 그것이 쌓이고 쌓이면 좋은 정치가 된다고 생각한다." 진심이었다. 이재명의 정치는 정말로 그랬다. 그리고 그 힘으로 지금의 이재명이 만들어졌다.

'경기먹거리그냥드림코너'를 만들 때 일이다. 공무원들이 반대했다. 공

다시, 이재명

짜로 주면 돈 있는 사람도 와서 가져갈 거다. 하루도 안 가 식료품이 동날 것이다. 이재명이 말했다. "열에 아홉 불필요한 사람이 가져가더라도 생존의 위기에 몰린 단 한 사람이 가져가서 먹고 살 수 있다면 괜찮은 것 아니냐, 그리고 나는 우리 국민의 자존을 믿는다. 불필요한 사람이 와서 가져가지 않을 것이다" 그의 말대로였다. 지금도 가져가는 식료품보다 기부받는 식료품이 더 많다.

이재명은 어떤 사람이냐, 경기도 정무수석이 되었을 때, 이재명을 잘 안다는 사람에게 내가 물었다. '의외로 마음이 여리고 따뜻한 사람'이라는 답이 돌아왔다. 그도 '의외로'라는 단어를 썼다. 증거가 뭐냐? 추운 겨울 전단지 돌리는 사람이 있으면 다가가서라도 다 받아 준다. 고속도로 하이패스도 수납원들 일자리 잃을까 봐 안 하다 안 하다 늦게서야 했다. 두 가지 모두 나와 같았다. '의외로' 통하는 구석이 있겠군, 살짝 기대가 됐었다.

장난치고 싶어지는 사람, '곁에서 보니 이재명은 어떤 사람이냐?'는 질문에 대한 나의 답이다. 내가 진심을 다해 모신 정치인은 문재인, 정세균이다. 문재인 대통령은 두 번의 대통령 선거와 당 대표 선거를 함께했다. 청와대 행정관으로 모시기도 했다. 정세균 대표는 원내대표, 당 대표 시절 모두 함께했다. 두 분 모두 진중하고 과묵한 스타일이다. 같이 있으면 권위적인 것은 아닌데 왠지 입을 떼기가 쉽지 않았다. 그런데 이재명은 아니다. 농담도 하고 장난치고 싶은 마음이 든다. 가끔 내보이는 특유의 장난기 어린 표정 때문인가, 나이 차 때문인가, 모르겠다 하여튼 그는 그렇다. 같이 있으면 같이 있으면 위치가 갖는 무게는 온데간데없고 그냥 형처럼 느껴진다.

언젠가 연설문 초안이 꽤나 마음에 안 들었나 보다. 새벽녘 전화를 해서는 뭐가 문제라는 지적도 딱히 안 하면서 한참을 이리저리 말을 돌렸다. 느낌으로는 마음에 안 들어도 한참 안 드는 눈치였다. 그래서 내가 말했다. "그냥 편하게 말씀해 주세요. 그래야 저도 방향을 잡을 수 있습니다." 돌아온 말이 충격적이었다. "초등학생이 쓴 거 같아요." 이재명이 아랫사람을 막 대하고 쥐잡듯이한다는 편견이 있는 줄 안다. 전혀 사실이 아니다. 의외로 세심, 소심한 면이 있다. 어쨌든 이날의 대화는 평생 잊히지 않을 것 같다. 가끔, 아주 가끔 그럴 때가 있다. 뭔가 서로 핀트가 맞지 않는... 단지 그것뿐이라고 생각하기로 했다.

그렇게 전쟁 같은 경선, 본선 251일을 함께했다. 그가 쏟아낸 말글이 얼마나 될지 가늠조차 되지 않는다. 정치인은 말을 줄여야 한다는 말이 있다. 말을 많이 하면 실수가 나오기 마련이고 공격거리를 주기 때문일 것이다. 그러나 이재명의 말글을 기록으로 남기는 데 주저함이 없다. 그는 지금까지도 일관되었고 앞으로도 일관될 것이기 때문이다.

0.73%, 24만 7,077표 차 근소한 패배. 끝나고 나니 메시지를 총괄했던 사람으로서 아쉬움도 남는다. 국민통합, 정치교체를 좀 더 일찍부터 선명

하게 주장했더라면 어땠을까? 젠더 이슈, 남녀·여남 분열정치에 보다 일찍 분명하게 대응했더라면 어땠을까? 이재명의 대표정책이었던 기본소득, 기본주택, 기본대출, 경제적 기본권을 좀 더 설득력 있고 강하게 국민께 알려드렸으면 어땠을까? 앞으로 차근차근 돌아보며 복기해볼 생각이다.

한여름에 시작한 그의 도전은 가을과 겨울을 지나 새봄의 문턱에서 멈췄다. 그의 꿈을 이루지 못했지만 우리의 꿈이 사라진 것은 아니다. 이 책에는 이재명과 우리가 함께 이루고자 했던 억강부약 대동세상의 꿈이 담겨있다. 우리 모두의 기억이 살아있는 한, 우리 모두가 포기하지 않는 한, 그 꿈은 언젠가 우리 곁에서 현실이 될 것이라 믿는다. 꽃샘추위가 매서워도 어김없이 봄은 찾아온다. 대지 위에는 살을 에는 추위가 이어져도 입춘이 지나면 땅 밑에서부터 봄의 기운이 올라온다. 그게 세상의 이치이다. 그러니 모두 힘내시면 좋겠다.

대선 후 더 폭발적으로 일어나는 이재명에 대한 관심이 흐뭇하다. 이 책이 모쪼록 이재명에 대해 더 알고 싶은 분들에게 작은 도움이 되면 좋겠다. 본인의 언어로 본인의 생각을 말해온 이재명의 말글에는 거짓이 없다. 바라건대 선거 과정에서는 다 알지 못했던 진짜 이재명의 모습을 볼 수 있으면 좋겠다.

혹여 오해가 있을 수 있으니 밝혀두어야겠다. 이재명의 말글은 메시지팀에서만 생산되지 않았다. 앞서도 밝혔듯이 이재명 본인이 쓴 글도 많다. 또한 긴급한 현안이 발생하면 현안대응팀 구성원들이 열과 성을 다해주었다. 수많은 정책 관련 말과 글에는 정책본부 관계자들의 노고가 녹아 있고, 후보의 지인이나 민주당을 사랑하는 분들이 시시때때로 외부에서 좋은 제안을 해주셨다. 때로는 SNS 댓글이나 커뮤니티 글들도 좋은 영감의 단초를 제공해 주었다.

또한 전략본부, 공보단, 홍보본부, 온라인소통단, 당대표·원내대표 메시지팀 구성원들도 '메시지 기획회의'를 운영하며 함께 수고해 주셨다.

특별히 함께했던 이재명 선대위 메시지팀 15명의 팀원들에게 깊은 감사의 마음을 전하고 싶다. 우리는 역대 최강 메시지팀이었다. 실력과 팀워크, 사명 의식 모든 면에서……. 적어도 내가 경험한 네 번의 대선을 통틀어 그렇다. 메시지팀을 일컬어 흔히들 말한다. '잘하면 본전 못하면 욕 바가지', '음지에서 음지를 지향하는 사람들' 선거 모든 영역이 중요하지만 정말 힘든 팀이 메시지팀이다. 머리가 빠지고 이가 상하는 이들도 많다. 그런데 고생하는 것에 비해 정치권에서 그만한 인정을 못 받아 왔다. 후보의 말글을 책임지는 메시지 담당자들이 좀 더 인정받으면 좋겠다. 이 책을 내는 또 하나의 이유이기도 하다. 2022 대선 251일, 좋은 후보, 좋은 사람들 만나서 한판 흐드러지게 잘 놀았다.

지지자가 보내주었던 응원 글로 마지막을 대신한다.

이재명은 성남시장일 때 시장다웠다.

이재명은 경기도지사일 때 도지사다웠다.

이재명은 대통령일 때 대통령다울 것이다.

이재명 시장 이전과 이후의 성남이 달랐다.

이재명 도지사 이전과 이후의 경기도가 달랐다.

이재명 대통령 이전과 이후의 대한민국은 다를 것이다.

차례

소확행

소확행, 웹 자서전, 대선 기간 수많은 글을 썼지만 메시지팀을 가장 힘들게 한 아이템이다. 웹자서전이야 본인의 인생사니 본인이 가장 잘 아는 영역이고 이것저것 손볼 것이 많을 것이라 이해한다. 그러나 소확행은 정책 아이템 아닌가, 후보보다 실무진이나 정책전문가, 담당 국회의원들이 더 잘 아는 영역일 테다. 그럼에도 불구하고 승인받는데 가장 힘들었고 후보의 수정요구도 가장 많았다. 특히 주식 관련 아이템은 확인받는데 새벽까지 6번이나 수정지시를 받은 적도 있다. 그가 최고의 전문가였다.

대선을 준비하면서 국민 삶과 동떨어진 거대담론 중심 의제 선정에 문제의식이 많았다. 공약도 국민 삶과 동떨어진 큰 공약만 얘기하는 것은 적절치 않다고 생각했다. 경선이 한창이던 8월경, 이미 이재명이 성남시정, 경기도정을 통해 실천했고 국민에게 호평받았던 것처럼 생활밀착형 민생정책을 정책브랜드화하자고 제안했다.

그러나 시작은 순탄치 않았다. 선거 캠프에 있는 정책전문가들은 정치, 경제, 사회, 문화 등 영역별 거대담론 중심의 기존 대선정책 프레임에 익숙해 있었다. 필요성은 인정되었지만 시작하기가 힘들었다. 그렇게 늘 하던대로 국정과제별, 지역별 정책발표가 이어지며 한두 달이 흘렀다.

그즈음 후보가 말했다. 지금까지의 정책 발표는 출장 뷔페형이다. 뭘 좋아할지 모르니 모든 음식을 준비해 가져가서 먹고 싶은 것을 골라 먹으라는 식이다. 이제는 좀 바뀠으면 좋겠다. 맛있는 단품 요리를 잘 준비해서 먹고 싶은 사람이 찾아와 먹을 수 있도록 했으면 좋겠다. 같은 문제의식이었다. 지독한 민생실용주의자인 이재명은 국민 삶에 별 느낌이 오지 않을 것 같은 거대담론형 정책을 발표하며 무언가 자기 색깔이 빠진 듯한 허전함을 느꼈을 터이다.

후보 지시가 떨어지자 일은 일사천리로 진행되었다. 그동안 소소하다고, 수혜계층이 적다고 뒷전으로 밀려났던 정책들이 빛을 보기 시작했다. 정책본부에서 취지에 맞는 정책 37개를 우선 선정했다. 문제는 정책브랜드 이름짓기였다. SNS에 그냥 게시하자니 그동안 주를 이루었던 정치현안대응, 국정과제형 대형 정책들과 차별화가 되지 않았다.

정책본부에서 아이디어 공모를 통해 '이재명의 작은 약속, 큰 변화'라는 브랜드명을 제시했다. '작은 약속'이 걸렸다. 국민의 삶이 빠져있고, 뭔가 지키지 않아도 될 것 같은 느낌이 들었다. 메시지팀에서 아이디어 공모를 했다. '이재명의 내 삶을 바꾸는 소확행 공약' 아이디어가 나왔다. 너무 길고 통상적인 느낌이었다. 캠프의 전반적인 메시지 전략을 조언하던 정철 카피라이터에게 도움을 요청했다. 그렇게 해서 '이재명의 합니다. 소확행 공약'이라는 브랜드명이 확정되었다.

첫 아이템을 언제 어떤 내용으로 낼지 고민했다. 당시 캠프는 2030 청년, 그중에서도 특히 남성들의 지지가 취약해 이들의 지지를 이끌어 내는데 몰두하고 있었다. 이에 부응하는 것이어야 하고 첫 공약이니 주목도도 높아

다시, 이재명

야 했다. 1호 공약이니, 11월 11일에 내자고 했다. 후보가 애착을 가진 사안이었지만 주류 경제계와 캠프 정책파트에서 반대의견이 많았던 '가상자산 과세 1년 유예'를 아이템으로 잡았다. 역시 반대가 많았다. 그러나 11월 11일을 지켜야 한다고 강력히 주장했다. 후보도 대찬성이었다. 그렇게 소확행 1호 공약이 세상에 처음 얼굴을 알렸다.

데뷔전은 대성공이었다. 오토바이 소음 단속, e스포츠 상무팀 창단, 반려동물 표준수가제, 초등 저학년 3시 동시 하교…일찍이 있지 않았던 국민생활과 밀착된 대선후보의 공약은 국민의 관심을 불러왔고 언론의 주목도도 높았다. 여기저기서 제안이 쏟아졌다. 메시지팀, 정책본부를 넘어 이재명 캠프에 있는 사람들, 지인들이 많은 제안을 했다. 후보 SNS로도 수많은 제안이 쏟아졌다. 이것을 더 큰 정책선거의 흐름으로 만들어야겠다 생각했다.

2021년 마지막 날인, 12월 31일 후보가 직접 기자회견을 열어 '소확행 국민제안 캠페인'을 시작한다고 알렸다. 20여 일 동안 6,300여 명의 국민들께서 그 이상의 정책을 보내주셨다. 재미있는 사연들도 많았다. 2022년 1월 25일 김혜경 여사를 지원하는 배우자팀에서 편지를 건네주었다. 전남 담양 한빛고등학교 19살 이정하 양이 학교, 군부대 등에서 채식급식을 확대해 달라고 김혜경 여사에게 직접 쓴 손 편지였다. 20여 일 뒤 소확행 75번으로 발표되었다. 소확행은 그렇게 수많은 국민의 참여로 완성되었다.

'소확행 공약 73번 포괄임금약정 제한'은 노동 공약의 세부 내용으로 이미 발표한 내용이다. 당시 워낙 다양한 내용이 발표된 터라 기성 언론에서 주목받지 못했다. 오히려 반응은 청년들이 활동하는 커뮤니티를 중심으로 터지기 시작했다. 2030 직장인들 중심으로 공짜노동에 대한 문제의식이 얼마나 높은지 확인되는 대목이다. 이분들의 심정을 대변하기 위해 별도의 소확행 공약으로 재선정해 발표했고 예상대로 반응이 매우 열광적이었다. 후보는 이미 큰 공약 사이에 발표한 것이라도 의미 있는 주제는 소확행으로 다시 발표하라고 지시했다.

국민의 가장 큰 관심을 받은 소확행은 46번, '탈모치료 건강보험 적용 확대'였다. 이 아이템 또한 소확행 초기 캠프 내에서 제안되었던 안이었다. 그러나 예산이 과다하다고 해서 결정을 못하고 보류되어 왔었다. 그러다 1월 2일, 더불어민주당 청년들로 이뤄진 다이너마이트 선대위와의 현장 일정 중에, 탈모로 고민하던 30대 남성의 고충을 들은 후보가 소확행 공약으로 연결하면 좋겠다며 검토의사를 비쳤다. 탈모인들의 반응은 폭발적이었다. '심는다 이재명' 등 수많은 지지 동영상이 만들어졌고 관련 제품 회사의 주식은 30%까지 치솟았다. M자 탈모를 고민하던 김남국 의원의 커밍아웃과 박주민, 김원이 등 탈모 국회의원들의 지지가 잇따랐다.

국민의 관심이 커지자 국민의힘과 보수언론의 파상공세가 시작됐다. 그들의 논리는 한결같았다. 건강보험 재정을 생각하지 않는 포퓰리즘이라는 것이다. 중증암환자 지원을 강화하는 것이 더 합리적이지 않냐며 전문가를 동원한 은근한 공세도 이어졌다. 그들에게 미용으로 취급되던 치아 스케일링과 고가의 임플란트에 건강보험 적용을 시작한 것이 박근혜 정부였다는 사실은 중요하지 않았다.

그들은 포퓰리즘이라는 공격을 하면서도 국민의 관심이 부러웠는지 곧바로 우리의 소확행 시리즈를 베낀 모조품을 내놓았다. 이름하여 '심쿵 공약 시리즈'가 그것이다. 이재명 후보의 철학이 '좋은 공약은 여야, 진보보수 진영과 상관없다', '공약에는 저작권이 없으니 좋은 것은 다 가져가서 쓰라'는 주의지만 원칙도 없고 앞뒤가 다른 언행은 참 씁쓸한 대목이었다. 그냥 솔직히 생활밀착형 소확행 공약의 취지가 좋으니 우리도 시작한다고 했으면 더 좋지 않았을까.

'소확행'에는 이재명의 정치철학과 신념이 고스란히 담겨있다. 그는 말한다. "큰일은 누구나 하려고 합니다. 그러나 대개 작은 일에는 관심을 갖지 않습니다. 그러나 저는 좋은 정치는 작지만 소중한 민생과제를 잘 해결하는 것이고 그것이 쌓이고 쌓이면 유능한 정치인, 유능한 정당으로 인정받는 것이라고 생각합니다." 그렇다. 그는 소확행식 민생정치로 비주류의 비주류, 변방의 변방에서 집권여당 대선후보에 올랐다. 그렇게 그를 키운 것은 계파도 조직도 돈도 아니었다. 오직 성남시장, 경기도지사 시절 실천해온 국민의 삶을 바꾸는 생활밀착형 정책의 힘이었다.

또한 그는 말한다. "일부 학자들, 전문가들이 책상에 앉아 통계표를 보며 만든 정책들, 똑똑한 우리가 이런 정책을 만들었으니 그것 보고 나를 찍으라는 식의 정치는 이재명의 방식이 아닙니다. 국민을 지도한다는 리더십은 시대에 맞지 않습니다. 국민을 따라가기도 힘든데 뭘 지도한다는 말입니까? 국민 삶의 현장에서 국민의 살아있는 목소리를 정확히 잘 알고 실천하는 것이 가장 좋은 정책입니다. 국민 여러분이 가장 훌륭한 정책 생산자입니다." 국민을 믿는 주권재민의 철학이다.

비판적인 주장들도 있다. 너무 소확행에만 집중했다, 더 큰 국가적 아젠다 정책비전을 제시하지 못했다는 비판이다. 소확행이 잘못된 것이 아니라 다른 것을 더 잘하지 못한 부족함이라 생각한다. 그렇다고 해서 수많은 국민과 함께 현장에서 만들어온 소확행식 민생정치, 국민생활밀착공약의 중요성이 평가절하되어서는 안 될 것이다.

아쉬움도 남는다. 처음 소확행을 기획했을 때 캠프 내 직능본부와 협업해, 각종 직능단체 생활형 커뮤니티와 연계를 강화하고자 했다. 예를 들면 '타투 합법화' 소확행의 경우, 해당 타투인연합회 등과 사전에 의견을 조율하여 정책을 발표하고, 해당 직능단체의 지지선언 등을 이끌어 내 전체적인 지지율 상승에 기여하자는 것이었다. 중대형 공약이 100만 표, 200만 표를 목표로 하는 것이라면 소확행은 1만 표, 3만 표, 5만 표를 목표로 하자는 것이었다.

11월 11일 시작해 3월 8일까지 118일 동안 90개의 소확행이 발표됐다. 하루 0.76개꼴이다. 짧은 선거 기간이었고 수많은 국민의 제안을 잘 설계하기에도 벅찼다. 그러나 24만 7,077표, 0.73%의 근소한 패배에 직면하니 소확행 하나하나가 애초 목표대로 1만 표는 아니더라도 3,000표 씩만이라도 잘 조직해서 가져왔더라면 하는 아쉬움이 남는다.

민주당 정책위원회는 국민의 '탈모 건강보험 적용' 등 반응이 좋았던 소확행 공약 12가지를 선정해 비대위에 보고 했다고 한다. 향후 법안, 예산안 심사 과정에서 반영하기 위함이다. 또한 지방선거가 한창인 지금 전국의 수많은 후보가 'OOO의 OO시민을 위한 소확행 공약 시리즈' 등의 이름으로 공약을 발표하고 있다. 바야흐로 소확행 시즌 2가 시작되고 있음을 본다.

소확행을 완성해 가는 과정에서 정책본부의 수많은 관계자의 노고도 컸다. 초안을 작성하고 예산과 실행계획을 고려하여 국민을 위한 정책으로 완성해 주었다. 꼼꼼한 후보의 수정 요구에 수정에 수정을 반복했지만 오직 대선 승리, 민생실용정책 완성이라는 목표를 위해 함께해 주셨다. 소확행은 비서실 메시지팀과 정책본부와의 협업으로 완성되었다.

5년 후 선거는 또 있고 국민의 삶에도 또 많은 곡절이 생길 것이다. 누군가는 또 다음 시대를 개척하고 국민의 삶을 개선할 정책을 준비할 것이다. 그러나 이재명만의 삶에서 체화된, 이재명만의 가치와 철학이 살아 꿈틀대는 '지독한 민생실용주의'는 쉽게 모방되지 않을 것이다. 5년, 이재명의 또 다른 삶이 만들어낼 '소환행 시즌 2'가 기대되는 이유이다.

이재명의 합니다 - 소확행공약 1
가상자산 과세, 1년 늦추겠습니다.

2021.11.11.

오늘부터 국민의 삶을 바꾸는 작지만 알찬 '소확행' 공약 시리즈를 발표합니다. 큰일은 누구나 다 하려 합니다. 그러나 좋은 정치는 작지만 소중한 민생과제를 하나하나 실행해가는 것이라 생각합니다. 저의 작지만 행복한 약속, 국민 삶을 크게 바꿀 수 있는 공약을 기대해 주십시오. 중대형 공약은 별도로 발표합니다.

국회는 지난해 가상자산 소득에 대한 과세제도를 도입하기로 하고, 2022년 1월 1일부터 발생하는 소득에 대해서 적용하기로 하였습니다.

그러나 중요한 건 '과세 결정'이 아니라 '준비 여부'입니다. 현장과 전문가의 우려를 간과해서는 안 됩니다.

가상자산을 무형자산으로 보는 것이 적정한지, 손실은 이월하지 않으면서 양도소득에 대해서만 과세하는 것이 타당한지, 해외거래소를 통해 거래할 경우 부대비용은 어떻게 인정해 줄 것인지, 개인 간의 P2P 시장에 대해서는 어떻게 할 것인지 등 준비하고 점검해야 할 사항들이 아직 많이 남아 있습니다.

가상자산 공제한도와 관련하여 너무 낮아서 합리적인지 문제를 제기하기도 합니다. 대폭상향도 필요하다고 봅니다. 세법이 가상자산소득을 기타소득으로 분류하고 있는 문제점을 지적하며 이를 국제회계기준상 금융자산으로 보는 것이 합리적이라는 주장도 있으며 금융투자소득 개편 방안이 본격 시행되는 2023년에 가상자산을 포함한 금융투자소득 전반에 대한 과세가 통합적으로 이뤄지는 방안이 더욱 타당하다는 의견도 있습니다.

조세의 기본은 신뢰입니다. 납세자인 국민이 신뢰할 수 있는 납세 제도를 만들어야 합니다. 준비 없이 급하게 추진된 과세는 정당성을 얻기 어렵고, 조세저항과 현장의 혼란을 불러오게 됩니다.

미국을 비롯한 많은 나라에서 가상자산이 인정되고 있으며, 많은 기업들이 가상자산을 비즈니스에 활용하고 있습니다. 지금 국회에는 가상자산 이용자 보호와 건전한 시장 발전을 위한 다양한 법안이 발의되어 있습니다. 관련 법률안을 논의해서 제정안을 입법하는 것이 우선입니다. 과세는 그때 해도 늦지 않습니다. 조속히 국회에서 관련 법률이 제정되어서 가상자산 관련 시장이 건전하게 육성되기를 희망합니다.

이재명의 합니다 - 소확행공약 4
면접 준비에 48만원, 실화입니까?

2021.11.15.

경찰 면접을 앞둔 여자친구가 메이크업에 35만 원을 쓴다고 해 싸웠다는 글을 봤습니다.

다시, 이재명

한 취업 플랫폼 조사를 보니 취준생이 예상하는 평균 면접 예상 비용이 48만 원에 달한다고 합니다.

부모님 부담도 덜어주고, 혼자 끙끙 앓지 않도록 〈청년면접 관련 완벽 지원 서비스〉를 도입하겠습니다.

첫째, 면접에 필요한 정장 대여, 헤어·메이크업과 사진촬영을 지원하고, 이력서, 자기소개서 컨설팅, 전문가와의 모의면접 코칭 서비스도 제공하겠습니다.

기초자치단체 단위에 서비스를 제공할 수 있는 지원센터를 설립하거나, 열린옷장과 같은 공유기업과 연계하여 진행하겠습니다.

둘째, 공공부문 면접 수당 지급을 의무화하겠습니다. 공기업, 민간기업 가리지 않고 청년 한 명당 수십 회씩 취업문을 두드립니다. 공공부문부터라도 부담을 덜어야 하지 않겠습니까?

경기도 청년면접수당제는 올해 한 회에 2만500명이 54,000건을 신청할 정도로 관심이 높았습니다. 만족도 85%로 검증된 사업입니다.

셋째, 면접 수당을 지급하는 중소기업에게는 '일자리 우수기업' 등의 인센티브를 부여해 민간기업의 자발적 참여를 확대해 가겠습니다.

취업문을 넓히는 일도 중요하지만 당장의 취업활동에 도움이 될 수 있는 일부터 하겠습니다.

이재명의 합니다 - 소확행공약7
천차만별 반려동물 진료비, 화나고 부담되셨죠?

2021.11.18.

네 집 중에 한 집이 반려동물을 키우고 있습니다. 이제 반려동물은 또 하나의 가족입니다.

반려동물 키우며 겪는 어려움 중 가장 큰 것이 높은 진료비 부담입니다. 반려동물보험이 있습니다만 가입률은 0.3%에 불과합니다.

반려동물 진료수가가 표준화되어 있지 않아 보험료 산정이 어렵기 때문입니다.

공정위 조사에 따르면 동물병원마다 진료비 편차가 2~6배나 난다고 합니다. 진료비 편차가 심해 동물병원과 반려인 사이에 진료비 분쟁의 원인이 되기도 합니다.

반려동물 진료비 표준수가제를 도입해 반려인의 부담을 덜어드리겠습니다.

진료비 표준수가가 정립되면 정확한 보험료율 산정이 가능해집니다. 관련 보험 상품도 다양해져 반려인의 입장에서 맞춤형 보험상품을 고를 수 있을 것입니다.

우선 표준수가제 도입에 필요한 전제 사항인 진료 항목 표준화, 예상되는 진료비 사전 고지제도, 진료 항목별 비용 공시제도를 시행하겠습니다.

건강이 행복의 첫째 조건이듯 반려동물과 걱정 없이 살 수 있도록 반려동물의 건강권도 챙기겠습니다.

이재명의 합니다 - 소확행 공약 8
아동학대, 영아살해, 더 엄하게 처벌하겠습니다.

2021.11.19.

오늘은 '세계 아동학대 예방의 날'입니다. 한 해 4만 건이 넘는 아동학대 신고가 접수되고 있습니다. 신고하지 않는 것까지 포함하면 이보다 훨씬 많을 것으로 추산됩니다.

다양한 대책을 마련해야겠지만 우선 법적 처벌을 강화해야 합니다.

출산 직후 아이를 창밖으로 내던져 사망케 하고, 아이를 해하고 시신을 훼손하려 한 부모가 이 조항으로 인해 집행유예 등을 받았습니다. 생명을 함부로 훼손하고도 고작 집행유예를 받은 데 국민적 공분이 매우 높았습니다.

영아살해죄, 영아유기죄가 보통의 살해, 유기보다 형량이 가볍기 때문에 발생한 일입니다.

68년 전 만들어진 이 법은 전쟁 직후 극심한 가난으로 아이를 제대로 부양할 수 없다는 점, 성범죄 등으로 인한 출산 등의 사정을 감안해 일반죄보다 낮은 형량을 적용했습니다.

그러나 지금은 가난과 범죄로부터 국민을 지켜주지 못했던 70년 전 대한민국이 아닙니다. 생명권 존중에 대한 국민적 의식도 매우 높아졌습니다.

영아살해죄, 영아유기죄를 폐지해 보통 살해, 유기죄와 동일하게 처벌하도록 하겠습니다.

또한 잔혹한 아동학대범죄에 대해 공소시효를 배제해 반드시 처벌받도록 하겠습니다. 음주 또는 약물로 인한 심신장애를 들어 형량을 감면하지 못하게 하겠습니다.

아이를 키우는 데 대한민국의 온 힘을 써야 하듯, 아이들을 지키는 데도 모든 노력을 다하겠습니다.

이재명의 합니다 – 소확행 공약 10
초등학생 3시 동시 하교제로
부모님의 걱정을 덜어드리겠습니다.

2021.11.21.

내일부터 초등학교 전면 등교가 시행됩니다. 벌써부터 부모님들 걱정이 이만저만 아니실 겁니다.

초등학교는 유치원, 어린이집보다 하교 시간이 빠르고 요일별로도 들쑥날쑥합니다. 아이들은 바뀐 환경에 적응하기 바쁘고 부모님은 방과 후 스케줄 짜는 게 전쟁입니다.

결국 방과 후 나 홀로 집에 있는 아이가 안쓰러워 직장을 그만두는 일도 발생합니다.

첫째, 국제적 추세에 맞게 초등학교 3시 동시 하교를 추진하겠습니다.

대부분의 나라들은 3시 이후 동시 하교를 채택하고 있습니다. 그러나 우리는 이보다 빨리 하교하다 보니 정규 수업 시간이 OECD 평균보다 적습니다.

수업 시간이 늘어난 저학년을 중심으로 다른 OECD 국가처럼 지역교육과정을 도입하겠습니다.

기초학력 향상, 예술·체육, 창의적 체험 등 다양한 프로그램을 제공해 학생 맞춤형 교육을 받을 수 있도록 하겠습니다.

학급당 학생 수 감축, 저밀학급부터 단계적 시행, 과밀학급에 대한 복합 시설 건립, 교사 등 인력 충원도 추진하겠습니다.

둘째, 정규수업 종료 후에는 오후 7시까지 양질의 돌봄을 제공하겠습니다.

교육지원청, 지방정부와 협력해 안정적으로 운영되도록 하겠습니다.

아이들은 적절한 교육과 돌봄을 받고 부모님은 경력 단절 걱정이 없도록 학교와 지방정부, 지역사회와 함께 꼼꼼히 계획을 수립해 추진하겠습니다.

이재명이 합니다 - 소확행공약 11

산부인과는 부인만 치료?

여성건강의학과로 바꿔 의료접근성 높이겠습니다.

2021.11.22.

미혼여성이 산부인과를 찾는 것은 여간 어려운 일이 아닙니다. 임신 출산 등 기혼여성을 위한 병원이라는 선입견이 큰 탓입니다.

실제로 한 여론조사 결과에 따르면 미혼여성 80% 이상이 산부인과는 일반 병원에 비해 꺼려진다고 응답했습니다.

의료법을 개정해 산부인과 명칭을 여성건강의학과로 바꾸겠습니다.

산부인과라는 명칭은 여성을 부인으로 칭했던 일제 잔재입니다. 여전히 여성 건강과 질환을 부인병으로 부르는 시대착오적인 인식이 여성 청소년과 미혼 여성의 병을 키우고 있는 것입니다.

과거에도 진료과목에 대한 인식 개선을 위해 소아과를 소아청소년과로, 정신과를 정신건강의학과로 바꾼 바 있습니다. 세부적인 제도 개선과 함께 현장의 혼란이 없도록 함께 준비하겠습니다.

명칭 변경부터 시작해 혼인과 출산 여부, 연령에 관계없이 모든 여성이 안심하고 쉽게 이용할 수 있는 의료 환경을 만들겠습니다.

이재명의 합니다 – 소확행공약 12

'변형카메라 불법촬영 범죄' 이제 그만!

2021.11.24.

얼마 전 초등학교 교장이 교내 화장실에 소형카메라를 설치했다 적발된 일이 있었습니다. 가장 안전해야 할 학교마저 변형카메라 범죄에 노출된 것입니다.

지난 5년간 불법촬영 범죄는 약 3만여 건에 달합니다. USB, 볼펜, 안경 등 일상생활용품 형태의 변형카메라가 한해 10만 건 가까이 수입되고 있습니다.

적합성 인증만 받으면 쉽게 유통이 가능한 변형카메라, 지금 같은 주먹구구식 대책으로는 근절할 수 없습니다.

첫째, 변형카메라 관리체계를 구축하겠습니다.

변형카메라의 제조·수입·판매·임대·배포·구매대행·광고에 이르기까지 관리제를 실시하고, 이력정보시스템 도입과 정기적인 실태조사도 병행하도록 하겠습니다.

관련 내용을 담은 변형카메라 관리에 관한 법률안부터 조속히 통과되도록 하겠습니다.

둘째, 불법촬영 단속 인프라도 시급히 구축하겠습니다.

우수한 성능의 탐지 장비를 개발해 충분히 공급하겠습니다. 개인휴대용

탐지기 보급, 불법촬영 신고 플랫폼 도입 등 전방위적인 대응 체계를 마련하겠습니다.

이미 발표한 디지털 성범죄 전담기구 전국 확대 등 디지털성범죄 근절대책을 철저하게 시행해 가겠습니다.

불법촬영 걱정 없는 안심사회, 꼭 만들겠습니다.

이재명의 합니다 – 소확행공약 17
아파도 꾹 참고 출근?
상병수당으로 쉴 권리를 찾아드리겠습니다.

2021.12.01.

일하는 사람이 아플 때 충분히 쉬고 회복할 수 있도록 생계비를 지원하는 상병수당은 182개 국가 중 174개 국가에서 실시할 정도로 보편적인 제도입니다.

하지만 우리나라는 OECD 국가 중 미국과 더불어 상병수당을 실시하지 않는 나라입니다.

통계상 노동자 절반이 아파도 일한다고 합니다. 가게 문을 닫는 게 생존과 직결되는 소상공인, 자영업자는 더더욱 상상할 수 없는 일입니다.

당장의 소득 때문에 건강을 포기하게 둬선 안 됩니다. 주기적인 팬데믹을 걱정하는 시대, 아플 때 생계 걱정 없이 쉬게 하는 것도 방역입니다.

모든 경제활동인구를 대상으로 보편적 상병수당을 도입하겠습니다.

건강보험법상 상병수당 지급 근거가 이미 마련돼 있습니다. 코로나 시기 약 50만 명이 상병수당과 유사한 성격인 코로나 자가격리자 지원금을 받으면서 상병수당을 체감한 바 있습니다.

정부가 내년부터 시범사업을 실시합니다. 시범사업의 결과를 토대로 조기 시행하도록 하겠습니다.

열심히 일한 국민들이 지치고 병이 들 때 치료를 넘어 휴식까지 보장하는 것이 제대로 된 복지국가입니다. 아파도 서럽지 않도록 맘 편히 쉴 권리를 보장하겠습니다.

이재명의 합니다 – 소확행 공약 20
딥페이크 인권침해로부터 국민을 지키겠습니다.

2021.12.05.

최근 가수 고 신해철 씨가 생전에 진행하던 라디오 프로 진행자로 깜짝 등장해 화제가 됐습니다. 진짜 신해철 씨의 음성이 아닌 딥페이크로 만든 것이었지만 그를 추억하는 많은 팬들이 눈시울을 적셨습니다.

인공지능을 이용해 가상으로 영상, 목소리, 사진을 만들어내는 딥페이크는 실제 찍기 어려운 영화 장면, 암진단용 영상, 심리치료 등 다양한 산업 발전에 긍정적인 영향을 주고 있습니다.

하지만 딥페이크가 주는 편리와 산업적 기회와 동시에 해결해야 할 과제들이 있습니다.

연예인 합성 음란물 제작·유포, 보이스피싱 사기 등 심각한 인권침해와 범죄 행위에 강력히 대처해야 합니다.

미국 대선 투표 독려 김정은 위원장 합성 영상, 트럼프 대통령을 비난하는 가짜 오바마 대통령 영상 사례처럼 딥페이크 가짜뉴스는 당장 이번 우리 대선에서도 유권자의 선택을 왜곡할 수 있는 심각한 위협입니다.

첫째, 현행법을 강화해 악의적인 딥페이크 허위영상물 제작·유포는 물론 소지·구입·저장 행위도 강력하게 처벌하겠습니다.

둘째, 딥페이크 '가짜영상' 식별 기술 개발, 검찰, 경찰, 선관위 등 공적 역량 강화, 딥페이크 사기와 유포에 대한 교육 등 대응 능력을 키우겠습니다.

셋째, 지난 미국 대선 사례처럼 우리 대선에도 '악의적 딥페이크 가짜영상'이 난무하지 않도록 플랫폼 기업들의 민간 자율규제 강화를 요구하겠습니다.

국민을 보호하고 사회적 피해를 예방하고 인공지능 기술이 산업 발전을 이끌 수 있도록 최선을 다 하겠습니다.

이재명의 합니다 – 소확행 공약 21

소비자 알 권리·국내 농업 경쟁력 위해
GMO 완전표시제를 도입하겠습니다.

2021.12.06.

우리나라는 세계 최상위권의 유전자변형(GMO) 농산물 수입국입니다. 2020년 한 해 동안 수입한 옥수수의 92.6%, 콩의 79%가 GMO 농산물입니다.

이미 상당량의 유전자변형 식품이 취급되고 있지만 국민 대다수는 자신이 먹는 음식에 유전자변형 원료가 포함돼 있는지 알기 어렵습니다.

현행 표시제는 가공과정에서 유전자변형 DNA가 파괴되었을 경우는 표시를 하지 않아도 되고, 남아있는 식품에만 표시를 의무화하고 있기 때문입니다.

GMO 완전표시제를 도입하겠습니다.

가공과정에서 유전자변형 DNA가 파괴되었더라도 유전자변형 원료를 사용한 경우에는 표시를 의무화하겠습니다.

우선 국민 소비가 많은 식용유와 당류, 장류 식품부터 유전자변형 표시제를 의무화하여 소비자인 국민의 알 권리와 선택권을 강화하겠습니다.

유럽연합(EU)은 유전자변형 원료를 사용한 모든 식품에 대해 유전자변형(GMO) 완전표시제를 시행하고 있습니다.

경기도지사 시절, 전국 최초로 유전자변형 원료를 사용하지 않고 제조, 가공한 식품에 대해 비유전자변형(non-GMO) 식품 표시 조례를 제정해 인증 및 관리사업을 시행한 바 있습니다. 친환경 학교 급식 등에 유용하게 활용되고 있습니다.

GMO완전표시제도 시행으로 소비자 선택권을 보장하고 국내 농업의 경쟁력도 강화하겠습니다.

이재명의 합니다 - 소확행공약 22
부모님에게 등 떠민 등하굣길 안전,
국가가 책임지겠습니다.

2021.12.07.

'히어로를 모십니다. ㅜㅜ'

학부모가 중고거래 앱에 어린이 등하굣길 교통봉사 알바를 구하며 올린 글입니다.

말이 봉사지 사실상 강제 할당이다 보니 사정이 있는 부모들은 이런 '웃픈' 알바까지 구해야 합니다.

등하굣길 봉사활동은 갈수록 학부모들의 스트레스이자 단골 민원입니다.

맞벌이 가구 증가, 육아와 직장의 병행 등 변화된 가족상, 시대상을 반영

다시, 이재명

하지 못하고 있습니다.

학부모의 무임 노동에 기댄 말뿐인 봉사활동을 없애고 어린이 안전은 당연히 국가가 책임지겠습니다.

첫째, 사회적 일자리를 활용하여 등하굣길 교통안전을 대폭 강화하겠습니다. 낮은 처우를 개선하고, 안전교육을 강화해 안전 사고 대응 능력도 더 키우겠습니다.

둘째, 신설학교는 설계 단계부터 안전이 보장된 통학로 설치를 의무화하겠습니다.

그동안 아이들의 안전을 위해 묵묵히 교통 봉사를 해주신 학부모님들의 노고에 감사드립니다. 등하굣길 안전, 이제 나라가 책임지겠습니다.

이재명의 합니다 - 소확행 공약 24
'제대로 된 한 끼',
아동급식 사업을 전면 개선하겠습니다.

2021.12.12.

코로나19로 학교 등교일이 줄면서 학교 못가면 굶을 걱정을 하는 취약계층 아이들이 늘고 있습니다.

아동급식 지원 사업을 통해 급식카드를 제공하지만 일부 지자체는 사용처를 일반음식점·편의점 등으로 제한해 아이들이 편의점 삼각김밥, 컵라면 등으로 끼니를 때우는 경우도 있습니다.

또한 지자체마다 급식 단가가 천차만별이고 심지어 전국 지자체중 68%는 권장단가인 6,000원도 지급하지 못하고 있습니다. 또한 아동급식카드를 별도 제작하는 바람에 결과적으로 저소득층 낙인을 찍기도 합니다.

경기도는 작년 8월부터 '모든 음식점에서 당당하게 식사하고 결제'할 수 있도록 아동급식카드 시스템을 전면 개선한 바 있습니다.

앞으로 모든 아이들이 밥은 제대로 먹고 다니도록 경기도처럼 개선하겠습니다.

첫째, 아동급식카드 사용처를 확대하겠습니다. 일반식당뿐만 아니라 대형마트 푸드코트, 반찬가게, 정육점 부식 구입도 할 수 있도록 하겠습니다.

둘째, 아이들이 눈치 보지 않게 급식카드 디자인을 일반체크카드와 통일하고 IC카드 결제방식을 도입하겠습니다.

셋째, 아동급식 지원 단가를 인상하겠습니다. 최저기준 이상의 단가를 책정해 사는 곳에 따라 식사의 질이 차이 나는 일은 없도록 하겠습니다. 국가가 비용도 지원하겠습니다.

먹는 것만큼은 차별해선 안 됩니다. 특히 자라나는 아이들에게는 더욱 그러해야 합니다. '제대로 된 한 끼' 먹는 당연한 권리를 반드시 보장하겠습니다.

다시, 이재명

이재명은 합니다 – 소확행 공약25
'확률형 아이템'의 투명한 정보공개로
이용자의 권익을 보장하겠습니다.

2021.12.13.

　게임은 2030세대의 중요한 여가활동을 넘어 미래 성장동력으로서 가치도 큽니다. 하지만 산업적 기반을 이룬 다수 이용자들의 권익보다 이윤 추구에만 몰두하는 일부 업체의 태도는 아쉽습니다.

　대표적인 사례가 확률형 아이템입니다. 확률형 아이템 정보의 불투명성과 아이템 구매에 들어가는 과도한 비용으로 이용자 불만이 매우 큰 상황입니다.

　소비자 기망, 확률정보 공개의 일방적 결정 및 검증절차 미비, 다중 뽑기의 사행성 조장 등으로 갈수록 이용자의 불신이 커지고 있습니다.

　게임산업이 더욱 발전하기 위해서라도 확률형 게임 아이템의 투명한 정보공개를 추진하겠습니다.

　첫째, 확률형 아이템의 정확한 구성확률과 기댓값을 투명하게 공개하도록 하겠습니다. 구매자에 제품 정보를 충분히 제공하는 것은 당연한 일입니다.

　콘텐츠분쟁조정위원회의 기능을 확대하여 게임 이용자의 권익 보호를 더한층 강화하겠습니다.

둘째, 과도한 구매 비용을 유도해 사행성을 부추기는 일명 '컴플리트 가챠'(콤프가챠), 즉 다중 뽑기는 원칙적으로 금지하겠습니다.

셋째, 게임사의 확률 조작, 고의적인 잘못된 확률 제시에 책임을 묻도록 하겠습니다. 물론 중소기업, 인디 개발자에 대한 과도한 처벌은 없도록 보완책도 마련하겠습니다.

민주당이 발의한 관련 개정안이 조속히 통과되도록 힘을 보태겠습니다. 야당도 더 이상 게임을 중독으로 보지 말고 권익 보호 차원으로 협조 부탁드립니다.

건전한 게임문화 정착은 물론 게임산업 등 문화산업의 경쟁력 강화와 지속적인 발전 방안 마련을 위해 꼼꼼하게 챙기겠습니다.

이재명의 합니다 - 소확행 공약 26
동물보호소 가면을 쓴 신종 펫샵을 근절하겠습니다.

2021.12.14.

'동물보호소'라는 명칭을 무분별하게 사용해 사실상 반려동물을 사고파는 신종 펫샵이 사회적 문제가 되고 있습니다.

양육을 포기할 수밖에 없는 사정을 이용, 파양을 적극적으로 권하고 그 과정에서 많게는 수천만 원까지 비용을 받아낸다고 합니다.

또한 보호소라는 이름을 믿고 구조한 유기 동물을 데려온 이들에게도 돈을 받고 다시 되팔기까지 합니다.

반려동물의 파양을 조장하고, 동물의 복지뿐만 아니라 건전한 입양과 반려 문화 정착을 방해하는 '신종 펫샵'을 근절하겠습니다.

첫째, 유기동물의 복지와 입양을 목적으로 하는 '동물보호소'를 일반 반려동물 판매업과 구분하고, 동일 또는 유사 명칭 사용을 금지하겠습니다.

관련 내용을 담은 동물보호법이 조속히 국회에서 통과되도록 하겠습니다.

둘째, 영리 목적의 파양 및 입양 중개를 금지해 파양동물을 이용한 영업 행위를 막겠습니다.

이미 삶의 동반자인 반려동물을 이윤 추구 수단으로 변질시키는 신종 펫샵의 비윤리적인 행위를 반드시 근절하겠습니다.

이재명의 합니다 - 소확행 공약 29
더 늦기 전에 플라스틱 제로 사회를 만들겠습니다.

2021.12.19.

제주도 참고래가 폐그물에 걸려 죽은 채 발견되고 브라질 마젤란 펭귄 뱃속에서는 방진 마스크가 나왔습니다.

코로나 팬데믹으로 비대면 생활 방식이 자리 잡으면서 플라스틱 쓰레기도 급증하고 있습니다. 점점 지구를 삼킬 듯 늘어나는 탓에 생태계 파괴를 가속화하고 있습니다.

분리수거만으로는 늘어나는 속도를 따라잡을 수 없습니다. 생산, 사용, 재사용·재활용 정책의 전면적인 변화가 필요합니다.

첫째, 일회용품 사용은 최대한 줄이고, 다회용기 보급과 재활용이 쉬운 유리, 금속으로 전환시키겠습니다.

경기도지사 시절 시행한 공공배달 앱 '배달특급'을 통해 다회용 배달·포장용기 시범사업을 진행하고 있습니다. 다회용기 1년 사용만으로 탄소배출량을 일회용기의 35분의 1 수준으로 줄일 수 있습니다.

둘째, 현재 배출량 대비 절반도 안 되는 폐플라스틱 재활용율을 높이기 위해 공공선별장을 확충하고 기존 시설을 현대화하겠습니다.

셋째, 일회용품과 포장재의 재질을 단일화해서 분리수거와 재활용이 쉽게 하겠습니다. 무(無)라벨 제품 생산에 대한 지원도 대폭 늘리겠습니다.

넷째, 착한자판기(PET·캔 무인회수기) 보급을 늘려 재활용품 수거율을 높이겠습니다. 포인트나 재구매 할인 등 혜택을 제공해 시민의 동참을 끌어내겠습니다.

우리 국민은 세계 최고 수준의 분리수거를 실천해왔습니다. 국민과 함께 플라스틱 제로 대한민국을 향해 가겠습니다.

다시, 이재명

이재명의 합니다 - 소확행 공약 30
'온라인 경력증명 발급시스템'으로
청년 구직자의 발품을 덜겠습니다.

2021.12.21.

구직활동에 필수인데 이런저런 이유로 전 직장에 가기 불편한 경우나 회사가 폐업하는 바람에 아예 경력증명서 발급도 하지 못한 경험! 구직자분들께서 많이 겪어보셨을 겁니다.

큰 기업이나 공공기관은 온라인 발급이 가능하고 혹은 우편으로 보내주기도 합니다. 그러나 중소기업은 아직도 발품을 팔아야 하거나, 폐업한 경우 아예 소중한 경력을 확인할 방법이 없는 경우도 많습니다.

어느 때나 소중한 내 경력을 확인할 수 있도록 '온라인 경력증명 발급시스템'을 구축하겠습니다.

고용보험 가입 이력을 확인하는 근로복지공단 '고용·산재보험 토탈서비스'를 개선하면 가능합니다. 고용주가 시스템에 퇴사자의 경력을 등록하면 구직자는 여기서 자신의 모든 경력을 확인할 수 있도록 하겠습니다.

기업도 환영할 일입니다. 특별한 사유 없이 발급을 거부하면 500만원 이하 과태료 대상이 됩니다. 입·퇴사가 잦은 기업에게 적잖은 부담입니다.

이제 단 한 번의 '경력 등록'으로 경력증명서 발급 부담에서 벗어날 수 있습니다. 폐업해도 한솥밥 먹었던 직원의 경력을 지켜줄 수 있습니다.

'온라인 경력증명 발급시스템' 구축, 구직자는 취업에만 더 전념하고 기업 부담도 덜어주는 알찬 제도가 될 것입니다.

이재명의 합니다 - 소확행공약 31
난임부부의 시술 부담을 낮추고
정서적 지원을 강화하겠습니다.

2021.12.23.

우리나라 부부 7쌍 중 1쌍이 난임 문제를 겪고 있습니다. 난임부부의 삼중고, 겪어보지 않은 사람은 결코 헤아릴 수 없을 것입니다. 육체적 고통, 경제적 부담도 힘든데 정신적 고통까지 상당합니다.

아기를 기다리는 분들의 절박함을 개인의 문제로 두지 않고 국가가 부족함을 더 채우겠습니다.

첫째, 체외수정 시술별 복잡하게 나뉘어진 지원금액, 횟수 등을 간소화해 총 지원회차 내에서 자유롭게 지원받도록 하겠습니다.

둘째, 과배란유도제 같이 꼭 필요한 약제비 등에 대한 보험급여화를 확대하겠습니다.

셋째, 난임 조기검사 지원을 강화하겠습니다. 난임여부 확인을 위한 남녀 기초검사를 건강검진항목에 포함시켜 난임 조기 예방과 건강한 출산을 돕겠습니다.

넷째, 난임부부들에 대한 정서·심리적 지원을 강화하겠습니다.

난임시술 실패나 유산으로 힘들어하는 난임부부에게 상담 바우처를 지급하고 찾아가는 심리상담 프로그램을 확대, 강화하겠습니다.

난임시술은 끝을 알 수 없는 긴 터널과 같다고 합니다. 그 터널을 뚫고 지난해 신생아 10명 중 1명이 난임시술을 통해 태어났습니다.

아기를 기다리는 분들의 손을 잡고 함께 걷겠습니다. 언젠가 올 아기천사를 위해 국가가 최선을 다해 돕겠습니다.

이재명의 합니다 - 소확행 공약 32
지원대상을 확대하여
에너지 복지 사각지대를 해소하겠습니다.

2021.12.26.

기후변화로 인한 폭염과 한파가 잦아지고 있습니다. 재작년 여름 서울은 111년 만에 최고 기온을 기록했고, 작년 여름에는 역대 최장 장마가 이어졌습니다.

혹독해지는 기후로 어려운 분들의 계절나기도 갈수록 힘겹습니다. 낮은 소득, 낡은 주택과 냉난방 설비 탓에 어려운 분들의 연료비 부담이 커져만 갑니다.

기초생활수급자, 차상위계층 중 상당수가 전체 소득 중 연료비 비중이

10%를 넘는 에너지 빈곤층으로 분류됩니다. 이제는 필수 생활용품이 된 에어컨 보급률도 서울 소재 저소득가구의 경우 18%에 불과한 실정입니다.

정부가 에너지복지를 지속적으로 확대하고 있지만 여전히 일부 저소득 가구에 한정돼 있습니다.

기후변화 시대, 어려운 분들의 에너지 빈곤을 시급히 해소하겠습니다.

첫째, 기초생활수급자 중 일부로 한정된 에너지바우처 지급대상을 확대해 사각지대를 없애겠습니다.

1년에 약 200억원이면 더 많은 분들이 폭염과 추위에서 벗어날 수 있습니다.

둘째, 저소득층 절반 이상이 20년 넘는 노후주택에서 거주하고 있습니다. 노후 주택에 대한 단열, 냉방기기 지원 등 에너지효율개선 사업을 더욱 확대하겠습니다.

셋째, 잘 몰라서 지원받지 못하는 일이 없도록 행정력을 최대한 동원하겠습니다.

모든 국민이 보편적인 에너지 기본권을 누리는 것이 국가의 책무입니다. 에너지복지를 확대해 에너지 취약계층의 건강과 안전, 주거환경의 질을 높이겠습니다.

다시, 이재명

이재명의 합니다 – 소확행 공약 33

피임과 임신 중지, 건강보험 보장성을 확대하겠습니다.

2021.12.27.

누구나 전 생애에 걸쳐 아이를 갖거나 갖지 않거나, 낳거나 낳지 않거나의 기로에 서게 됩니다. 이 과정에서 안전하고 건강할 권리를 보장받는 것은 너무도 당연합니다.

다양한 피임 시술법이 개발되고 있으나, 주로 피임이 아닌 치료가 목적일 때만 건강보험이 적용됩니다. 낙태죄는 헌법불합치 판결 이후에도 후속 입법이 지체되고 있습니다.

입법 공백 속에 아직도 많은 분들이 제대로 된 의료적 지원을 받지 못하고 있습니다. 특히 검증되지 않은 해외 의약품을 사용하거나 값비싼 비용 부담에 시기를 놓치는 일도 계속되고 있습니다.

피임과 임신 중지에 관한 건강보험 보장성을 확대하겠습니다.

첫째, 현대적 피임시술에 건강보험을 적용하겠습니다.

피임 관련 건강보험은 매우 제한적이어서 개인이 지나친 비용을 부담하고 있습니다. 피하 이식형 피임장치, 자궁내 피임장치 등 현대적 피임시술까지 건강보험을 적용해 안전한 피임을 돕겠습니다.

둘째, 임신 중지 의료행위에도 건강보험을 적용하겠습니다.

향후 개정될 모자보건법 상의 임신중지 의료행위에도 건강보험을 적용해, 안전한 의료기관에서 합법적인 의료서비스를 받도록 보장하겠습니다.

셋째, 안전한 性과 재생산 건강정보 플랫폼을 구축하겠습니다.

월경과 완경, 임신과 출산, 피임과 임신 중지, 성매개 질환 등 性·재생산과 관련한 정확한 정보를 제공하는 플랫폼을 만들고, 적절한 교육과 상담을 지원하겠습니다.

영국 '국가성건강헬프라인', 독일 '임신갈등상담소'와 같은 해외 사례를 참고하여 가장 효율적이고 접근성 높은 플랫폼을 구축하도록 하겠습니다.

하루 속히 입법 공백을 해소하고, 누구나 마땅히 누려야 할 건강권을 보장받도록 국가 책임을 강화해가겠습니다.

이재명의 합니다 - 소확행 공약 39
일하는 어르신의 국민연금!
깎지 않고 제대로 돌려드리겠습니다.

2022.01.05.

국민연금에 가입해 10년 이상 납부하고 60세가 넘으면 '노령연금'을 받을 수 있습니다.

노령연금을 받는 분들의 월평균 금액은 54만 원에 불과합니다. 노인 단독가구 월평균 생활비 130만원의 절반에도 미치지 못합니다.

문제는 부족한 생활자금을 충당하기 위해 일정 금액(21년 기준, 월

2,539,734원) 이상의 추가적인 소득을 벌 경우 그에 비례해 최대 5년간 연금의 절반까지 삭감합니다.

작년에도 약 10만 명의 수급자가 일정 소득을 이유로 노령연금이 깎였습니다.

세계 최고 수준의 노인 빈곤율과 자살율 개선을 위해 역대 정부마다 노인 일자리 확대를 중점적으로 추진하고 있는데 이런 흐름과도 역행하는 것입니다.

노년의 삶을 스스로 일구려는 의지도 꺾는 일입니다.

일할수록 당연히 받아야 할 연금이 깎이는 불합리를 개선하겠습니다.

초고령사회를 대비한 정부의 중장기 정책방향에 맞춰 '일하는 노인에 대한 노령연금 감액제도'를 단계적으로 조정하겠습니다.

현재 국회에 '감액제도 점진적 폐지'와 일정 초과소득금액 이하에 대해서는 폐지하는 안 등이 제출돼 있습니다. 조속한 법안 통과에 힘을 보태겠습니다.

국가는 늘어난 삶의 시간만큼 더 든든하게 뒷받침할 의무가 있습니다. 노후준비를 위해 국민이 납부한 국민연금, 앞으로는 제대로 돌려 드리겠습니다.

이재명의 합니다 - 소확행 공약 46

탈모치료 건강보험 적용을 확대하겠습니다.

2022.01.14.

'탈모 치료가 곧 연애고 취업이고 결혼이다'

단 한 문장이지만 겪어보지 못한 사람은 모를 절박함이 담겨 있습니다.

탈모인이 겪는 불안, 대인기피, 관계 단절 등은 삶의 질과 직결되고 또한 일상에서 차별적 시선과도 마주해야 하기에 결코 개인적 문제로 치부될 수 없습니다.

치료를 받는 환자 절반 이상이 30대 이하의 청년층이고, 남녀 비율도 거의 비슷할 만큼 특정 연령, 성별의 문제도 아닙니다.

현재 전체 탈모 치료 환자의 2%를 제외한 나머지 치료는 노화, 유전으로 인한 '미용' 목적으로 간주돼 건강보험 적용이 제외되고 있습니다.

비싼 약값으로 인해 동일 성분의 전립선 치료제를 처방받는 서글픈 편법, 이제는 끝내야 합니다.

국가가 적절하게 지원해 탈모 치료에 도움을 드리겠습니다.

첫째, 탈모치료약에 대한 건강보험 적용을 확대하겠습니다. 적정한 본인부담율과 급여 기준을 시급히 정하겠습니다.

둘째, 중증 탈모 치료를 위한 모발이식의 건강보험 적용 확대도 적극 검토하겠습니다.

전문가들의 의견 수렴과 사회적 논의를 거쳐 적정 수가를 결정하면 건강보험 부담도 최소화할 수 있을 것입니다.

급여화가 이뤄지면 안정적인 시장이 형성돼, 관련 제품 개발이 활성화될 것이고, 이에 따라 기존 제품 가격도 인하될 수 있을 것입니다.

박근혜 정부에서 미용으로 취급되던 치아 스케일링, 고가의 임플란트에 건강보험을 적용한 사례도 있습니다. 이때와 달리 탈모인들의 고통과 불편을 외면한 채 포퓰리즘으로 무조건 반대하는 것은 정치적 내로남불에 가깝습니다.

저는 우리 국민의 집단지성을 믿습니다. 충분한 토론과 논쟁을 통해 합리적인 결과를 도출할 수 있으리라 생각합니다.

치료 받는 국민에게 적절한 지원을 제공하는 것은 국가의 의무입니다. 탈모인들의 경제적 부담을 덜어 치료에 전념할 수 있도록 돕겠습니다.

이재명의 합니다 - 소확행 공약 61
청각 장애인의 원활한 의사소통 권리 보장!
전문 수어통역 시스템 개선

2022.02.03.

오늘은 한국 수어의 날입니다.

수어는 국가가 법으로 정한, 국어와 동등한 자격을 가진 청각장애인의 고유 언어입니다.

한국수화언어법 제2조는 "수어 사용을 이유로 차별받지 않으며, 모든 생활영역에서 수어를 통해 필요한 정보를 제공받을 권리가 있다"고 명시하고 있습니다. 그러나 현실은 그렇지 못합니다.

그동안 의사표현이 안돼 아파도, 억울해도 참을 수밖에 없었던 40만 청각장애인의 어려움을 조금이나마 덜어 드리겠습니다.

의료·법률 등 전문 분야 수어통역 교육과정을 마련하고,

수어통역센터도 확대하겠습니다.

질병, 코로나19 등 의료적 긴급상황이나 송사 등 법적 분쟁 상황에서 누구나 언제든지 원활하게 의사소통할 수 있도록 돕겠습니다.

더 나아가 공공의료기관, 경찰서 등 관공서에도 전문수어통역사를 배치하여 청각장애인의 말씀이 잘 전달되도록 지원하겠습니다.

이재명의 합니다 – 소확행 공약 63
'한부모가족증명서' 소득 기준을 없애고
지원을 대폭 늘리겠습니다.

2022.02.05.

현재 '한부모가족증명서'는 한부모가정 중에서도 일정 소득 이하 가정에만 발급됩니다.

저소득 가정이라는 것을 증명서로 공개적으로 확인하고 국가가 지원을 해야 할 이유가 꼭 있을까요?

한부모가정의 부양과 돌봄을 위해 지원 범위를 넓히고 증명서로 지원 여부를 판단하지 않겠습니다.

첫째, 한부모가족증명서 발급에 소득기준을 없애겠습니다.

소득과 관계없이 한부모라면 누구나 법률지원, 한부모 복지시설 이용 등 필요한 사회서비스를 누리도록 하겠습니다.

둘째, '한부모 아동양육비' 지급 대상을 중위소득 80% 이하까지 단계적으로 확대하겠습니다.

더 많은 한부모 자녀가 보다 안정적인 환경에서 성장하도록 돕겠습니다. 부모가 수급 대상에서 탈락할까봐 돈을 더 벌고 싶어도 벌 수 없는 일이 없도록 하겠습니다.

한부모가족의 어려움을 국가가 더 빈틈없이 메우겠습니다.

이재명의 합니다 - 소확행 공약66
현장실습생 산재근절, 대학 비진학 청년 지원 확대

2022.02.08.

잠수 관련 자격도 없는 현장실습생을 바다속 작업에 투입해 사망케 하는 등 현장실습생 관련 산재가 근절되지 않고 있습니다.

현장실습생이 노동 인권과 산재 사각지대에서 더 이상 방치되지 않도록 하겠습니다.

첫째, 현장실습생이 참여한 사업장의 근로감독과 노동관계법 적용을 추진하겠습니다.

'직장 내 부당처우 개선' 등 제외된 노동 인권이 보장되도록 하겠습니다.

둘째, 산업안전보건법이 적용되지 않는 5인 미만의 위험·위해 사업장은 현장 실습을 금지하겠습니다.

셋째, 안전·노동인권 교육을 의무화하고 양질의 일자리를 찾도록 취업지원서비스를 강화하겠습니다.

한편으로 대학 비진학 청년이라도 누구든 자신의 경력 개발을 위한 학습의 기회를 보장하겠습니다.

첫째, 저소득 계층에게 지급하는 평생교육 바우처를 대학 비진학 청년에게도 확대하겠습니다.

학습계좌제와 연계해 학습결과를 학점화함으로써 체계적인 학습이 가능하도록 지원하겠습니다.

이재명의 합니다 – 소확행 공약 72

사회적 기여만큼 국민연금 가입기간 인정!

군복무 기간 전부 합산, 소득 인정액 확대·

첫째 출산부터 가입기간 추가 인정

2022.02.15.

군 복무나 출산에 따라 국민연금 가입 기간을 추가로 인정해주는 제도를 알고 계십니까?

군복무기간은 18개월~21개월이지만 인정기간은 6개월이며, 출산의 경우 둘째 자녀부터 12개월을 인정하고 있습니다.

학력, 경력 단절과 사회적 기여를 보상하는 좋은 제도이나 그 수준이 다소 아쉽습니다.

가입 기간 혜택을 늘려 제대로 된 보상이 되도록 하겠습니다.

첫째, 〈군복무 기간 전체〉를 가입 기간에 포함하고, 연금 지급액을 결정하는 〈소득 기준〉도 높이겠습니다.

둘째, 출산의 경우 〈첫째 아이〉부터 가입 기간에 포함하겠습니다.

특별한 기여에는 특별한 보상! 이것이 이재명 정부가 지켜나갈 국가의 의무입니다.

이재명의 합니다 – 소확행 공약 73

청년 '공짜 이용권' 전락 포괄임금제 제한

2022.02.18.

실제 노동시간과 무관하게 임금을 정하는 포괄임금제는 청년 공짜이용권과 같습니다.

어렵게 얻은 일자리라고 마음대로 부려서는 안 됩니다.

공짜 야근, 과로 유발하는 포괄임금제를 반드시 개선하겠습니다.

첫째, '포괄임금 약정 규제 지침'을 만들어 엄격하게 제한하고 근로감독을 철저히 하겠습니다.

둘째, 실노동시간 산정이 어려운 극히 일부 예외를 두되, 이때도 반드시 명시적 합의나 노사단협을 의무화하겠습니다.

일한 만큼 정당하게 보상하는 공정한 나라를 반드시 만들겠습니다.

이재명의 합니다 – 소확행 공약 75

초·중·고교 학생 채식급식 선택권 보장

2022.02.20.

"채식하는 학생이 배식받는 것이 두려워 지지 않는 세상이 됐으면 좋겠다."

제 아내가 담양 한 고등학교 학생에게 받은 편지입니다.

채식인구 200만 시대입니다. 건강·환경보호 등 다양한 목적으로 채식을 선택하고 있습니다.

2020년부터 국방부와 울산교육청도 채식급식을 허용하고 있으며, '고기 없는 월요일' 등 다양한 캠페인도 진행 중입니다.

전국 어디서나 원하는 학생 누구든 마음 편하게, 균형 잡힌 채식 급식을 할 수 있도록 하겠습니다.

식단 개발 등 관련 연구와 급식담당자의 전문적인 연수도 실시하겠습니다.

지난 금요일부터 오늘까지 비건 페스타가 열립니다.

편지 주신 학생과 같은 분들이 불편 없이 식사할 수 있게 노력하겠습니다.

이재명의합니다 - 소확행공약87

사람 기준 장애인주차구역!

자동차 없어도 주차표지 발급·타인 차 이용 장애인도 주차 가능

2022.03.06.

같은 보행 장애인이라도 자동차가 없는 장애인은 주차표지를 발급받지 못해 장애인 주차구역을 이용할 수 없습니다.

자동차 소유 기준이 아닌 사람 기준으로 장애인 주차편의제도를 개선하

겠습니다.

첫째, 자동차를 보유하지 않은 보행 장애인에게도 주차표지를 발급해 타인 차량 이용 시에도 장애인 주차구역을 이용하도록 하겠습니다.

둘째, 본인, 보호자 차량 아닌 택시, 공유차량, 렌터카 이용 시에 기존에 발급된 주차표지를 가지고 장애인주차구역에 주차할 수 있도록 하겠습니다.

편리한 장애인 이동권 보장은 복지국가의 기본입니다.

이재명의 합니다 – 소확행공약90
중간에 임금 떼먹는 부당 하청 구조를 근절하겠습니다.

2022.03.28.

파견·용역 같은 간접고용이 남용되면서 노동자에게 돌아갈 임금을 관리비, 이윤 등 각종 명목으로 떼가는 악습이 끊이지 않습니다.

원·하청 계약서상 임금으로 책정한 노무비조차 지급하지 않는 하청업체의 관행에 원청기업이 눈감아주는 일도 비일비재합니다.

성남시장 시절 18개 생활폐기물 수집·운반 대행업체를 '시민기업'으로 전환하여 용역업체가 가져가던 이익을 노동자들에게 돌려주었습니다.

또한 경기도지사 시절에는 경기도청과 공공기관 소속 파견·용역 노동자의 정규직 전환, 경기도 공공건설에 대해 '시중노임단가 이상 지급 의무화'

를 실시함으로써 계약 체결 시 책정한 임금을 중간에서 빼돌리지 못하게 만들었습니다.

일한 만큼 공정한 대가를 보장하도록 무분별한 임금 중간 가로채기를 막겠습니다.

첫째, 산업현장에서 발생하는 직업소개·임금 지급 과정상 임금 가로채기가 없도록 현장밀착형 근로감독을 적극적으로 실시하겠습니다.

둘째, 건설업 적정임금제를 공공부문 타 업종에도 확대 적용하고, 이를 자발적으로 도입하는 민간부문은 포상 및 인증, 세금 감면, 보조금 지급 등 지원 정책을 마련하겠습니다.

셋째, 공공부문부터 상시지속, 생명안전 업무 직접고용 원칙을 경영평가에 철저하게 반영하겠습니다. 직접고용 예산 지원을 늘려 간접고용을 실질적으로 줄여나가겠습니다.

마지막 소확행, 90번째를 발표하며…

2022.03.28.

'소확행'은 제가 아끼는 정책 브랜드입니다.

저의 정치철학이 담겨 있기 때문입니다. 큰 일은 누구나 하려고 합니다. 그러나 대개 작은 일에는 관심을 갖지 않습니다. 그러나 저는 좋은 정치는 작지만 소중한 민생과제를 잘 해결하는 것이라 생각합니다.

이재명의 정치는 끊임없이 '소확행'을 찾고 실천해 온 과정이었습니다.

성남과 경기도에서 추진했던 많은 정책들이 그렇습니다. 반세기 동안 방치해왔던 계곡을 정비한 것도, 무상교복, 청년수당, 어린이건강과일지급사업, 군장병 상해보험을 시행한 것도 조금이나마 국민 삶에 도움이 되고자 했던 마음입니다. 여기 어디에도 이념과 진영논리가 끼어들 여지는 없습니다.

'소확행' 국민 공모에 참여해주신 국민 여러분께 감사드립니다.

무려 6,300여 명의 국민께서 소중한 의견을 주셨습니다. 학자와 전문가 뿐만 아니라 국민 여러분과 함께 정책을 만들었다는데 큰 자부심을 느낍니다.

이재명의 '소확행 정치'는 앞으로도 계속될 것입니다.

어쩌면 '소확행'의 가치가 오늘의 저를 있게 한 원동력이 됐다고 생각합니다. 내일 주권자 국민들께서 권한을 위임해 주시면 더 크고 넓게 '소확행'을 이어가겠습니다. 국민과 함께, 국민 삶의 현장에서, 국민을 위한 정책을 만들겠다는 초심을 잊지 않겠습니다.

다시 한 번 지난 넉 달여간 90개 소확행을 다듬고 완성하기 위해 애써주신 선대위 관계자 분들, 또 국민공모에 참여해 주신 국민 여러분께 감사의 인사를 전합니다.

다시, 이재명

1. (소확행 46) 탈모치료 건강보험 적용 확대

2. (소확행 49) 치과 임플란트 건강보험 확대

3. (소확행 10) 초등학생 3시 동시 하교제

4. (소확행 73) 청년 '공짜 이용권' 전략 포괄임금제 제한

5. (소확행 11) 산부인과 명칭을 여성건강의학과로 변경

대장동 이야기

선거철이 되면 네거티브가 판을 친다. 상대 후보를 흠집 내기 위해서다. 정치인이라면 온전히 스스로 감당해야 할 몫이기도 하다. 그러나 네거티브를 넘은 마타도어는 사실 범죄에 가깝다. 사실을 비틀어 가짜뉴스를 생산하는 이들의 정치적 목적을 달성하는 데에는 도움이 될지 모르지만 거짓 정보를 제공해 국민의 올바른 판단을 왜곡하고, 그 결과 민주주의를 위협한다.

지난 대선에서도 어김없이 네거티브와 도를 넘은 흑색선전, 즉 마타도어가 횡행했다. 이른바 대장동 사건에 대한 대대적 공세가 그것이다. 보수 언론에서 '이재명 후보 아들이 화천대유에 근무한다'는 터무니없는 오보가 나온 후 대장동 개발은 단골 정치공세 메뉴였다. 보수언론과 국민의힘 정치인들은 공공의 역할과 책임, 민간의 역할과 책임이 엄연히 다름에도, 민간영역에서의 문제를 공공의 문제로 둔갑시켰다.

'화천대유는 누구 겁니까?'라며 마치 민간개발업자인 화천대유의 실소유주가 이재명인 것처럼 몰아붙였다. 성남시가 관여할 수도 없고 관여할 이유도 없는 민간영역의 수익배분을 마치 이재명 성남시장이 지시하고 관여한 것처럼 대대적 공세를 편 것이다. 취재를 통해 진실을 밝혀야 할 언론의 태도도 별반 다르지 않았다. 그 결과 '단군 이래 최대의 공공 환수'라 불러야 할 대장동 개발은 '부정부패의 대명사'로 둔갑했다. 참으로 기가 막히고 코가 막히는 일이었다.

대장동 개발은 당초 LH의 공영개발로 시작됐다. 원래 계획대로 LH가 공영개발을 했다면 논란이 없었을 터. 그러나 국민의힘 세력이 민간개발 업자들에게 수억대 뇌물을 받고 LH를 압박해 공영개발을 민간개발로 바꿔놓았다. 당시 LH에 공영개발 포기를 압박한 내용은 2009년도 국정감사 회의록에 자세히 기록되어 있다. 그들이 굳이 공영개발을 민간개발로 뒤바꾼 이유는 자명하다. 민간개발로 진행이 되어야 이익을 챙길 수 있기 때문이다.

그러나 그들의 계획은 이재명이 성남시장에 당선되면서 물거품이 됐다. 2010년 6월 당선된 이재명 성남시장은 민간개발을 '성남시 공영개발'로 전환시켰다. 민간이 독식할 뻔한 개발이익을 일부나마 성남시가 공공환수할 수 있도록 바꾸는 데 성공한 것이다. 말은 쉽지만 그 과정은 매우 험난했다. 성남시의회 국민의힘 세력은 연일 공영개발을 노골적으로 반대했다. 성남도시개발공사 설립도 기를 쓰고 반대했다. 그들이 그렇게 한 이유는 머지않아 드러났다. 국민의힘 전신인 새누리당 모 의원의 동생이 대장동 민간개발업자에게 뇌물을 받은 사실이 드러나 처벌받은 것이다.

로비도 치열했다. 사법연수원과 초등학교의 동문, 촌수도 모를 먼 친척까지 이재명 시장을 찾아왔다. 심지어 소년 노동자 시절 공장 동료, 50여년 전 유아 시절 만났다는 선친의 친구까지 나타나 공영개발을 포기하고 민간개발로 진행해야 한다고 회유했다. 그러나 이재명 시장은 이런 압박과 화유에 굴하지 않았다. 비상식적이고 도를 넘는 로비가 치열해질수록 이재명에겐 공공환수를 꼭 관철해야 한다는 목표가 선명해졌다.

대장동 개발사업을 '성남시 공영개발'로 전환했지만 난관은 남아 있었다. 토지 매입비만 1조 원이 넘는 개발사업은 성남시 자체 예산으로는 감당할 수 없었다. 민간개발업자들이 자금을 다 내고, 업무도 하도록 했다. 심지어 손실비용도 민간업자들이 부담하도록 조건을 치밀하게 만들었다. 지분 선확보를 통해 추산액 4,583억 원 규모의 이익을 얻었다. 이후 당초 예상보다 사업자의 이익이 크다고 판단해 추산액 920억 원 규모의 부담을 민간개발업자가 지도록 인가 조건을 변경했다. 그렇게 성남시는 비용 한 푼 들이지 않고 5,503억 원을 환수했다.

2018년 지방선거에서 '아직 완료하지 않았는데 개발이익을 환수했다'는 단정적 표현을 공보물에 적시했다는 이유로 진행된 대장동 개발이익 환수 허위사실공표 재판은 무죄판결로 끝났다. 그만큼 성남시는 이중삼중의 안전장치를 통해 민간개발업자의 이익, 또는 손실과 무관하게 5천억 원이 넘는 개발이익을 확정적으로 받도록 설계를 했다. 당시 재판에서 이성문 화천대유 대표가 "공산당"식이라고 이재명 후보를 비난했을 정도였다.

진실은 간명하다. '돈 받은 자가 범인'이다. 화천대유로 이익을 본 사람은 누구인가. 화천대유로부터 경제적 이익을 본 사람들은 하나같이 국민의힘 관계자들이다. 이재명이 화천대유의 주인이라면 왜 이재명은 단 한 푼의 경제적 이익도 취하지 않았을까? 왜 경제적 이익을 취한 사람은 모두 국민의힘 관계자일까?

대장동만 생각하면 이번 대선 결과가 너무 억울하게 느껴지기도 한다. 처음 대장동 이슈가 제기되었을 때 선대위나 당에서도 긴장하는 분위기가 역력했다. 그 기저에는 이재명은 문제가 없을 것이라고 확신하지만 주변 사람 누구라도 연루되지 않았다는 보장이 있는가 하는 의구심이 깔려 있었다. 누구 하나 나서 적극적으로 방어하려 하지 않았다. 당시는 경선국면이었는데 캠프를 함께하고 있던 의원들도 적극적이지 않았다. 분위기를 반전시킨 것은 후보 본인이었다. 캠프에 강한 어조로 얘기했다. "저는 단돈 1원도 받지 않았습니다. 자신 있게 대응하세요. 이것은 오히려 기회입니다. 단군 이래 최대 공익환수 사업이고, 비리천지인 개발사업이 시민들에게 이렇게 혜택을 줄 수도 있다는 걸 알릴 절호의 기회입니다. 부동산 투기 불로소득 환수, 부동산 개혁 적임자 이재명을 적극 알려 주세요."

그리고는 9월 16일 〈이재명 죽이기 조선일보, 민주당 경선과 대선에서 손 떼십시오〉 〈대장동 수사를 공개 의뢰합니다〉라는 페이스북 메시지를 발표했다. 캠프와 당의 분위기가 바뀌었다. 〈부패지옥 청렴천국, 돈이 마귀입니다〉 등의 메시지를 통해 이재명의 청렴철학과 행정가로서 책임을 다한 과정을 소상히 설명했다.

그러나 저들은 눈 하나 깜짝하지 않았다. 곽상도를 비롯해 자기 당 관계자들이 돈을 받은 사실이 연일 드러났지만 공세는 지속되었다. 대장동 이슈 내내 후보의 전략워딩이 된 〈돈 받은 자가 범인이고, 장물 나눈 자가 도둑입니다〉(10.18 페이스북 메시지) 라는 메시지를 발표했지만 의도적인 사실 감추기, 왜곡이 지속됐다. 놀랍게도 대장동 이슈로 '개발이익 환수제'가 쟁점으로 떠오르자 민간에 과한 이익을 몰아줬다고 이재명을 비난했던 보수언론과 야당은 입장을 180도 바꿔 이번에는 '민간 이익을 제한하면 안 된다'는 보도와 주장을 쏟아냈다.

민주당 경선에서 승리한 이후 경기도지사직을 언제 그만둘 것인지가 관심사로 떠올랐다. 당과 캠프의 많은 의원은 대장동 이슈로 뒤덮일 것이 뻔한 경기도 국정감사를 피하기 위해서라도 빨리 도지사직을 그만두자는 의견이었다. 참모들 사이에서도 논란이 되었다. 그러나 이재명을 아는 사람들은 충분히 그 결론을 예상할 수 있었다. 역시 이재명은 정면 돌파를 선택했다. 전 언론의 관심이 집중될 텐데 그 좋은 기회를 놓쳐버릴 이재명이 아니었다.

대선 본선을 코앞에 두고 열린 경기도 국정감사는 역시나 온통 대장동 얘기뿐이었다. 국민의힘은 기회를 잡은 듯 흥분해서 시종일관 대장동을 물고 늘어졌다. 결과는 이재명의 압승이었다. 이틀간 진행된 국민의힘 의원들의 파상공세는 이재명의 팩트에 근거한 철통방어 논리 앞에 무용지물이었다. 무리수가 남발됐다. 심지어 경찰 출신 국민의힘 국회의원이 엉뚱한 돈다발 사진을 등장시켰다가 망신을 당하는 해프닝도 벌어졌다.

1980년 군사 쿠테타를 일으킨 전두환 군부 세력은 민주주의를 요구하는 광주시민을 무력으로 진압했다. 심지어 시민들에게 발포를 했다. 수많은 광주시민이 학살당했다. 그러나 정권은 광주시민을 폭도라고 매도했다. 언론도 마찬가지였다. 군인이 시민을 폭행하고 발포하는 것을 숨기고, 총으로 무장한 폭도들이 폭동을 일으켰다고 보도했다. 이재명 후보도 대학에 입학할 때까지만 해도 광주민주화운동을 폭동이라고 믿고 있었다.

그러나 대학에서 진실을 알게 되면서 그의 인생이 바뀌었다. 그래서 그는 '광주는 나의 사회적 어머니'라고 말한다. 개인의 영달을 꿈꾸던 청년에서 공익을 위한 삶을 살기로 인생의 목표를 바꾸게 되었기 때문이다. 시간이 흘러 많은 이들의 노력으로 광주민주화운동의 진실이 밝혀졌지만 지금도 여전히 광주민주화운동을 폭동이라고 믿는 이들이 존재한다. 그만큼 가짜뉴스는 무섭다. 정보 왜곡은 합리적 판단을 불가능하게 한다. 결국 민의를 왜곡하고 민주주의를 위협한다.

대장동의 진실 또한 마찬가지다. 천준호 국회의원이 공개한 자료에 따르면 LH가 10년간 공익환수를 한 개발부담금은 4,300억 원에 불과하다. 대장동 공영개발로 환수한 5,503억 원보다 1,200억 원이 적다. 언젠가는 '단군 이래 최대의 개발이익 공공환수'라는 진실이 명백해질 것이다. 그러나 여전히 누군가에게는 '희대의 부정부패'라는 이미지로 각인될 것이다.

다시, 이재명

한번 각인된 이미지는 좀처럼 교정되지 않는다. 그렇게 하나의 사안에 대한 서로 다른 기억이 공존하고, 타협 불가능한 상황을 만들어낸다. 묻고 싶다. 정치적 이득을 위해 정보를 왜곡한 자들은 도대체 어떤 대가를 치러야 할까.

혹자는 결과적으로 이번 대선이 부동산 세금 선거였다고 말한다. 고가 아파트 가격대 벨트를 따라 빨간색이 짙어졌다. 강남 3구를 짙게 물들인 빨간색은 신분당선까지 아래로 이어졌다. 대선은 끝났지만 대한민국의 부동산 문제는 지속될 것이다. 선거 시기 공공이익 환수와 민간이익 보장, 서로 상충되는 주장을 쏟아냈던 국민의힘과 보수언론이 앞으로 어떤 주장을 할지, 어떤 정책을 펼지 자못 궁금하다.

국민의 집값 걱정, 조금이나마 덜어드린 대통령으로
기록되고 싶습니다.

2021.08.03.

1억 2억 올라버린 전세 값에 황망한 국민의 마음을 생각합니다. 17년 8
개월 급여를 한 푼 안쓰고 다 모아야 서울에 집 한 채 장만할 수 있는 현실
에 절망하는 청년들의 상실감을 생각합니다.

솔직히 제가 100% 완벽하게 다 해결해 드리겠다 자신하기는 어렵습니
다. 그만큼 우리나라 부동산 문제는 오래된 난제 중에 난제이기 때문입니
다. 하지만 제겐 큰 욕심이 하나 있습니다. 적어도 부동산 투기가 판치는
'부동산공화국' 오명은 벗겠다. '어린이 청소년의 꿈 1위가 건물주인 나라'
는 바꾸겠다는 것입니다.

부동산공화국 혁파 없이는 더 이상 초일류 선진국으로 도약하기 어렵습
니다. 청년들이 희망의 내일을 꿈꿀 수도 없습니다. 모두가 알고 있는 문제
지만 만인의 이익, 만인의 불만이 교차되는 어디쯤에 아파트 문제, 부동산
문제가 자리하고 있습니다.

정교한 정책 설계, 강력하고 실효적인 집행이 필요합니다. 저 이재명은
가능한 모든 정책을 책상 위에 올려 놓으려 합니다. 동원 가능한 모든 자원
을 총동원해서 문제해결에 집중하려 합니다.

정권 초기에 집중적으로 하겠습니다. 민주정부에게 아픈 기억이지만 안

타깝게도 참여정부, 문재인 정부 모두 부동산 정책에 성공했다 말할 수 없습니다. 민주정부의 명예회복, 실력을 입증하기 위해서라도 꼭 해보고 싶습니다.

국민께서 권한을 주시면 반드시 해내서 좋은 평가 받고 싶습니다. '이재명이 부동산 정책은 잘했다' '이재명이 그래도 집 값은 잘 잡았어' 다수 국민이 고개 끄덕이실 수 있도록 최선을 다해보겠습니다.

완벽하지 않을 수 있습니다. 좋은 의견 주시면 더 추가 개선해서 더 완벽한 정책으로 만들어가겠습니다. 지난번 기본소득처럼 많은 후보님들, 정당에서 다양한 반론 주시기를 기대합니다.

다함께 '부동산공화국' 오명을 벗을 수 있는 생산적인 정책 논쟁이 있기를 기대합니다.

부동산 투기로 돈 벌 수 없는 나라, 하면 됩니다.

2021.08.05.

경기도는 지난해 10월 도내 23개 시 전역을 법인·외국인 대상 토지거래허가구역으로 지정했습니다. 전후 결과가 나왔습니다. 기대 이상입니다. 정책시행 앞뒤로 각각 8개월간의 주택거래량을 비교하니 법인은 토지거래허가구역 지정 전 1만376건에서 지정 후 1,543건으로 85% 줄었습니다. 외국인 주택거래량도 지정 전 2,550건에서 지정 후 1,565건으로 39% 감소

했습니다.

토지거래허가구역에선 2년간 실거주가 의무화되어 일명 '갭투자'나, 양도차익을 노린 단기 매수가 불가능합니다. 특히 법인·외국인 부동산 수요의 상당수가 업무용이나 실 거주용이 아니라 막대한 자금력에 기반 한 투기용이기에, 법인과 외국인 대상의 토지거래허가제는 강력한 투기 억제 정책이 됩니다.

작년 투기수요와 공포수요가 뒤섞이면서 부동산 가격이 천정부지로 뛸 때였습니다. 토지거래허가제(법인+외국인)를 시행한다 하니 대부분의 국민들께선 저를 응원해주셨습니다.

그런데 아니나 다를까 국민의힘 소속 정치인들은 '위헌'이라느니 '공산주의'라느니 발목잡기에 바빴습니다. 일부 경제지들은 실효성이 없다는 둥 투기세력 보호에 급급했습니다. 그러나 사모펀드가 아파트 한 동을 통째로 사들이고, 외국인이 갭 투자로 손쉽게 불로소득을 올리는 걸 방치해서는 안 되겠기에 반발을 무릅쓰고 추진했습니다.

뭐든 처음엔 반발도 있고 우려도 있습니다. 그래도 주도면밀하게 꾸준히 하다 보면 하는 만큼 성과가 나옵니다. 결국 주권자들의 삶에 도움이 됩니다.

토지는 유한하고 공적인 자산이기에 실수요자가 사용해야 하고 돈벌이의 수단이 되어서는 안 됩니다. 부동산 투기로는 돈 벌 수 없는 나라, 누구

다시, 이재명

나 평생 질 좋은 주택에서 살 수 있는 나라를 만들어야 합니다. 가능합니다. 해 본 결과입니다. 이재명이 그런 나라 만들겠습니다.

이재명은 합니다.

정치인의 도덕성

2021.09.09.

정치인은 주권자의 권한을 위임받아 행사하는 대리인입니다. 대리인의 도덕적 흠결은 위임받은 권한을 주권자를 위해서가 아닌 사적 목적으로 남용하는 것을 말합니다.

감히 말씀드리건대, 정치에 입문한 이래 단 한 번도 사적 목적으로 권한을 남용한 바 없습니다. 검경, 언론, 정권권력 같은 기득권으로부터 온갖 공격을 받았지만 살아남을 수 있었던 이유입니다.

1989년 2월 제가 성남에서 인권 변호사 활동을 시작하며 경찰, 검찰, 기득권과 부딪히기 시작했고, 그들은 저의 정치생명과 생계수단까지 끊어놓기 위해 잔인하고 집요한 온갖 시도를 자행했습니다.

감히 말씀드리건대, 어떤 탄압에도 살아남기 위해 '부패 지옥, 청렴영생'을 외치며 한 점 부끄러움이 없도록 처신했습니다.

셋째 형님이 제게 악감정을 갖게 된 것도 성남시정에 절대 관여 못하게 완전히 봉쇄했기 때문입니다. 방치했으면 아마 형님도 저도 정치 검경의 먹이가 되었겠지요.

토건마피아들과 '파크뷰특혜분양 용도변경 저지' 전쟁을 했다가 방송피디의 검사 사칭을 도와줬다는 해괴한 전과가 생겼고, 공공병원 설립운동 나섰다가 특수공무집행방해로 수배되었고, 청소노동자들에게 가로청소 위탁했다고 '종북의 자금줄'로 몰려 서울지검에 공개소환됐습니다.

남들은 선거명함을 지하철역 구내에서 줘도 선관위 경고감이었지만 지하철에 연결된 지하횡단보도 입구에서 명함 준 저는 정식기소로 벌금 50만원 전과자가 되었습니다.

'아무 말 안한 것도 허위사실공표'라 기소당하고, 형님의 정신질환 증거는 빼돌려 숨겨 놓고 '정신질환 없는 형님을 강제입원시키려 했다'며 직권남용죄로 기소당했습니다. 무죄를 받는데 엄청난 변호사비가 들었고 오랫동안 수많은 사람들이 고통받았습니다.

아마 제게 단 한 톨의 먼지나 단돈 1원의 부정부패라도 있었다면 결코 살아남지 못했을 것입니다.

없는 죄도 만들고 있는 죄도 덮는 무소불위 대한민국 정치검사들이 이재명에게 없는 죄 만들려고 엉뚱한 사람에게 없는 죄 만들어 씌운 '이재명 먼지떨이 표적수사'만 봐도 알 수 있습니다.

다시 강조하지만, 대리인인 정치인의 도덕성은 주권자에게 위임받은 권한을 비리나 부정부패처럼 사적목적으로 남용했느냐로 판단됩니다.

다시, 이재명

앞으로도 주권자를 두려워할 줄 알며, 대리인으로서 본분을 잊지 않고, 청렴한 정치를 해나갈 것을 약속드립니다.

'이재명 죽이기' 조선일보, 민주당 경선과 대선에서 손 떼십시오

2021.09.16.

조선일보의 가짜뉴스들은 실수가 아닙니다. 명백한 '이재명 죽이기', '윤석열 살리기' 목적의 기획된 작품들입니다. 노골적인 선거개입입니다.

대장동 개발, 사실관계부터 확실히 밝히겠습니다.

당초 대장동 개발은 LH의 공영개발이었습니다. 그러나 국민의힘 세력이 민간개발업자들에게 수억대 뇌물을 받고 LH를 압박해서 공영개발을 민간개발로 바꿔놨습니다. 그들이 LH에 공영개발 포기를 어떻게 압박했는지 2009년도 국정감사 회의록에 다 기록되어 있습니다.

저는 2010년 6월 성남시장된 후 그들의 온갖 로비와 압력에 굴하지 않고 그 사업을 '성남시 공영개발'로 전환시켰습니다. 1조원이 넘는 토지매입비 등 예산 문제 때문에 성남시가 직접 시행을 할 수 없어서 개발업자들이 자금을 다 대고, 업무도 다하고, 손실비용도 다 부담하는 조건으로 개발이익 약 5,503억 원을 성남시로 환수했습니다. 그들이 얼마나 이익을 얻었는지, 그것을 누구랑 어떻게 나눠가졌는지 제가 알 수 없고, 알 방법도 없습니다.

만약 제가 개발업자들과 국민의힘 세력의 압박에 굴해서 민간개발로 방치했다면, 뇌물을 준 사업자와 뇌물을 받은 새누리당(국민의힘 전신) 신 모 의원의 동생 등은 돈방석에 앉았을 것입니다.

'한탕주의 노림수' 세력과의 싸움에서 승리, 그리고 5,000억이 넘는 개발 이익 환수, 지금 생각해도 정말 잘한 일이라고 생각합니다. 전국의 지자체가 따라 배워야 할 모범개발행정 사례인 것입니다.

'이재명 죽이기' 조선일보는 칭찬 받아야 할 공영개발 전환을 특혜성 민영개발로 둔갑시켰습니다. 근거도 없고 주장도 터무니없습니다. 조선일보는 저를 인터뷰한 기자가 개발에 참여했다는 이유로, 개발업체 대표가 저의 사법연수원 동기와 골프를 쳤다는 이유로 특혜 의혹을 제기했습니다. 심지어 의혹의 근거로 회사 이름에 들어간 "동"은 이재명의 정치목표인 대동세상의 "동"이라는 허무맹랑한 주장까지 합니다.

같은 날, 조선일보는 '윤석열 살리기' 가짜뉴스를 만들어 공수처의 정당한 수사를 정치적 수사로 둔갑시켰습니다. 지난 13일, 공수처가 '윤석열 전 검찰총장 고발 사주 의혹' 사건을 여당의원 보좌관 출신 검사에게 배정했다고 보도했는데, 사실이 아니었습니다. 고위공직자수사처가 조선일보를 상대로 언론중재위에 정정·반론보도 청구 등의 법적 조치를 검토하고 있다 합니다.

이런 식의 논리라면 조선일보 기자 출신 이진동 뉴스버스 대표가 폭로한 검찰의 청부수사 의혹은 조선일보의 기획 작품이 되는 건가요? 여러 건의 고소, 고발 수사가 진행되던 시기에 중앙지검장이었던 윤석열 후보와 방상훈 사장의 비밀 회동은 뭐라고 설명할 건가요? '윤석열과 조선일보의 짜맞추기 수사 작전 모의'가 되는 건가요?

조선일보, 도대체 왜 이럴까요? 가짜뉴스까지 만들어 이재명을 죽이려는 이유, 윤석열 후보를 살리려는 이유가 무엇일까요? 이성적으로 생각해 보면, 조선일보 입장에서 이재명과 민주당은 손해, 윤석열과 야당은 이익이기 때문일 것입니다. 그렇지 않고서야 이렇게까지 할 수는 없습니다.

조선일보는 사람을 잘못 봤습니다. 이재명은 다릅니다. 저는 기득권의 부당한 공격에 절대 타협하지 않습니다. 조선일보의 '이재명 죽이기', '윤석열 살리기' 목적의 노골적인 선거 개입에 맞서 당원, 국민과 함께 싸우겠습니다. 그리고 승리하겠습니다.

조선일보에 다시 한 번 요구합니다. 조선일보는 민주당 경선과 대선 개입을 즉각 중단하십시오.

대장동 수사를 공개의뢰합니다.

2021.09.16.

당초 대장동은 LH가 공영개발하기로 되어 있던 것을 국민의힘(당시 새누리당) 국회의원이 압박하며 결국 민영개발로 바뀌었었습니다. 그 과정에서 부동산 개발업자의 로비가 있음이 밝혀지고 관계자들은 구속됐습니다.

제가 성남시장 취임 후 이를 공영개발로 전환했고 '불로소득은 시민에게' 라는 원칙에 따라 사업을 추진했습니다. 지분 선확보를 통해 추산액 4,583억원 규모의 이익을 얻었고, 이에 따른 사업비용, 손해, 위험은 모두 사업자의 부담이었습니다.

또한 개발을 하다보니 당초 예상보다 사업자의 이익이 크다고 판단해 추산액 920억원 규모의 부담을 더 지도록 인가조건을 변경했습니다. 당연히 사업자는 반발했지만 시민의 이익을 위해 끝내 추가부담을 확정했습니다. 무죄 판결을 받은 대장동 개발이익 환수 허위사실공표 재판에서 증인으로 출석한 사업자 이성문 화천대유 대표는 당시 추가부담 압박에 대해 "공산당" 식이었다고 비난할 정도였습니다.

당시 목표는 시민 몫의 사업이익 우선확보였습니다. 사업자의 손해나 이익, 지분 배당은 사업자가 알아서 할 일이고, 알 방법도 없습니다.

제가 금전적 이익을 볼 목적이었다면, 사업자에게 '공산당' 소리 들어가며 추가로 920억원을 부담시킬 이유가 없습니다.

즉, 아무런 문제가 없고, 오히려 행정의 '모범사례'일 뿐입니다. 그런데 문제가 있다고 주장하고, 아니라면 밝히라고 합니다. 선거시기가 되면 난무하는 현대판 마녀사냥입니다. 덫을 놓고 걸려들면 좋고, 혹 걸려들지 않아도 낙인만 찍으면 된다는 악의적 마타도어입니다.

좋습니다. 기꺼이 그 덫에 걸려들겠습니다. 대장동 공영개발에 대한 수사를 공개의뢰합니다. 제기되고 있는 모든 왜곡과 조작을 하나부터 열까지 샅샅이 수사해주십시오. 모든 수사에 적극적으로 협조할 것을 약속드립니다. 수사결과에 따라 책임질 일이 있다면 책임지겠습니다.

그러나, 명심해야할 것입니다. 책임져야할 사람은 저뿐만은 아닙니다. 수사결과에 따라 어떤 의혹도 발견되지 않는다면, 이 문제를 제기한 모든 주체들에게 책임을 물을 것입니다. 죄없는 이를 무고한 죄, 무엇보다 민주주의를 유린하고 국민의 판단을 현혹한 죄를 철저히 물어 그에 합당한 댓가를 치르게 할 것입니다.

수사과정에서 이루어질 수많은 억측과 정략적 공격, 정보의 의도적 노출과 왜곡에 대한 우려가 있습니다. 그러나, 결국 거짓은 진실을 이길 수 없다는 역사의 교훈을 믿습니다.

당장 수사를 시작해 주십시오.

부패지옥 청렴천국, 돈이 마귀입니다.

2021.10.01.

천사의 얼굴로 나타나는 마귀의 유혹에 넘어가는 순간 지옥문이 열립니다.

내 결재사인 하나, 눈짓 하나로 수백 수천억원의 향방이 갈리는 공직에 있다보면 엄청난 유혹과 압박 강요들이 밀려옵니다.

그걸 견뎌내는 것이 진짜 능력입니다. 그만큼 어렵습니다. 개발압력이 높은 용인시의 시장은 대부분 구속되었고 제가 유일하게 감옥 안간 성남시장입니다.

반대로 그 권력을 제대로 쓰면 천지가 개벽할 수도 있습니다.

"부패지옥 청렴천국"

제가 성남시청 화장실에 붙여뒀던 문구입니다.

"공직자는 어항속 금붕어라 생각하라"

"아마추어 개인이 전문집단 검찰을 속이는 것은 불가능하니, 숨길 일이면 아예 하지말라"

성남시, 경기도 간부회의에서 제가 귀가 따갑게 반복하는 경고입니다.

제 뜻대로 공영개발 했다면, 반대로 국민의힘 뜻대로 민영개발 했다면 이런 소란도 없었겠지요

시민몫을 포기할 수 없어, 마귀의 기술과 돈을 빌리고 마귀와 몫을 나눠야 하는 민관공동개발을 했습니다.

향후 사업·정산 과정에서 마귀의 유혹을 최소화하려고 성남시 몫을 비율 아닌 정액으로 사전 확정하고 사전 집행했습니다.

장물을 나눈 자가 도둑이고, 곽상도 아들에 50억 준 자가 주인입니다.

마귀와 손잡고 마귀를 끌어들이고 마귀의 돈을 나눠가진 이들이 마귀와 싸운 저를 "범인", "주인" 이라며 음해합니다.

국민의힘이 지금은 마귀의 힘으로 잠시 큰소리 치지만, 곧 '부패지옥'을 맛볼 것입니다.

그게 순리입니다.

오세훈 시장의 민간재개발,
이명박식 뉴타운 사업 재개를 중단하십시오.

2021.09.24.

서울시가 오세훈 시장의 '6대 재개발 규제완화 방안'을 적용한 주택재개발사업 후보지 공모에 착수했습니다.

불안합니다. 위험합니다. 멈춰야 합니다.

재개발은 꼭 필요한 곳에만 극히 제한적으로 전면철거 방식을 도입해야 합니다. 전면철거 개발은 최후의 수단이어야 합니다. 그럼에도 오세훈 시장이 박원순 전시장이 도입했던 주거정비지수제를 6년만에 폐지한 것은 전면철거 방식의 재개발을 남발하겠다는 것에 다름 아닙니다.

이렇게 되면 서울은 다시 무분별한 재개발과 주민갈등의 혼란에 빠지게 됩니다. 이미 겪었던 '뉴타운 광풍'의 뼈아픈 장면이 되살아 날 것입니다.

특히 공공개발 방식이 아닌 민간재개발 방식은 개발이익을 민간사업자와 외지 투기세력이 독점적으로 사유화할 가능성이 매우 높습니다.

오세훈 시장 주도로 주택재개발 사업 후보지 공모가 시작되자 당장 투기 신호가 감지되고 있습니다.

한국부동산원에 따르면 서울 25개구 빌라의 외지인 매입비율이 올해 상반기 31.2%로 급등했습니다. 특히 빌라 밀집지역 도봉·구로·양천·강서·용산·관악구에서는 열채 중 네 채 넘게 외지인이 매입했다고 합니다. 오세훈식 재개발 규제완화 추진으로 빌라주택에 까지 투기수요가 급증하고 있습니다.

도시정비사업은 오직 주거의 공공성을 강화하고 개발의 혜택은 국민에 돌아가는 방향으로 추진돼야 합니다.

오세훈 시장께 묻습니다. 무분별한 뉴타운식 재개발로 인한 피해는 고스란히 국민이 진다는 것을 모르십니까? 지금이라도 민간 재개발 정책을 공공재개발로 전환시켜야 합니다. 도시정비사업은 반드시 공공성 강화가 정책의 근본 방향이 되어야 함을 강조합니다.

공공이 직접 시행하는 방식을 적용하는 관련 법안이 국회에 상정(21.2.24)되어 있습니다. 국회 공론화의 과정을 생략한 채 민간 재개발 방식을 강행하고자 하는 오세훈 시장의 '날치기 행정'은 당장 중단해야 할 것입니다.

국민의힘은 민간 토건세력의 대변인입니까?

2021.10.08.

평택 현덕지구 개발은 2008년 LH가 사업을 추진하다가 부동산 경기 침체로 무산되었고 이후 2014년 민간개발로 추진되다가 2018년 8월 민관합동개발 방식으로 전환했던 사업입니다.

전임 국민의힘 도지사 시절 민간개발로 추진되었던 것을, 민간이 개발이익을 독식하지 못하도록, 공공이 개발이익의 일부라도 환수할 수 있도록 제가 취임하고 민관공영개발로 바꾼 겁니다.

그런데 국민의힘이 또 이걸 문제 삼습니다. 황당합니다. 그러면 민간개발로 토건세력이 개발이익을 전부 독식하도록 내버려두라는 겁니까? 이쯤 되면 국민의힘이 민간토건세력 대변자라는 소릴 들어도 이상하지 않을 것 같습니다.

국민이 위임한 인·허가권을 행사하여 막대한 개발이익을 환수하는 공공개발 방식은 이미 부동산 개발이익 환수를 원하는 많은 지방자치단체의 선구적 롤 모델이 되었습니다.

민관합동개발에 대한 악의적 프레임은 국민들에게 더 이상 통하지 않습니다. 이재명이 옳았다는 것, 부당한 수익을 나눠먹은 국민의힘이 적폐세력의 몸통이라는 것을 국민들께서는 이미 다 알고 계십니다.

국민의힘은 악의적 가짜뉴스 만들어 뿌리는 짓을 당장 그만두십시오.

본인들이 토건업자와 손잡고 공공개발 방해했던 것부터 사과하고 반성하십시오.

제가 국민들께 약속했듯이 부동산 개발로 생기는 불로소득을 반드시 모든 국민께 되돌려드리겠습니다. 토건세력에 맞서 부동산 불로소득 공화국을 완전히 깨뜨리고, 주거안정이 국민 모두의 기본권으로 자리 잡는 사회를 만들겠습니다.

저 이재명이 반드시 해내겠습니다.

윤석열 후보는 '대장동 대출 수사 봐주기' 의혹 진상 밝혀야

2021.10.17.

2011년 대검이 부산저축은행을 대대적으로 수사했는데, 수사주임검사는 중수2과장 윤석열 후보였습니다.

당시 부산저축은행은 5개 계열 은행을 통해 약 4조 6천억 원을 불법대출해 문제가 되었는데, 대장동 관련 대출은 수사대상에서 제외되었습니다.

당시 LH 공공개발이 추진중인데도, 부산저축은행그룹은 정부방침에 반해 민간개발을 추진하는 업자들에게 2009년 11월부터 토지매입자금 등으로 무려 1,155억 원을 대출했습니다.

단일사업 대출로는 엄청난 거액이었고, 정부의 공공개발방침에 반하고 위험한 투기적 대출이었음에도 수사에서 제외된 것입니다.

다시, 이재명

그뿐 아닙니다.

부산저축은행 관계자로 이 대출을 일으킨 A씨가 대검 중수부 수사에 대비하려고 검찰 출입기자 김만배씨 소개로 박영수 전 특별검사를 변호사로 선임했다고 합니다.

대장동을 매개로 윤석열–김만배–박영수, 이렇게 세 사람이 등장합니다.

게다가 김만배 씨는 화천대유 대주주이고, 김만배 씨 누나는 윤석열 후보 부친 저택을 매입했습니다.

박영수 전 특별검사는 화천대유 고문으로 거액 고문료를 받았고, 딸은 화천대유에 근무하며 곽상도 아들처럼 거액 퇴직금을 받기로 되어있다고 하며, 회사 보유 대장동 아파트를 분양받아 8억 원 가량 시세차익을 챙겼습니다. 박 전 특별검사 인척에게 화천대유 돈 100억 원이 넘어갔고, 그 일부가 박영수특검에게 넘어갔다는 보도도 있습니다.

윤석열 후보는 자신과 관련된 의혹이 불거질 때마다 '우연'이라 했습니다.

로또당첨 확률보다 어려운 이런 '우연'이 윤 후보와 박 전 특별검사, 그리고 그 주변 사람들에게 계속됩니다.

국힘과 토건세력은 민간개발 추진하며 개발이익 100% 독식하려 했고, 이재명은 이들과 싸우며 개발이익 100% 환수하려다 50%~70%를 환수했고, 토건세력 몫 개발이익 나눠가진 것도 국힘입니다.

돈 받은 자가 범인이고, 장물 나눈 자가 도둑입니다.

2021.10.18.

경기도 행안위 국정감사가 끝났습니다.

성심성의껏 대장동 개발의 본질에 대해 설명드렸습니다.

도둑질 막으려고 했는데 국민의힘이 당론으로 장물 회수 방해해서 70% 밖에 회수못한 절반의 성공, 이것이 본질입니다.

국민께서 맡긴 인·허가권을 행사로 생긴 불로소득은 국민의 것이어야 합니다. 불로소득은 하늘에서 떨어지는 게 아니라 누군가의 손실입니다.

국민의힘이 화천대유는 누구꺼냐고 합니다.

저와 이해관계가 있었다면 힘들게 공공개발이나 민관공동개발 추진할 필요가 없었겠지요. 부산 엘시티처럼 시에서 민간개발 허가해서 도와주지 않았겠습니까?

2년 후에 억지로 1120억원 추가부담 시킬 이유도 없고, 청렴서약서 받아서 부정행위시 계약취소하고 개발이익 완전 환수 장치 만들고 그렇게 하라고 성남시에 지시하지도 않았겠지요.

너무나 단순해서 금방 알 수 있는 일임에도 지속적으로 문제가 있는 것처럼 정쟁을 만들고 있어 안타깝습니다.

다시, 이재명

국민의힘 화천대유게이트를 지켜보시며 국민여러분께서 느끼시는 분노와 좌절을 충분히 이해합니다. 이유야 어쨌든 왜 100% 공공환수 못했냐는 국민의 따끔한 지적에 다시 한번 죄송하다는 말씀을 드립니다.

그러나 개발 이익을 공공이 환수하지 못하도록, 민간이 다 가져가도록 집요하게 강요한 국민의힘이, 개발이익 민간 독식 막으려던 저에게 책임을 묻는 것은 상식적이지 않습니다.

100% 공공환수 못하도록 방해한 세력에게 책임을 물어야 합니다.

개발이익을 장물처럼 취한 사람에게 책임 묻는 게 당연하지 않습니까? 이익을 나눈 자가 범인입니다.

이번 사건을 기회로 인허가권 행사로 발생한 공공개발 이익은 100% 공공환수 할 수 있도록 최선을 다하겠습니다. 이번에 모든 국민이 보는 앞에서 이토록 강하게 문제제기 하셨으니 국민의힘과 보수언론도 법제화에 힘을 보태주시리라 믿습니다.

한편으로는 국정감사 자리를 가짜뉴스 생산의 장으로 만들려는 시도에 대해 매우 유감스럽게 생각합니다. 아무리 정치적 입장이 다르다고 해도 최소한 팩트에 기반해서 상당한 근거를 가지고 이야기를 해야 옳지 않겠습니까?

국회의원 면책특권을 방패삼아 터무니없는 허위주장을 남발하고, 사실이 아닌 것을 아니면 말고 식으로 던지고 보는 구태 정치는 이제 주권자들에게 외면받고 심판받을 것이라 믿습니다.

모레 수요일에 한 번 더 국토교통위원회 국정감사가 열립니다. 언제나 그랬듯 국민을 대하는 마음으로 최선을 다해 진실이 무엇인지 밝히고 설명드리겠습니다.

이 말씀을 꼭 드려야 할 것 같습니다.

국정감사를 하는 내내 국민 여러분께 죄송한 마음이었습니다. 온 국민이 코로나19 사태를 2년 넘게 견디고 계십니다. 이렇게 힘드신 와중에 정치권은 민생은 내팽개치고 연일 시끄러운 정쟁만 일삼고 있습니다.

코로나로 생존의 위기에 몰린 소상공인·자영업자 분들, 어려움을 겪고 계신 모든 국민 여러분께 송구스럽기만 합니다.

하루하루 성실히 살아가는 국민들이 박탈감을 느끼지 않도록, 성실히 일하는 국민들에게 그만한 보답이 돌아갈 수 있도록, 다시는 기득권자들이 이런 불법부당한 이익을 누리지 않도록 최선을 다하겠습니다. 감사합니다.

면책특권 뒤에 숨은 악의적 민주주의 파괴 행위

2021.10.19.

어제 국회 행정안전위 국정감사에서 난데없는 돈다발이 등장했습니다. 제가 조폭으로부터 뇌물을 받은 증거라며 김용판 국민의힘 의원이 제시한 사진입니다.

그런데 몇 시간도 지나지 않아 그 돈다발 사진이 허위라는 것이 드러났습니다. 참 개탄스럽습니다.

헌법이 규정한 국정감사에서 한 나라의 헌법기관인 국회의원과 제1야당 국민의힘이 완벽한 허위 날조를 동원해 저를 음해한 것입니다.

이는 기득권과 권력을 위해서라면 헌법 유린도 마다하지 않는 것이자 그들을 뽑아준 국민들에 대한 배신행위에 다름 아닙니다.

국회의원 면책특권을 악용해 '아니면 말고' 식 허위 날조 주장을 펴고 한 사람의 인격을 말살하고 가짜정보로 국민들을 현혹하는 것은 의정활동이 아니라 범죄행위입니다.

국회의원 면책특권은 독재정권 시절 국회의원들을 보호하기 위한 장치였지만 이제는 시대가 바뀌었습니다. 독재정권은 사라진지 오래고 면책특권은 오히려 독이 되고 있습니다. 이번 기회에 국회의원 면책특권을 제한해야 한다고 믿습니다.

의도적이고 악의적인 게 명백한 가짜뉴스는 민주주의를 파괴하는 독버섯입니다. 용납해선 안 됩니다.

국민의힘은 국정감사를 허위 날조의 장으로 만든 데 대해 무한책임을 져야 합니다. 즉각 국민께 사죄하기 바랍니다.

아울러 무책임한 폭로로 국감장을 허위, 가짜뉴스 생산장으로 만든 김용판 의원은 저에게 가한 음해에 대해 사과하고, 스스로 국회의원직에서 물러나길 촉구합니다.

'토건세력 특혜폭탄 설계자, 수혜자'는 국민의힘 임이 분명해졌습니다.

2021.10.20.

국회 국토교통위원회 경기도 국정감사를 마쳤습니다.

이번 국정감사 과정에서 도정사상 유례없는 4천 건 이상의 국정감사 자료 요구가 쏟아졌습니다. 수많은 자료 요구에 수일 동안 밤낮없이 준비했지만 국가 위임사무와 관련 없는 질의만 쏟아지는 것을 보며 허탈함을 느꼈을 경기도 공직자 여러분께 위로와 감사 말씀을 드립니다.

국정감사에 나서지 말라는 만류도 있었지만 경기도지사로서 책임을 다하는 것이 중요하다고 판단했습니다. 그래서 국감에 출석하여 대장동 개발의 본질과 진실에 대해 소상하게 답변 드렸습니다.

국민의힘 측의 일방적인 주장, 허위사실에 기초한 무차별 의혹제기가 있었지만 '돈 받은 자가 범인'이고, 민간이 독식할 뻔한 개발이익 중 5,503억 원을 이재명이 시민의 몫으로 환수했다는 진실이 명확해졌습니다.

오히려 '토건세력 특혜폭탄 설계자'는 국민의힘 전신 정권과 관계자들임이 분명히 드러났습니다. 이명박, 박근혜 정권과 시의회가 공공개발을 막고 민간에 이익을 몰아주려 했습니다. 화천대유의 막대한 이익금이 고문료로, 말도 안 되는 퇴직금으로 돌아간 곳은 하나같이 국민의힘 관련 인사들이었습니다.

다행히 국민들께서도 국민의힘이 범죄자 도둑이고, 저의 의견이 타당하고 합리적이며, 이재명은 청렴했음을 인정해 주시는 것 같습니다. 여전히 보수언론이 일방적으로 국민의힘을 편들고 있지만 우리 국민의 집단지성은 놀랍도록 합리적이었습니다. 진실의 편에 서주신 국민여러분께 감사드립니다.

오늘 국민의힘 송석준 의원이 양의 탈을 쓴 개 인형을 가지고 나왔습니다. 그 모습을 보며 애처로운 생각마저 들었습니다.

당시에 공공개발을 막았던 국민의힘이 이제 와서 왜 개발이익을 100% 환수하지 않았느냐고 따지는 모습이 마치 스스로 '양두구육'의 모습을 자백하는 것 같았습니다.

민간이 이익을 볼 수 있도록 설계한 자가 범인이라면 국민의힘이 만든 이명박, 박근혜 정부가 바로 범인이자, 도둑이고, 공범입니다. 당명이 바뀌었으니까, 과거 선배 의원들이 한 일이니까 나는 모른다고 할 것이 아니라 지금이라도 국민의힘이 과거에 공공환수를 하지 못하도록 막은 것을 국민께 사과하는 게 도리입니다.

저에게 들이댔던 날선 비난과 비판의 십분의 일만이라도 자신들에게 돌려 본다면 마땅히 사과와 사죄가 뒤따라야 할 것입니다.

또한 국민의힘 의원님들께 요청합니다. 100% 공공환수를 못한 것이 문제라고 한목소리로 질타하신 만큼 부산 엘시티 문제도 낱낱이 밝혀주시기 바랍니다.

인·허가권을 통해 이익이 발생할 수 있는 사업은 100% 공공이 환수해야 합니다. 왜 민간에 일부라도 개발이익을 줬느냐고 국민의힘 의원님들께서 동조해주시는 만큼 국정감사가 끝나는 대로 부당이익을 뿌리 뽑기 위한 법제도 개선에 적극적으로 동참해주시길 당부 드립니다.

저 나름대로는 법제도의 한계 속에서도 개발이익 환수를 위해 최선을 다했고, 공무원을 비롯해 산하기관 임직원들에게도 수시로 '돈이 마귀'라며 청렴할 것을 주문했지만 결과적으로 부족한 점이 있었습니다.

국민의힘의 반대가 있었지만 보다 더 완벽하고 완전하게 개발이익을 공공으로 환수하지 못한 점에 대해서는 다시 한 번 국민 여러분께 죄송하다는 말씀을 드립니다. 또한 관리 책임자로서 유동규 전 성남도시개발공사 본부장이 불미스러운 일에 연루된 것에 대해서도 깊은 사과의 말씀을 드립니다.

다시, 이재명

누가 민간개발비리 설계자인지 국민께서 판단해 주십시오.

2021.11.02.

개발이익 100% 환수하는 이재명의 공공개발 막은 것이 국민의힘과 보수언론입니다.

다수당의 당론으로 대장동 민간개발 강요한 것이 국힘과 보수언론입니다.

고군분투 해서 민관공동개발로 개발이익 70% 5503억 환수한 이재명을 30% 마저 환수 안했다고 배임으로 몰며 공격하더니, 막상 환수장치 만들겠다니 극력반대합니다.

민간개발 제한, 개발이익 환수법 제정에 국힘의 태도를 지켜보시고, 그 이중성과 적반하장을 심판하십시오.

그들의 생각처럼 국민은 바보가 아님을 보여주십시오.

사방천지에 적.. 부패즉사 청렴영생을 주문처럼 외며 산 이유

2021.11.09.

예측을 깨고 어렵게 시작된 성남시장 8년은 온 사방이 적이었습니다. 검찰, 경찰, 국정원 등 국민의힘 정권과 경기도, 그리고 국힘이 다수당인 성남시의회까지 어떻게든 저를 제거하려고 총력전을 펼쳤습니다.

제가 시민의 돈과 권력을 시민을 위해서만 쓰는 것이, 그들의 부당한 이

권추구를 막는 것이 이유였습니다.

이명박근혜 정권에 완전히 포위당한 채 전면전을 치렀던 제가 단 1원의 부정부패, 단 한톨의 먼지라도 있었다면 결코 살아남지 못했을 것입니다.

썩은 돈의 악마로부터 지켜주는 유일한 갑주가 청렴이었습니다.

국민의힘이 이번에 또 마약중독된 사기 폭력배와 결탁해 터무니없는 조폭뇌물사건을 조작한 것이 만천하에 드러나고 있습니다.

정치공작에 참여한 조직폭력배 박철민은 국민의힘 협력자이고, 그의 아버지 박용승, 장영하 변호사, 김용판 국회의원은 모두 국힘의 주요 당원과 당직자, 공직후보들입니다.

그런데도 국힘과 윤석열 후보는 반성과 사과는커녕 오히려 목소리를 높이고 있습니다.

진지한 반성과 책임있는 사과를 요구합니다.

검찰과 경찰은 이런 정치공작 중범죄를 왜 방치하나요? 신속한 수사와 엄정한 처벌을 요청합니다.

국토보유세수는 전국민 균등배분.
국민 90%는 내는 것보다 받는 것이 더 많음

2021.11.15.

토지보유 상위 10%에 못들면서 손해볼까봐 기본소득토지세를 반대하는 것은 악성언론과 부패정치세력에 놀아나는 바보짓입니다.

부동산투기를 막으려면 거래세를 줄이고 보유세를 선진국 수준으로 올려야하는데, 저항을 줄이기위해 국토보유세는 전국민에게 고루 지급하는 기본소득형이어야 합니다.

그게 토지공개념에 부합하고, 부동산 불로소득 즉 지대를 국민에게 환원하며 소득자산 양극화와 불평등을 완화하는 길입니다.

전국민 90%가 수혜 보는 기본소득토지세, 누가 반대하는지 유심히 살펴 보십시오.

민주주의와
정치교체

이재명은 국회의원 한번 못해본 기초단체장 출신 대선후보이다. 여의도 정치경력이 가장 짧았던 문재인 대통령도 짧게나마 국회의원을 했고 당 대표를 역임했었다. 그러나 이재명에게는 성남시장, 경기도지사 시절의 민생개혁 실적들, 2016년 촛불광장에서 포효했던 기득권을 향한 선명하고 날선 사이다 발언 외엔 그의 민주주의에 대한 신념, 정치관을 알릴 수 있는 기회가 부족했다.

여의도 정치 경험 부족, 이는 대선 후보, 그것도 170석이 넘는 거대 집권 여당의 대선후보에게는 강점이자 약점이었다. 신뢰를 잃은 여의도 정치의 혁신을 바라는 국민에게는 희망의 근거였지만 오랜 시간 여야 간의 대화와 타협, 민주주의를 위한 풍찬노숙 투쟁의 과정을 통해 형성된 자신만의 시대정신을 국민에게 보여줘야 할 책임 있는 정치인으로서는 약점이 될 수 있었다.

이재명의 정치는 무엇인가? 국민의 깊은 물음에 답을 드려야 한다고 생각했다. 선거 기간 이재명의 민주주의, 정치관을 알 수 있는 묵직하고 진중한 기획메시지를 발표했다. 글의 몰입도와 공감도를 높이기 위해 흑백 사진을 첨부하기도 하고, 연번을 붙여 시리즈로 발표하기도 했다. 사진은 주로 강영호 다큐멘터리 사진작가가 발행한 '지금은 이재명' 책에서 선정했고, 2022년 새해 국민께 드리는 약속은 '임인년 국민과의 약속'이라는 이름으로 4회에 걸쳐 발표했다.

이런 방식은 정치인의 SNS 메시지에서 익숙한 방식이 아니었는데 반응은 기대 이상이었다. 히틀러 가면을 쓴 모습을 배경으로 엘리트주의에 빠진 윤석열 검찰의 민낯을 질타한 〈서초동의 위험한 엘리트들〉 등의 메시지는 나름 큰 반향을 일으켰다. 각종 커뮤니티에 '이재명을 다시 보게 되었다' 등의 호평이 이어질 때면 어깨가 으쓱해졌다.

이재명의 정치는 한마디로 '민생개혁'이다. 2021년 말 한 해를 마무리하며, 휘청이는 할머니의 뒷모습을 배경으로 〈정치의 이유... 오직 민생!〉이라는 메시지를 발표했다. "잊지 않겠습니다. 국민의 주름진 손, 삶의 고단함. 휘청이는 뒷모습... 제가 정치하는 '오직 민생' 네 글자를 절대 잊지 않겠습니다. 새해에는 희망의 불씨를 더 키워가겠습니다. 국민 지갑을 채우고 나라 경제를 성장시키는 데 모든 역량을 집중하겠습니다."

그는 자신을 향한 마타도어에 크게 흥분하지 않는다. 그러나 정쟁 때문에 민생과제가 뒷전으로 밀려나는 것은 참지 못했다. 특히 국민 지지가 높은 민생과제들이 국회에서 방치되고 처리가 지연될 때는 더욱 그러했다. 수술실 CCTV 의무화는 국민 90% 이상이 압도적으로 찬성하는 법안이었다. 그러나 국민의힘은 사회적 합의가 필요하다, 의사들이 적극적인 수술을 할 수 없다는 등 비합리적인 이유로 차일피일 처리를 미뤘다.

청소·경비노동자 휴게시설 확대가 지연될 때도 그의 인내심은 한계치에 다다랐다.

그러나 국민에 대해서는 한없는 존중의 마음을 가졌다. 〈가시밭길 헤쳐서라도 새로운 길을 내겠습니다〉(2021.9.21) "저의 삶은 기득권과의 끝없는 투쟁이었습니다. 멈추고 싶었던 적도 있습니다. 하지만 그것은 주권자에 대한 배신이기에, 국민이 준 권력을 제대로 안 쓸 거면 정치하지 않겠다는 일념으로 견디고 돌파하며 여기까지 왔습니다. 제게 기회를 주시면 어떤 경우에도 어떤 난관도 뚫고 반드시 길을 만들겠습니다. 두려움 때문에 기득권 때문에 가지 못했던 길, 가시밭길을 헤쳐서라도 이재명이 앞에서 그 길을 열겠습니다."

국민을 위해서라면 가시밭길 헤쳐서라도 길을 내겠다. 국민 여러분은 꽃길만 걷게 하겠다. 그는 이 말을 너무 좋아했다. 이는 수없이 많은 메타버스 즉석연설과 연설문에서 반복되었다. 이런 이재명의 마음을 알았던지 선거 말미에 지지자들은 이런 문구를 만들어 냈다. '이재명이 대통령되면 이재명이 개고생할 것이다, 윤석열이 대통령되면 국민이 개고생할 것이다. 국민은 편하게 이재명을 고생시키자.' '개고생'이라는 어감이 좋지는 않았지만 그의 앞날, 나라의 앞날을 정확히 예견하는 말이라 썩 싫지만은 않았다.

이재명의 정치는 소통이다. 그는 여느 정치인과 확실히 다른 면이 하나 있다. 갈등 현장에 들어가기를 두려워하지 않는 것이다. 그를 전국적인 정치스타로 키운 계곡 정비 반대 주민과의 간담회가 대표적이다. 해방 이후 아무도 해내지 못했다는 계곡불법시설 정비는 그의 솔직하고 허심탄회한 소통으로 거의 100%에 가까운 99.7%의 자진철거율을 기록했다. 말이 99.7%이지 생업이자 재산권이 달린 첨예한 갈등사안을 이렇게 해결한다는 것은 거의 기적에 가까운 일이다.

경기도 공공기관 이전 때도 마찬가지였다. 남북 간 격차가 큰 경기도의 균형발전을 위해 수원 시내에 몰려있던 공공기관을 경기동북부지역으로 옮기는 일이다. 당연히 해당 공공기관 직원과 상권축소를 우려하는 인근 지역 주민들의 반대가 거셌다. 해당 기관 노조, 반대 지역주민들이 도지사와 대화를 요청했다. 주위에서는 고성과 항의가 빗발칠 것이 뻔한 간담회를 반대했다. 그러나 그는 그들과도 속 깊은 얘기를 나눴다. 경기대학교 기숙사를 코로나 확진자 숙소로 지정하는 것을 반대하는 학생들의 항의에도 즉석 대화를 이어갔다.

그의 소통에는 원칙이 있다. 그냥 민원을 수용하며 달래고 원만하게 합의를 이끌어 내기 위해 노력하는 것이 아니다. 분명한 원칙과 기준을 세우고 준수한다. 공공기관 이전 반대가 극심할 때 반대 측의 일부 의견을 수용해 기관만 이전하고 관사와 통근버스를 제공해 직원 가족들이 현재 지역에서 계속 거주할 수 있도록 하자는 중재안이 제시되었다. 그러나 그는 단호했다. 공동체를 위해 특별한 희생을 한 지역을 위해 이전하는 것인데 그렇게 하면 해당 지역에 어떤 도움이 되겠나, 무늬만 이전일 뿐이다. 나는 그렇게 허위로 일하지 않는다. 성남시장, 경기도지사를 역임하며 많은 갈등 사안이 있었지만 대부분 원만히 해결되었고 반대했던 분들은 나중에 이재명의 가장 적극적인 지지자가 되었다.

이번 대선만큼 후보자 간 TV토론이 적었던 적도 없었다. 선관위 주관 법정토론이 다였다. 이재명은 국민의힘 윤석열 후보 확정 이후 즉각 매주 1회 정책토론을 제안했다. 그러나 받아들여지지 않았다. 그나마 방송3사 주관으로 논의되던 토론회도 대장동만 다뤄야 한다는 비상식적인 주장으로 무산되었다.

2021년 12월 27일 〈토론의 힘〉 메시지를 발표했다. "토론을 통해서 많이 배우고 있습니다. 심지어 아이들과의 토론에서도 저는 배웁니다. 정치인은 주권자인 국민의 대리인인 만큼 더더욱 토론을 피해서는 안 된다는 것이 제 믿음입니다. 한낱 말싸움으로 치부하며 토론 자체를 거부하는 것은 자칫 민주주의를 하지 않겠다는 선언으로 이해되기 쉽습니다. 저는 앞으로도 잘 듣고 잘 배우기 위해 토론하겠습니다."

이재명의 소통에는 경계가 없다. 성별을 가리지 않았고 진영을 가리지 않았다. 어느 때보다 2030 안에서 젠더 갈등이 첨예했다. 젠더 이슈는 예민한 사안이니 논란이 되는 메시지나 일정은 아예 하지 말자는 주장과 그래도 다가가려 노력해야 한다는 의견이 충돌했다. 이재명은 후자를 선택했다.

주변의 우려에도 자신을 지지하지 않는 2030세대 남성 커뮤니티에 올라온 글을 선대위 회의에서 배포했다. 지지여부를 떠나 청년들의 목소리에 귀 기울이자는 취지였다. 2030 여성들이 주로 활동하는 미디어에도 출연했다. 여성청년들의 목소리를 직접 들으려는 노력이었다.

후보로서 지지받고 싶은 마음이 없었다면 거짓말일 것이다. 그러나 이재명은 소통에 방점을 두었다. "커뮤니티에 글을 쓴다고 해서 비호감이 갑자기 지지로 되겠나, (청년들의 목소리를) 듣기라도 하자는 것이다." 이재명의 솔직한 마음이다. 여러 논란이 있었지만 이렇게 진영을 가리지 않고 소통하려는 노력의 결과가 선거 후반 나타났다. 진심은 통한다. 진심은 힘이 세다.

이번 대선 뭐니 뭐니 해도 이재명식 소통의 진수는 '메타버스 즉석연설'이다. 경선이 끝난 후 이재명은 통상적인 후보 일정이 아니라 그동안 대선 후보들이 찾지 않았던 전국의 시군구를 모두 다니며 국민을 만나고 싶다고 했다. 그렇게 메타버스가 시작되었다. 즉석연설은 애초에 기획된 것은 아니었다. 민생현장에서 국민의 목소리를 듣고 현장에서 필요한 정책을 수렴하고자 했다. 그러나 그의 소통본능은 첫날부터 제어되지 않았다. 11월 12일 울산 중구 중앙전통시장에서 짧은 인사만 건네겠다는 생각은 몰려든 국민 앞에서 연설로 이어졌다. 2박 3일간 진행된 첫 부산·경남 매타버스는

다시, 이재명

'우리가 언론이 되자'는 명연설을 낳았다.

후보가 주문했다. 즉석연설을 가는 곳 마다 하겠다. 메시지팀에는 그야말로 폭탄이었다. 이후 매타버스 일정 중 하루에도 서너 차례의 즉석연설이 이어졌다. 2박 3일 주말 일정을 감안하면 10개가 넘는 연설문을 작성해야 했다. 그대로 하는 것도 아니다. 키워드만 참고할 뿐, 이재명의 감성으로 이재명의 언어로 체화했다. 짧게 하겠다는 초기 계획은 물거품이 되었고, 30분을 넘겨 40분, 50분간 이어진 적도 여러 번이다. 반응은 열광적이었다.

지지자들은 '매주 따라다니는 버스' 매따버스를 만들어 이재명과 함께했고 언론은 이재명의 즉석연설을 주목했다. 매타버스 즉석연설은 그렇게 기사 생산의 저수지가 되었다. 워낙 많은 말을 쏟아내다 보니 몇 번의 말실수가 도마 위에 오르기도 했다. 그러나 우리 정치사에 현장에서 국민과 가감없이 소통하며 1시간 가까이 원고 없는 즉석연설을 이어갈 수 있는 정치인이 얼마나 있을까? 여야를 통틀어 김대중, 노무현, 이재명 정도이지 않을까.

선거 막바지에 이재명이 강하게 국민통합과 정치교체를 주장한 것에 대해서 김동연, 안철수를 끌어들이기 위한 전략아니었냐는 의구심이 있다. 위성정당 방지법과 기초의원 중대선거구제를 말한 것도 득표전략으로 비판하는 이들이 있다. 그러나 이는 전혀 사실이 아니다. 적어도 이재명이 그동안 얘기해왔던 정치개혁과 관련된 말글의 역사만 봐도 알 수 있다.

기초의원 중대선거구제에 대한 이재명의 신념은 인권변호사, 시민운동가 시절 때 형성된 것이다. 성남시립의료원을 만들고자 시민서명을 받아 추진한 주민발의조례가 양당이 독점한 성남시의회에서 47초 만에 부결되는 현장을 목격하며 어떻게 이런 일이 가능한지 고민했다. 거대 양당의 공천만 받으면 당선이 보장되는 '2인 선거구제'의 폐해임을 아는 데는 오랜 시간이 걸리지 않았다. 오죽하면 원내 제1·2당의 공천을 받으면 사람이 아니라 막대기라도 당선될 수 있다는 자조적인 우스갯소리가 회자되겠는가.

이재명의 진심은 안철수 후보가 윤석열 후보와 단일화했을 때 더욱 선명해졌다. 두 후보의 단일화 후 득표에 도움이 되지 않는 정치개혁 얘기는 그만하자는 의견들이 분출되었다. 그러나 이재명은 이를 받아들이지 않았다. 오히려 국민들로부터 진심을 이해받을 수 있는 기회라고 생각했다. 이후에도 이재명은 정치개혁 주장을 더욱 강하게 피력했다.

이번 선거만큼 남녀갈등, 세대 갈등 조장이 횡행한 선거는 없었다. 제1야당 후보와 당 대표가 나서 대놓고 여성혐오를 부추겼고 성과 세대를 대립시켰다. 당장의 선거를 떠나 나라의 미래를 위해 있어서는 안될 일이었다. 〈남녀갈등, 세대갈등, 국민 편 가르기를 우려합니다〉(2022.1.15)는 메시지를 발표했다. "이런 선거 전략은 이전까지 듣도 보도 못한 것입니다. 속으로야 그런 생각을 한다해도 차마 입 밖으로 얘기하지 못했던... 정치에서 해서는 안 될 금기 같은 것이었습니다"며 큰 우려를 표했다. "서로에 대한 증오를 부추겨 상대가 가진 작은 것을 빼앗게 선동하며 자신은 뒤에서 정치적으로 큰 이득을 취하는 나쁜 정치의 전형"이라고 일갈했다. 그러나 그들의 행태는 선거가 끝날 때까지 멈추지 않았다.

선거 이후에도 분열주의가 계속되는 것 같아 안타깝다. 애초부터 공정하지 않은 구조에서 만들어진 현재의 능력을 최우선해 능력주의라는 말로 포장하고, 소외된 지역과 세대의 목소리는 무능력자들의 하소연으로 치부되고 있다. 남녀갈등, 세대갈등에 이어 장애인과의 갈등을 조장하고, 서오남(서울대 오십 대 남성)으로 대표되는 기득권 세력만의 나라가 되어 가고 있는 것 같아 안타깝다.

정치의 쓸모를 생각합니다.

2021.07.29.

내일이 오늘보다 나아질 수 있다는 희망이 없다면 세상은 참 암울해질 것입니다.

더 이상 살아가기 힘들다는 절망으로 칠흑 같은 고독 속에서 생을 마감하는 사람들의 뉴스를 접했습니다. 1인 가구의 극단적 고독사 소식을 들을 때마다 가슴에 납덩이가 든 것처럼 마음이 무겁기만 합니다.

죽음의 순간까지 미래를 준비하던 백여 장의 이력서와 자격증 준비자료, 빈 소주병과 담배꽁초들에서 그래도 희망을 찾아보려는 안간힘과 함께 커다란 절망의 흔적을 봅니다.

코로나19 위기가 길어지며 경제적 어려움을 겪는 데다 '코로나 블루' 우울증에 시달리는 분들이 늘었습니다. 임금 노동을 할 여력이 없거나 생계가 막막하여 벼랑 끝에 내몰린 분들이 우리 주변에 있습니다.

좀처럼 되지 않는 취업, 희망이 보이지 않는 생활, 겨우 창업했지만 삶에 희망을 주지 못하는 환경. 결코 개인의 책임이라고 떠넘길 수 없는 문제입니다.

우리 주변에 여전히 존재하는 사각지대, 그 안에서 이 순간 누군가 절망하고 있습니다. 주변에서 아무런 도움을 받지 못한다는 고립감이 엄습할 때, 극단적 선택을 고민할 때 우리 사회가 그들에게 작은 관심과 위로를 건

낸다면 선택이 달라지지 않을까 생각해 봅니다.

이들에게 기본소득이 지급되었다면 어땠을까 하는 생각이 머릿속에서 계속 맴돕니다. 누군가에는 푼돈이거나 외식 한 번 하고 말 적은 돈일지 몰라도 그들에게는 절망을 헤쳐 나갈 작은 희망의 끈이 될 수 있지 않았을까...생각할수록 안타깝고 속상합니다.

정치가 해야 할 일에 대해 고민하게 됩니다. 아무리 화려하고 거창한 명분이 있다 하더라도 정작 민생을 돌보지 못한다면 정치가 무슨 소용이 있는 건지, 먹고사는 일에 힘겨워 희망을 놓아버리는 국민들에게 과연 정치가 어떤 변명을 할 수 있을지.

누구나 인간다운 최소한의 삶을 누리고 존엄하게 살 권리가 있다고 모두가 말을 하지만 그런 세상을 만들기 위해 우리 정치는 과연 제 역할을 하고 있는 건지 스스로에게 묻게 됩니다.

절망 속에서 쓸쓸히 생을 마감하는 국민이 없도록, 정치가 제 역할을 다하도록, 최선을 다해야겠다 다짐해 봅니다. 오늘보다 내일이 더 나을 거란 희망을 주는 정치, 반드시 보여드리겠습니다.

그것이 저에게 주어진 책무라고 믿습니다.

모두를 만족시키는 것은 불가능하지만,
끊임없는 노력은 온전히 제 몫입니다.

2021.08.11.

상대 후보 지지자 일부가 끝까지 저를 지지하지 않을 것이라는 우려. 도저히 저를 지지하라 설득하지 못하겠다는 타 후보측 말씀. 온전히 받아들이고 그만큼 더 노력하겠습니다.

정치인의 숙명입니다. 단 한 분의 국민도 소홀히 하지 않는 것 말입니다. 저를 지지하든 안하든 관계없습니다. 국민 모두의 먹고 사는 문제를 해결해가는 끊임없는 고민과 행동. 정치인은 그것으로 평가받을 뿐입니다.

지금까지 그리 해왔다 자부하지만 아직도 부족함이 많은 것 같습니다. 진심을 다해 더 노력하겠습니다. 부족함을 채우겠습니다. 실적으로 실력을 인정받아보겠습니다.

제 본분에 충실하는 것이 저를 외면하는 분들을 설득하는 최선의 방법이라 믿습니다. 지금 이 순간, 불확실한 내일을 걱정하며 하루를 버티는 분들이 걱정 좀 덜고 조금 더 안심하고 살아가시도록 만드는 데 집중하겠습니다.

지금껏 그래왔던 것처럼 기득권의 벽을 깨고 모두가 더불어 살 수 있는 새로운 길을 내며 가보겠습니다. 마침내 '그래 이만하면 됐다' '지지할만하다' '마음 줘야 겠다' 하는 말씀 듣고 싶습니다.

다시, 이재명

고의적, 악의적 허위보도엔 엄중한 책임을 물어야 합니다.

2021.08.27.

언론은 대의민주주의 국가에서 주권자들의 판단을 돕는 역할을 합니다. 민주주의 시스템을 떠받치는 입법, 사법, 행정에 이은 제4부라고 불릴 정도로 매우 중요한 제도입니다.

큰 영향력에는 그만큼의 책임이 따릅니다. 그러나 언론이 그동안 주어진 권한에 따른 책임을 져왔는가에 대해서 많은 국민들께서 의문을 가지고 계십니다.

한국은 '언론자유도'는 3년 연속 아시아에서 가장 높은 반면, '언론신뢰도'는 세계 주요 40개 국가 중 5년째 최하위권에 머물러 있습니다. 올해는 38위입니다. 언론 스스로도 왜 이런 결과가 나왔는지 되돌아 봐야 합니다.

물론, 언론이 오보를 낼 수 있습니다. 확인이 안 되어서, 또는 조금은 경솔하게 보도할 수 있다고 봅니다. 팩트에 기반해서 의견을 심하게 얘기할 수도 있습니다. 이런 것은 용인되어야 한다고 봅니다.

그런데 민주주의를 보호하라고 부여한 특권을 악용해 가짜뉴스로 사람들의 판단을 흐리게 하는 거라면 얘기가 다릅니다.

명백히 고의적으로 허위사실임을 알면서 누군가를 가해하기 위해서 언론의 이름으로 폭력을 행사하는 것은 민주주의 체제 자체를 위협하는 것입니다. 때문에 악의적, 고의적 가짜뉴스에 대해서는 엄중하게 책임을 물어야 됩니다. 그동안 저는 일관되게 이런 주장을 해왔습니다.

언론중재법을 두고 권력에 대한 감시행위가 약화된다거나 정권연장을 위한 언론 재갈물리기라고 비판하는 것은 사실과 다릅니다. 정치인과 정치권력은 징벌적 손해배상을 제기할 수 없도록 하고 있고, 내년 4월부터 시행되니 3월 9일에 치러지는 대통령선거와 아무 관계가 없습니다.

오히려 고의적, 악의적 허위보도에 책임을 물을 수 있기 때문에 사회적 약자인 피해자를 보호하는 장치가 된다고 생각합니다.

국민께는 스스로를 보호할 최소한의 수단을 보장하고, 언론에는 최소한의 자정장치를 마련하는 것입니다.

여러 우려나 법률적인 지적들은 충분히 감안해서 합리적인 법안을 만들어야겠지만 그것이 언론중재법을 보류하거나 미룰 이유가 되지는 않습니다. 일부 아쉬움이 있더라도 국민이 원하는 언론개혁의 첫 발을 뗄 때입니다.

가시밭길 헤쳐서라도 새로운 길을 내겠습니다.

2021.09.21.

'개혁은 혁명보다 어렵다'는 말이 있습니다. 부당한 이익을 지키려는 기득권의 저항은 상상을 초월할 정도로 강고하고 집요하기 때문입니다.

누구나 개혁을 말할 순 있지만, 반발과 고통을 감내하며 할 일을 하는 것

다시, 이재명

은 말처럼 쉽지 않은 이유입니다. 기득권의 반발을 감수할 용기, 난관을 이겨내는 추진력 없이 개혁은 한 발자국 떼기도 쉽지 않습니다.

그러니 누가 무슨 말을 했는지보다 누가 어떤 삶을 살아왔는지 봐주십시오. 온갖 왜곡과 음해 흑색선전을 헤치고 저 이재명이 어떤 삶을 어떻게 살아왔는지, 국민과 함께 어떤 일을 해냈는지 살펴봐 주십시오.

두려움 때문에 할 일을 피하지 않았고, 불의와 타협하지 않았고, 돈과 명예 온갖 유혹에 넘어가지 않았습니다. 저의 삶은 기득권과 끝없는 투쟁이었습니다.

멈추고 싶었던 적도 있습니다. 시끄러운 일 하지 않으면, 좋은 소리 들으려 적당히 타협하고 애매 모호한 말로 국민을 헷갈리게 하면 참 편하게 할 수 있는 것이 정치입니다.

하지만 그것은 주권자에 대한 배신이기에, 국민이 준 권력 제대로 안 쓸 거면 정치하지 않겠다는 일념으로 견디고 돌파하며 여기까지 왔습니다.

제게 기회를 주시면, 어떤 경우에도 어떤 난관도 뚫고 반드시 길을 만들겠습니다. 두려움 때문에 기득권 때문에 가지 못했던 길, 가시밭길을 헤쳐서라도 이재명이 앞에서 그 길을 열겠습니다.

한 명의 공직자가 얼마나 많은 변화를 만들어 낼 수 있는지 결과로 증명하겠습니다.

10.4 남북정상선언 14주년, 평화의 한반도로 나아가야 합니다.

2021.10.04.

오늘은 10.4 남북정상선언 14주년입니다. 평화와 번영의 시대를 열기 위해 분단 이후 최초로 걸어서 군사분계선을 넘던 노무현 대통령님의 모습이 더욱 생각나는 날입니다.

종전선언과 항구적 평화체제에 대한 남북의 열망이 처음 천명된 것이 바로 10.4 선언이었고, 공리공영 즉, 같이 이익을 추구하고 같이 번영하자는 협력의 원칙이 합의된 것도 이 선언이었습니다. 이는 서해경제공동특구 및 동해관광공동특구 조성 협력에 대한 합의로 고스란히 9.19 평양선언으로 이어졌습니다.

평화와 경제가 선순환하는 한반도평화경제체제라는 저의 구상도 실은 10.4정신에 기인한 것입니다.

그래서 저는 현재의 남북관계를 푸는 열쇠는 다시 10.4 정신으로 돌아가는 것이라고 확신합니다.

끊겼던 남북의 모든 통신선이 오늘 다시 연결되었습니다.

마침 미국이 북한에게 대화를 위한 구체적인 제안을 했다는 보도가 나왔습니다.

문재인 대통령님이 쏘아 올린 종전선언의 불꽃이 김정은 총비서의 통신선 복원으로 그리고 미국의 대화 제의로 이어지고 있습니다. 우리 정부의 외교장관이 공식적으로 제가 제안한 스냅백을 통한 대화 재개를 언급한 것도 한 몫을 했다고 생각합니다.

물론, 북미 간 견해차로 인해 아직 협상의 재개와 진전을 낙관하기는 어렵습니다. 그렇지만 남북관계 개선과 더불어 우리의 능동적 역할을 더욱 확장한다면, 북미 간 대화는 물론 관계 개선의 시간이 더욱 빨리 올 수 있다고 믿습니다.

최근의 남북관계는 한 마디로 단언하기 어렵습니다.

그러나 서로 존중하고 인내하면서 노력한다면, 머지않아 남북관계의 물꼬가 터질 것이라 기대합니다.

10.4 선언을 통해 한반도의 평화와 번영을 위한 협력의 토대를 마련하신 노무현 대통령님께서 실망하지 않도록 힘껏 밀고 가겠습니다.

10.4 선언의 완전한 이행, 공리공영의 한반도평화경제체제 실현, 이재명이 이어가겠습니다.

전두환 찬양,

한국판 홀로코스트법 제정해서라도 처벌해야 합니다.

2021.10.22.

5.18 묘역을 찾았습니다. 광주는 제 사회적 어머니입니다. 80년 5월 광주의 진상을 마주하고 제 인생이 통째로 바뀌었습니다. 저 뿐만이 아닙니

다. 지금 이순간 우리 모두가 누리는 민주주의는 광주의 피가 없었다면 불가능했습니다.

광주를 군화로 짓밟고 헬기로 난사했던 자가 전두환 씨입니다. 수많은 무고한 시민들이 군부의 총칼 앞에 희생되셨습니다. 전두환 씨는 내란죄로 사형선고까지 받았습니다. 대한민국 민주주의를 유린하고 시민을 살해한 자를 찬양하고 옹호하는 행위는 결단코 용서할 수 없습니다.

유럽에는 이른바 「홀로코스트 부인 처벌법」이 존재합니다. 2차 세계대전이 종식된 지 반세기가 지났어도 나치를 찬양하거나 나치범죄를 부인하는 이들을 처벌하는 법입니다.

독일은 5년 이하 징역형이나 벌금형을 프랑스는 구금형을, 유럽연합도 협약을 통해 최대 3년 징역형을 처벌할 수 있습니다.

「한국판 홀로코스트 부정 처벌법」이 필요합니다. 윤석열 후보가 전두환 씨를 찬양하고도 반성은커녕 먹는 '사과' 사진으로 2차 가해를 남발 중입니다. 그동안의 비상식적인 발언과 철학으로 봤을 때 새삼스럽지 않습니다만, 전두환 찬양으로 또 다시 아파할 우리 시민께 송구할 뿐입니다.

국가폭력에 의한 범죄는 결코 용납해선 안 됩니다. 공소시효, 소멸시효 모두 배제하고 범죄자가 살아 있는 한, 새로운 범죄가 밝혀질 때마다 엄중히 배상하고 처벌해야 합니다.

다시 한 번 광주 오월 영령의 명예와 자존을 생각하는 오늘입니다.

다시, 이재명

정치에 나서던 초심, 잊지 않겠습니다.

오늘 제 정치의 출발점이 된 성남시의료원에 다녀왔습니다. 성남시의료원 설립을 위해 함께 고군분투하던 분들을 만나 이야기를 나누었습니다. 정말로 감회가 남달랐습니다.

성남시의료원의 설립운동은 그 자체로 공공의료의 새 역사를 열었습니다.

성남시의료원을 설립하기 위해 20만이 넘는 시민들이 서명하고 18,595 명이 한겨울 혹한 속에서 지장 찍어 만든 '시립병원설립조례'를 시의회가 47초 만에 날치기 부결한 순간을 지금도 잊을 수가 없습니다.

날치기 부결에 항의했다는 이유로 수배를 받고 교회 지하실에 숨어서 목을 놓아 울었습니다. 종합운동장이나 체육시설 운영에도 연간 백 수십억씩 예산을 집행하는 건 투자라고 말하면서, 국민의 생명과 안전을 지키는 의료 영역의 재정 지출은 적자라고 표현하는 것을 도저히 용납할 수 없었습니다.

기득권 세력은 돈이 되지 않는다면 국민의 생명은 터럭만큼도 관심을 가지지 않는다는 걸 절감했습니다. 눈물밥을 먹으며 우리 손으로 기필코 공공의료시설을 만들겠다고 다짐했습니다. 2004년 3월 28일 오후 5시, 소년 공에서 인권 변호사로, 다시 시민운동가를 거쳐 정치인 이재명이 탄생하

민주주의와 정치교체   119

는 순간이었습니다.

코로나19 위기를 겪으며 이제 공공의료를 더욱더 확대해야 한다는 점에는 이론의 여지가 없습니다. 문제는 막상 국가 재정을 집행하거나 국가 시스템을 재편할 때 공공의료 부문이 후순위로 밀리는 경향이 있다는 것입니다.

이제는 돈보다 생명을 우선하는 사회로 바뀌어야 합니다. 국민의 생명과 안전을 지키는 일로 이어지는 만큼 감염병 대응 체계를 정비하고, 공공의료를 확대해야 합니다.

의료 일선에서 혼신의 힘을 다해 버티고 계시는 의료 종사자들이 즐거운 마음으로 우리 국민의 건강을 지키는 공무에 임할 수 있도록 처우개선에도 힘써야 합니다. 이것은 적자를 때우는 낭비가 아니라 국민의 생명과 건강을 지켜내는 제1의 우선 투자, 우선적 재정 집행입니다.

국민이 건강을 잃지 않고 행복하게 삶을 영유할 수 있는 나라를 만들겠습니다. 돈보다 국민이 먼저인 나라, 새로운 대한민국을 반드시 만들겠습니다.

저부터 변하겠습니다. 민주당도 새로 태어나면 좋겠습니다.

2021.11.20.

"180석으로 뭔가 할 줄 알았는데 기득권만 되었어요"

다시, 이재명

"개구리 올챙이 적 생각을 못합니다. 겸손하고 절실함이 보이지 않아요"

"내로남불 이미지가 가시질 않습니다."

"잘못을 지적하면 왜 나만 갖고 그러냐며 대드는 느낌.."

"그냥 미워요"

민주당 대선 후보로 선출된 직후부터 대구 서문시장을 시작으로 민심을 듣기 위해 전국 곳곳을 다니고 있습니다. 많은 분들이 여러 말씀을 해주셨지만, 그 중에서도 민주당에 대한 원망과 질책이 많이 아팠습니다.

민주당은 날렵한 도전자의 모습으로 국민지지 속에 5년 전 대선승리를 거머쥐었고 지선과 총선을 휩쓸었지만, 이제는 고인물 심지어 게으른 기득권이 되었다는 지적을 받고 있습니다.

국민들께서는 "민주당이 변해야 한다"고 끊임없이 말씀하셨지만, 국민적 요구에 부응하려는 우리의 노력은 너무 부족했고 더뎠습니다. 당의 변방에서 정치를 해왔던 저이지만, 당의 대선후보로서 그 책임을 피할 수는 없습니다.

왜 국민의 신뢰를 잃었는지, 제 자신부터 먼저 돌아봅니다.

욕설 등 구설수에, 해명보다 진심 어린 반성과 사과가 먼저여야 했습니다. 대장동 의혹도 '내가 깨끗하면 됐지' 하는 생각으로 많은 수익을 시민들께 돌려 드렸다는 부분만 강조했지, 부당이득에 대한 국민의 허탈한 마음을 읽는 데에 부족했습니다.

'이재명다움으로 민주당의 변화와 혁신을 이끌어내고 새시대를 준비할 것으로 기대했는데, 오히려 이재명이 민주당화되었다'는 지적에는 몸둘 바를 모르겠습니다.

저의 부족함이 많은 분들을 아프게 해드렸습니다.

죄송합니다. 깊이 사과드립니다.

우리 민주당도 다르지 않았습니다.

거대 여당으로서 부동산, 소상공인 보상, 사회경제 개혁 등에서 방향키를 제대로 잡지 못했고, 국민의 요구, 시대적 과제에 기민하게 반응하지 못했습니다. 당내 인사들의 흠결은 감싸기에 급급했습니다.

민주당에 실망해 가는 국민의 허탈한 마음을 이해하고 위로하며 개선하는 노력도 부족했습니다. 국민이 기대하는 개혁성과를 충분히 만들지 못했습니다.

어려운 국민의 삶과 역사퇴행의 위태로움을 생각하면 이제 변명, 고집, 좌고우면은 사치입니다.

저부터 처음 정치를 시작할 때 그 마음으로 돌아가 새로 시작하겠습니다.

저의 이 절박한 마음처럼 우리 민주당도 확 바뀌면 좋겠습니다.

주권자를 진정 두려워하고 국민의 작은 숨소리에조차 기민하게 반응하는 길을 찾아내면 좋겠습니다.

색깔, 지역이 아니라, 민생해결이 우선입니다.

2021.12.12.

광주전남, 전북 지역을 방문하면서 많이 들었던 얘기 중 하나가 "왜 대구 경북에서 태어났는데 그 동네에선 지지를 못 받느냐"는 것이었습니다.

그 말 듣고 민망하기도 했지만, 오늘 경북 예천읍 상설시장에서 이렇게 말씀드렸습니다. "색깔이 같다고, 우리 동네에서 태어났다고 지지하는 것이 아니라, 우리의 더 나은 삶, 다음 세대의 더 나은 미래를 바꿔놓을 정치인을 지지해야 하는 것 아니냐"고요. 현장에 오신 많은 분들께서 동의해 주셨고, 또 힘을 얻어 갑니다.

정치의 책무는 국민의 생명과 안전을 지키고, 규칙을 지켜 손해 보지 않고 규칙을 어겨 이익 보지 않는 합리적인 사회를 만드는 것입니다. 그러나 무엇보다 민생, 국민들의 먹고사는 문제를 해결하는 것이 가장 우선입니다.

대통령은 일을 해야 합니다. 대통령은 세상을 알고 국정을 알아야 합니다. 관료를 조직해 통제하고, 방향을 줘서 일할 수 있도록 만들어야 합니다.

정치는 신뢰입니다. 나라의 운명, 국민 개개인의 삶을 무한 책임지는 일이기에 지킬 약속만 하고, 약속은 끝까지 지켜야 합니다. 나중에 무얼 하겠다는 달콤한 말 대신, 과거에 한 약속은 제대로 지켜왔는지 얼마나 실천했는지 꼭 확인해 주십시오.

이 나라의 운명, 국민 여러분이 결정짓습니다.

과거가 아닌 미래로, 복수가 아닌 희망으로, 무능이 아닌 유능함으로, 위기를 기회로 만들어 갈 사람이 누구일지 여러분의 결정을 믿습니다.

토론의 힘!

2021.12.27.

"토론으로 세상을 바꿀 수는 없지만, 토론 없이는 세상을 바꿀 수 없다."는 말이 있습니다.

모든 사람이 똑같이 사고하진 않습니다. 같은 사안을 두고서도 다양한 견해가 존재할 수 밖에 없기 때문에 토론은 다수가 동의하는 최선의 결정을 이끌어 내는 데 매우 강력한 수단이 됩니다.

토론은 한 국가의 민주주의를 평가하는 중요한 척도이기도 합니다. 고대 그리스까지 거슬러 가지 않아도, 세종실록에 나오는 우리 선조들의 모습은 왕과 자유롭게 토론하기를 즐겼습니다.

토론이 쉽지만은 않습니다. 토론이 실패하는 대개의 경우는 자신의 뜻을 일방적으로 관철하려 할 때입니다.

저도 중요한 사업 결정을 앞두고 다양한 분들과 토론을 합니다. 토론을 통해 제가 미처 생각하지 못했던 부분을 깨닫거나 더 나은 방안을 찾기도 합니다. 그래서 토론은 저 스스로에게도 배우고 성장하는 훌륭한 선생님이 됩니다.

'계곡정비사업' 당시 주민들과 토론도 그렇습니다. 주민분들을 설득하기 위한 것이었지만 무엇보다 당사자들의 어려움을 경청하는 것만으로도 많은 부분 오해가 해소됐습니다.

현실적으로 할 수 있는 방안을 제시하고, 주민들의 어려움을 듣고, 서로에게 도움이 되는 방향을 끌어낼 수 있었습니다. 그 결과 주민 약 99.7%가 자진철거 하셨습니다. 민주주의 의사결정에서 토론이 얼마나 중요한지 단적으로 보여준 예입니다.

코로나가 확산될 때, 경기대 기숙사 학생들과 했던 토론, 경기도 공공기관 이전을 반대하는 지역주민과 해당 기관 노조와의 토론도 좋은 결론으로 이어졌습니다.

대통령 후보가 돼서도 토론을 통해 많이 배우고 있습니다. 청년세대 간담회에서, 소상공인께 꾸지람 듣는 대담에서, 유튜버와 녹화장에서, 심지어 아이들과의 토론에서도 저는 배웁니다.

정치인은 주권자인 국민의 대리인인 만큼 더더욱 토론을 피해서는 안 된다는 것이 제 믿음입니다. 토론하지 않으면 성장할 수 없고, 사회적인 합의를 이끌어낼 수 없습니다.

주권자가 무슨 생각을 하는지 정치인은 들어야 할 의무가 있고, 정치인은 주권자에게 자신의 철학과 비전을 제시하고 동의를 얻어야 할 의무가 있습니다.

한낱 말싸움으로 치부하며 토론 자체를 거부하는 것은 자칫, 민주주의를 하지 않겠다는 선언으로 이해되기 쉽습니다.

세상에 배움이 없는 토론은 없다고 생각합니다. 저는 앞으로도 잘 듣고 잘 배우기 위해 토론하겠습니다.

준비가 됐든 덜 됐든 준비된 만큼, 국민과 꾸준히 소통하고 토론하겠습니다. 그럴 때 우리 사회도 한층 더 도약하게 될 거라 믿습니다.

정치의 이유… 오직 민생

2021.12.31.

2021년 마지막 날입니다.

올 한해 코로나로 불편과 고통을 겪으신 국민 여러분께 죄송합니다. 지금도 생업의 위기에 내몰리신 분들께 위로의 말씀 드립니다.

우리는 많은 어려움에도 위기에 잘 대처해왔습니다. 코로나와 맞서면서도 대한민국은 멈추지 않았습니다. 자랑스러운 성취입니다. 노동자와 기업인을 비롯한 모든 국민께 감사드립니다.

올 해 만났던 많은 분들이 생각납니다. 메타버스, 민생현장에서 저를 부둥켜안고, 제 손을 꽉 잡고 들려주신 분들의 말씀이 귓전에 맴돕니다.

"없는 사람은 너무 억울한 일이 많으니까 꼭 대통령이 되어달라"는 논산 할머니,

"일자리 좀 많이 만들어 달라"는 부산 청년.

"초심으로 돌아가라"는 광주의 아저씨.

그 절절한 삶의 말씀들... 가슴에 새기겠습니다.

잊지 않겠습니다. 국민의 주름진 손, 삶의 고단함, 휘청이는 뒷모습... 제가 정치하는 이유 '오직 민생' 네 글자를 절대 잊지 않겠습니다.

새해에는 희망의 불씨를 더 키워가겠습니다. 더 빠른 민생안정, 더 강한 경제도약, 더 철저한 미래준비에 전력하겠습니다. 국민 지갑을 채우고 나라 경제를 성장시키는 데 모든 역량을 집중하겠습니다.

눈물도 빛을 만나면 반짝입니다. 코로나가 할퀸 민생경제의 상처를 치유하고 회복과 도약의 디딤돌을 놓겠습니다. 서로의 진심, 노력이 모아져 위기를 극복해 내는 멋진 대한민국을 그려 봅니다.

새해, 우리는 코로나 이후를 향해 출발할 것입니다. 그 미래는 지금보다 더 나은 세상이어야 합니다. 그런 미래를 만들겠습니다.

국민 여러분, 그 길에 함께해 주십시오.

감사합니다.

송구영신. 이재명 배상

주권자의 의견을 듣는 것은 정치인의 의무입니다.

2022.01.07.

정치는 주권자의 권한을 위임받아 대리하는 것입니다. 그래서 정치인은 주권자가 어떤 생각을 갖고 계신지 늘 파악해야 합니다. 즉 주권자의 의견을 듣는 것은 정치인의 필수의무이며, 주권자를 가려가며 의견을 듣는 것은 옳은 정치가 아닙니다.

제가 출연한 미디어에 대한 우려와 논란 잘 알고 있습니다. 하지만 어떤 청년의 목소리도 회피해서는 안됩니다. 갈등의 한복판에 뛰어들어서라도 서로 다른 입장과 의견을 듣는 것이 정치인의 할 일입니다. 설령 선거에 손해이고 정치적으로 불리하다고 해도 말입니다.

이런 갈등은 저와 같은 기성세대의 잘못 때문입니다. 우리 사회의 기회와 자원이 제한적이고, 손톱만큼의 기회를 차지하기 위해 수많은 청년들이 전쟁을 벌여야 하는 사회에서 갈등은 점점 불어날 수 밖에 없습니다. 그래서 청년들은 성장을 부르짖고, 공정사회를 만들어달라 외치고 있습니다. 기회와 자원이 골고루 배분되고 성장을 통한 기회의 총량을 늘리지 않고서는 이 갈등을 해소할 방법이 없습니다.

방송 촬영을 하면서 많은 이야기들을 듣고 제 생각도 서로 나누었습니다. 앞으로도 최선을 다해 여러 목소리를 경청하겠습니다. 그리고 제게 보내주시는 비판은 모두 소중하게 새기도록 하겠습니다.

다시, 이재명

남녀갈등, 세대갈등 조장, 국민 편가르기를 우려합니다.

2022.01.15.

최근 선거를 보면서 여러 가지로 우려스러운 상황을 목도하게 됩니다. 남녀갈등 세대갈등을 부추기는 것이 그렇습니다.

이런 선거 전략은 이전까지 들도 보도 못한 것입니다. 속으로야 그런 생각을 한다해도 차마 입 밖으로 얘기하지 못했던... 정치, 선거에서 해서는 안될 금기 같은 것이었습니다.

그런데 제1야당 대통령 후보와 대표가 이런 국민분열적 언동을 아무렇지도 않게 하고, 또 버젓이 기사 제목이 되는 것이 놀랍기만 합니다.

남녀 갈등, 세대 갈등 조장은 모두 공통점이 있습니다. 세상을 흑과 백으로만 나누고, 국민을 둘로 갈라놓는다는 점에서 제2의 지역주의나 다름없습니다.

서로에 대한 증오를 부추겨 상대가 가진 작은 것을 빼앗게 선동하며 자신은 뒤에서 정치적으로 큰 이득을 취하는 나쁜 정치의 전형입니다.

저도 2030 청년세대의 성별 갈등을 깊게 이해하지 못했던 게 사실입니다. 그래서 많은 전문가를 모셔서 간담회를 하고, 특강도 들었습니다.

여전히 완전히 이해되지 않는 부분이 있어 성별을 가리지 않고 청년들과 다양한 사람들의 목소리를 들으려고 노력했습니다.

진심과 달리, 어느 한 그룹을 적극적인 지지자로 만들어 표를 획득해야 하는 선거에서 영리하지 않은 행보라는 비판을 들어야 했습니다.

그러나 정치는 분열을 조장하는 대신 갈등을 조정하고 공동체를 통합하는 역할을 해야 한다고 믿습니다. 쉽지 않은 길처럼 보입니다만 저는 국민의 집단지성을 믿고 그 길을 가고자 합니다.

고르디우스 매듭처럼 단칼에 잘라 버리고 특정 집단만을 선택하는 정치는 나쁜 정치입니다. 옳지 않습니다.

시간이 다소 걸리더라도 청년 세대와 국민 한 사람 한 사람의 문제로 접근해 분열을 해소하고 상처를 치유하는 역할을 하고 싶습니다. 그 방법을 찾고 싶습니다.

선거는 경쟁과 갈등 속에 치러도 대통령은 다시 대한민국을 통합의 용광로로 만들어야 하기 때문입니다.

국민만 믿고 뚜벅뚜벅 가겠습니다. 국민통합의 길로 가겠습니다. 응원해 주십시오.

임인년 국민과의 약속 1
국민통합 대통령이 되겠습니다.

2022.01.30.

설 명절 연휴 잘 보내고 계신지요? 새해를 맞아 국민 여러분께 몇 가지 희망과 다짐의 말씀을 드립니다.

다시, 이재명

세대와 지역을 아우르는 국민통합 대통령이 되겠습니다.

정치의 궁극적인 역할은 국민 통합에 있습니다. 행정의 최종 책임자인 대통령은 특정 진영의 편이 아니라 모든 국민의 편이 되어야 합니다.

분열의 정치는 국민통합을 저해하고 민주주의 발전의 장애물이 됩니다. 지역과 세대, 성별 갈등을 유발해 정치적 이득을 꾀하는 낡은 정치는 이제 끝내야 합니다.

갈등을 조장하는 것이 아니라 조정하고 통합하는 것이 정치의 역할입니다. 눈앞의 이익에 급급해서 당장의 표만 좇는 유혹에 빠지지 않겠습니다.

쉽지 않은 길일 것입니다. 일방적인 비난도 받을 것입니다. 그러나 저는 어렵고 힘들더라도 국민 통합의 정도를 걷겠습니다. 그것이 정치의 소명이라 생각합니다.

계곡정비를 통해 보여준 것처럼 갈등을 회피하지 않고 직접 현장에 들어가 갈등을 조정하고, 통합을 이뤄내겠습니다.

유능한 인재라면 진영을 가리지 않고 함께하겠습니다. 국민에게 이로운 정책이라면 진보·보수 따지지 않겠습니다. 국민의 마음을 하나로 모으는 통합 대통령이 되겠습니다.

임인년 국민과의 약속 2
위기극복 민생 대통령이 되겠습니다.

2022.01.31.

정치는 무릇 국민의 삶을 돌보고 지켜야 합니다. 정쟁에 빠져 민생을 외면하는 정치는 존재 이유가 없습니다.

당면해서, 코로나19 확산으로 우리 국민께서 많은 피해와 손실을 보고 계십니다. 특히, 자영업자, 소상공인들의 피해가 너무 큽니다. 유연하고 스마트한 방역 체계 개편과 온전한 피해 보상이 절실합니다.

정부가 15조 원의 추경을 편성했지만, 이것으로는 그동안의 손실과 피해를 보전하기할 수 없습니다. 지금까지의 지원과 보상체계로는 부족합니다. 대한민국 공동체를 위한 특별한 희생에 특별한 보상을 해야 합니다.

최대한 35조 원 이상 추경 확보를 위해 최선을 다하겠습니다. 대통령에 당선되면 긴급재정명령권한을 발동해서라도 50조 원 이상 재원을 확보해 신속하게 지원하겠습니다.

위기를 극복하려면 강력한 리더십이 필요합니다. 망설이지 않고 현명하고 용기 있게 국민 삶을 지키는 일들을 해내야 합니다. 저는 경기도지사를 지내며 누구보다 강력하게 코로나 대응 정책을 폈습니다.

코로나 위기를 빨리 끝내고, 민생을 해결하는 민생 대통령이 되겠습니다. 더 힘든 곳, 더 어려운 곳, 더 낮은 곳에서 국민의 삶을 살피는 대통령이

다시, 이재명

되겠습니다.

늘 서민의 힘겨운 뒷모습을 기억하겠습니다.

임인년 국민과의 약속 3
반칙과 특권을 일소하는 개혁 대통령이 되겠습니다.

2022.02.01.

반칙과 특권이 승리하는 세상에서 미래에 대한 희망이 생겨날 리 만무합니다. 불공정과 불합리가 판치는 세상은 이제 끝내야 합니다.

우리 사회 곳곳의 부정과 부패, 불공정과 불합리를 일소하고 공공성과 공정성을 회복하는 강한 개혁 대통령이 되겠습니다. 누구도 규칙을 어겨 이득 볼 수 없고, 규칙을 지켜 손해 보지 않는 공정한 나라를 만들겠습니다.

그동안 민주정부가 권력기관 개혁 등 너무 큰 개혁 담론에 매몰돼 왔음을 반성합니다.

정치, 행정, 사법, 언론, 재벌, 권력기관뿐 아니라 부동산, 채용, 교육, 조세, 경제, 사회, 문화, 체육 등 국민의 삶 모든 영역에서 불공정과 불합리를 깨끗이 청산하겠습니다.

대통령의 역할이 중요합니다. 뚜렷한 비전과 굳건한 용기, 결단력이 있어야 합니다. 기득권의 저항을 돌파하는 강력한 리더십이 있어야 합니다.

해방 이래 강고하게 이어져 온 부패기득권 카르텔을 깨겠습니다. 사회 전영역, 전분야에 걸친 대대적인 개혁을 신속하고 과감하게 실행할 것입니다.

민주정부의 오래된 꿈, 사람 사는 세상, 함께 사는 세상, 공정하고 상식이 통하는 세상, 반드시 만들겠습니다.

임인년 국민과의 약속 4
먹고사는 문제 해결하는 유능한 경제 대통령이 되겠습니다.

2022.02.02.

정치는 민생을 해결해야 합니다. 그중에서도 핵심은 먹고 사는 문제, 즉 경제입니다. 국민의 먹고 사는 문제를 해결하지 못하는 정치는 존재이유가 없습니다.

진영논리, 이념보다 먹고 사는 문제가 더 중요합니다. 오직 민생, 오직 국민이라는 자세로 민생을 살피고 경제를 살리는 정치 본연의 역할에 집중하겠습니다.

기후위기, 기술경쟁, 글로벌 패권경쟁, 팬데믹의 위기를 극복하고 경제를 회복하기 위해서는 대통령의 실력이 매우 중요합니다. 대통령의 무능은 국민에게는 재난입니다. 유능한 대통령이라야 문제 해결이 가능합니다.

누구보다 서민의 삶을 잘 알고, 실물경제와 거시경제에 대한 깊은 이해가 있다고 자부합니다. 준비된 경제 대통령, 유능한 경제 대통령이 되겠습니다.

대한민국의 위기 극복과 새로운 도약을 위한
대장정을 시작합니다!

2022.02.14.

대한민국의 위기 극복과 새로운 도약을 위한 대장정을 시작합니다!

공식 선거운동을 하루 앞둔 오늘, 한국 현대사의 위기 극복과 도약의 상징인 명동에서 여러분께 엄숙히 약속드립니다.

0선의 이재명이 여의도 정치를 혁파하고, 국민주권주의에 부합하는 진정한 민주정치를 만들겠습니다. 민주당이 누려온 기득권을 모두 내려놓겠습니다. 국민내각으로 국민통합정부를 구성하고, 필요하다면 이재명정부라는 표현도 쓰지 않겠습니다.

국무총리 국회추천제를 도입하고, 총리에게 각료 추천권 등 헌법상 권한을 실질적으로 보장하겠습니다. 임기 내 개헌도 추진하겠습니다. 합의가 어려운 전면개헌이 아닌 합의 가능한 것부터 순차 추진하겠습니다.

일일 확진자 5만 명이 넘는 오미크론 위기, 작고 큰 경험 속에서 단련되었고, 구체적 성과로 실력을 입증한 저 이재명이 위기극복 총사령관이 되어 대한민국 재도약과 경제부흥을 책임지겠습니다.

군사적 긴장감을 유발해 정치적 이익을 획득하는 안보포퓰리즘은 경계해야 합니다. 강력한 국방력 아래 공존공영하며 싸울 필요가 없게 하는, 평화대통령이 되겠습니다.

정치보복과 검찰에 의한 폭압통치를 꿈꾸는 정치세력이 있습니다. 이들에게 권력을 쥐어 주고, 더 나은 미래를 포기하는 것은 정권교체일 수는 있어도 정의일 수는 없습니다.

정치교체, 세상교체를 위해, 더 진화되고 더 유능한 정부를 위해, 희망 꿈틀거리는 성장국가 공정사회를 위해 힘을 모아주십시오.

성남시와 경기도에서 그랬던 것처럼 대통령이라는 한 명의 공직자가 얼마나 큰 변화를 만드는지 보여드리겠습니다.

국민 여러분과 함께 3월 10일에 모두가 원하는 새로운 세상의 첫날을 시작하겠습니다.

위기에 강한, 유능한 경제대통령 후보

이재명입니다!

정치개혁, 말이 아닌 실천으로 함께하겠습니다.

2022.02.27.

더 나쁜 정권교체를 넘어, 더 나은 정치교체로 나아가야 합니다. 정치를 바꾸고 더 나은 국민의 삶을 만들어야 합니다.

방금 전, 정치교체와 연합정치를 위한 '국민통합 정치개혁안'과 위성정당 방지법, 기초의원 중대선거구제 추진계획 등이 민주당 당론으로 채택됐습니다.

급한 일정 뒤로하고, 긴급 의총을 열어주신 의원님들께 감사드립니다.

세부적으로는 국무총리 국회추천제와 여야정 정책협력위원회, 초당적 국가안보회의, 다당제 구현, 개헌논의 등 구체적인 내용이 담겼습니다. 중장기적이고 국민통합적인 국정운영을 위해 대통령 4년 중임제, 결선투표제도 도입하기로 했습니다.

금요일 대선 토론에서 여러 후보님들이 민주당이 정치개혁 의지가 부족하다고 지적하셨습니다.

저도 공감 드렸고 당에 시급한 조치를 요청했습니다. 그 결과 이틀 만인 오늘 의총에서 정치개혁안이 추인된 것입니다.

기득권 대결정치를 청산하고 국민통합 정치로 가겠습니다. 지난 반세기 우리 정치가 숙원했던 일이고 김대중, 노무현 대통령님의 유지이기도 합니다.

할 수 있는 말만 해왔고, 한 말은 반드시 지켰다 생각합니다. 이재명은 말이 아닌 실천으로 보여 드리겠습니다.

우리가 선거를 치르는 이유는 국민 삶을 개선하고 더 나은 대한민국을 위해서입니다. 결국 정치개혁의 목표도 국민 뜻에 부합하는 정치체제를 만들기 위함입니다.

이번 민주당의 결정이 국민통합과 통합정부를 바라는 국민의 기대에 부응해 갈등과 분열의 정치를 끝내는 전환점이 되기를 바랍니다. 아울러 정치권의 적극적인 호응을 기대합니다.

정치개혁을 위해 더 추가적으로 해야 할 일들도 적극적으로 찾겠습니다. 야당의 평가와 판단도 고려하여 더 완성도 높고 합의 가능한 정치개혁안이 마련될 수 있도록 지속적으로 노력해 가겠습니다. 고맙습니다.

3.1운동 정신으로 더욱 공정하고, 부강한 나라를 만들겠습니다.

2022.03.01.

존경하는 국민 여러분! 독립유공자와 가족 여러분!

103주년 3·1절을 맞아, 일제의 폭압에도 굴하지 않고 자주독립을 외친 순국선열의 희생정신을 국민과 함께 되새깁니다.

3·1운동은 자랑스러운 우리 역사이자, 전 세계 억압받는 민중들에게 나라의 자주와 독립, 자유와 평등의 소중한 가치를 일깨운 세계사적인 평화운동이었습니다.

지금 다시 하나된 민족의 힘으로 일제에 항거했던 3·1운동 정신이 필요합니다.

3년째 이어지고 있는 코로나 팬데믹 위기는 양극화와 불평등을 심화시키고 있습니다. 기후위기와 미·중 패권경쟁의 위기 속에 발생한 러시아-우크라이나 전쟁은 대외적 불안 요인을 가중시키고 있습니다.

하지만 저는 모든 위기는 기회를 동반한다고 생각합니다.

'물산장려운동', '농촌계몽운동', '신흥무관학교 설립', '한국광복군 설립'까지 각자의 처지와 조건에 따라 힘을 합쳐 위기 앞에 단결했던 3·1운동의 역사가 그것을 증명하고 있습니다.

사랑하는 국민 여러분! 독립유공자와 가족 여러분!

우리는 계속 앞으로 나아가야 합니다. 결코 과거로 회귀해서는 안 됩니다.

3·1운동 정신을 통해 만들어야 할 오늘의 새로운 세상은 '공정한 세상'입니다. 출신과 성별, 지역과 세대, 직업과 종교의 차이를 넘어 모두가 고른 기회를 얻는 세상. 공정한 경쟁을 보장받으며 기여한 만큼의 몫을 누리는 공정사회로의 '세상교체'가 우리가 나아가야 할 미래입니다.

이를 위해 다시 국민의 힘을 하나로 모아야 합니다.

정치가 그 중심에 서야 합니다. 기득권 대결 정치를 청산하고 국민통합 정치로 가야 합니다. 승자독식 국회가 아닌 국민통합 국회로 국민의 다양한 정치 의지가 실현될 수 있도록 해야 합니다. 또한 제왕적 대통령제가 아닌 국민통합 정부로 이를 실행해야 합니다.

정쟁과 대립의 정치를 끝내고 민생실용 정치로 나아가야 합니다.

정치의 목적은 국민의 더 나은 삶, 나라의 부강한 미래여야 합니다. 좌우, 진보·보수로 갈라져 세대와 지역, 성을 나눠 갈등과 분열을 조장하는 정치는 이제 종식되어야 합니다. 오직 국민, 오직 민생을 실천하는 민생실용 정치로 국민의 요구에 부응해야 합니다.

3월 9일 주권자 국민께서 권한을 위임해 주시면 통합된 대한민국의 힘으로, 민생실용 정치로, 완전히 공정한 새로운 대한민국을 만들어 가겠습니다. 103년 전 선대들의 단결된 힘이 세계 10대 경제강국 대한민국을 만들었듯 세계 5강 선진경제강국을 물려주는 유능한 경제대통령이 되겠습니다.

지금도 우리 사회의 정신적 기둥이 되어주고 계신 독립유공자분들께서 건강하시기를 기원합니다. 유가족 여러분도 평안하시고 행복하시길 기원합니다. 순국선열의 숭고한 희생과 헌신을 언제나 기억하겠습니다.

'정치교체'를 위해 김동연 후보님과 굳게 손을 잡았습니다.

2022.03.01.

오늘 서울 유세를 마치고 김동연 새로운물결 대선후보님과 만나 정치교체와 국민통합정부 구성에 대해 허심탄회하게 얘기를 나눴습니다. 그리고 같은 마음을 담아 '정치교체를 위한 공동선언'을 발표했습니다.

다시, 이재명

김동연 후보님께서는 '기득권 공화국에서 기회의 나라로' 대한민국을 바꾸겠다고 하셨습니다. 저도 전적으로 공감하고 동의합니다.

실력과 경륜을 갖추고 나라를 위해 큰 역할을 해주실 분과 함께 하게 되어 정말 고마운 마음입니다. 덕분에 정치개혁이 더 큰 동력을 얻었습니다.

양당 기득권 정치를 타파하는 다당제 국회와 국회의원 특권 폐지 등 국민이 바라는 정치개혁 과제를 하나하나 함께 이뤄나가겠습니다.

우리 국민은 이미 준비되어 있습니다. 이제 정치가 바뀌어야 합니다.

통합의 정부, 국민내각을 만드는 길에 국민과 나라를 걱정하는 모든 정치세력이 함께 하길 소망합니다.

통합과 평등의 길로 함께 나아갑시다.

2022.03.08.

3.8 세계여성의 날을 축하합니다. 여성 인권을 위해 헌신해 오신 모든 분들께 존경과 감사의 인사를 드립니다.

3년에 걸친 팬데믹은 우리 여성들의 삶을 더 어렵게 만들었습니다.

돌봄시간이 늘고, 경제활동 참가율은 IMF 외환위기보다 하락했습니다. 남녀간 임금격차(35.9%)도 더욱 커져 OECD 최하위로 떨어졌습니다.

그러나 놀랍게도 일부 정치권은 한국사회에 '구조적 성차별은 없다'는 주장으로 현실을 왜곡하고 있습니다. 많은 국민들께서 여성혐오를 중단할 것을 요구하고 있고, 외신(AP)도 한국 여성들이 꾸준히 이뤄온 진전과 성취가 쉽게 부서질 수 있다고 보도하기에 이르렀습니다.

'국민축제의 장'이어야 할 대통령 선거가 '국민갈등의 장'이 된 것 같아 안타깝습니다.

114년 전 여성들의 절박한 외침은 생존권과 참정권 보장이었습니다. 오늘날 모두가 동등한 1표를 누리는 평등은 수많은 여성들의 용기와 희생 위에 세워진 것입니다. 민주주의를 향한 여성들의 열망과 노력, 결코 헛되이 하지 않겠습니다.

여성의 삶이 나아지는 것은 우리 모두의 삶이 나아지는 것입니다.

국민을 편 가르는 나쁜 정치를 끝내고, 기회와 성장을 모두가 누리는 나라를 만들겠습니다.

차별과 혐오를 넘어 통합과 평등의 길로 여러분과 함께 나아가겠습니다.

251일 동안 만났던 분들의 마음, 잊지 않겠습니다.

2022.03.09.

출마 선언 후 251일 동안 전국의 수많은 분들을 만났습니다.

절절하게 호소하시는 그분들의 간절함이 제 폐부 깊이 박혀 있습니다.

혐오의 시선이 무섭다며 서로를 미워하지 않았으면 좋겠다던 여성 청

다시, 이재명

년, 자영업자가 잘못해서 그런 건 아니지 않느냐며 방역정책을 인내한 자신들을 도와달라던 사장님, 나도 대통령 친구가 있으면 좋겠다던, 전태일을 닮은 청년과 자신 같은 어려운 사람들이 잘 살게 해달라던 김밥 장사하시는 어머님. 없는 사람도 억울하지 않게 해달라시던 할머님과 면접 볼 때 출산, 육아에 대한 질문을 안 받게 해달라던 여성, 왜 항상 국민이 노력하느냐고, 정치가 노력해야 하는 거 아니냐고 반문하던 청소년, 친구들이 서울로, 수도권으로 모두 떠난다며 안타까워하던 지방 청년.

간절한 눈빛 속에 담긴 그 말씀들 잊지 않겠습니다.

이번 선거에 출마하는 것은 저 이재명만이 아닙니다.

무수저, 흙수저들이 출마하고,

수백 장의 이력서를 쓰고도 절망하는 취업준비생이 출마하고

아이들 키우기 위해 경력단절을 선택해야 하는 엄마가 출마합니다.

몸이 망가질 정도로 일하는 택배 노동자들이 출마하고,

혐오와 폭력에 공포를 느끼는 우리 딸들이 출마합니다.

열악한 환경에서도 아직 희망을 버리지 않은 중소기업인, 한여름 방호복 속에서도 헌신했던 의료진이 출마하고, 이제 가게가 아니라, 내 삶을 끝내야 할지 고민하는 자영업자가 출마합니다.

이재명이 아니라 국민을 위해 투표해주십시오.

평범하고 성실한 우리 국민이 희망을 가질 수 있게, 스스로를 위해서, 이

웃을 위해서 투표해주시길 간절한 마음으로 호소드립니다.

이재명이 대통령인 나라가 아니라

우리 국민이 대통령인 나라, 만들어주십시오.

감사인사

2022.03.11.

사랑하는 동지 여러분!

이재명입니다.

먼저 감사하다는 말씀 드리고 싶습니다.

이번 선거, 시작부터 끝까지 정말 쉽지 않았습니다.

많은 고비가 있었지만 그 때마다 많은 응원과 격려 말씀을 들었습니다.

일상을 뒤로 하고 전국 곳곳에서 함께 해주신 국민 여러분, 밤낮도 없이 휴일도 없이 땀 흘린 선대위 동지들과 자원봉사자 여러분, 당원 동지들과 지지자 분들의 뜨거운 헌신에 고개 숙여 고마움을 전합니다.

여러분이 있어서 여기까지 올 수 있었습니다.

그리고 죄송합니다. 기대에 부응하지 못했습니다. 패배의 모든 책임은 오롯이 부족한 저에게 있습니다. 그러니 혹시 누군가를 탓하고 싶은 마음이 드신다면, 부디 이재명의 부족함만을 탓해주십시오.

우리 모두 간절했고, 그랬기에 선거 결과에 마음 아프지 않은 분 또한 없을 것입니다.

서로를 향한 위로와 격려로 우리의 연대와 결속이 더욱 단단해질 수 있음을 보여주십시오.

사랑하는 동지 여러분,

이재명이 진 것이지 새로운 대한민국에 대한 열망이 진 것이 아닙니다.

이재명이 진 것이지 위기 극복과 국민통합을 바라는 시민의 꿈이 진 것이 아닙니다.

더 나은 변화를 위한 길, 한 발 한 발 함께 걸어주십시오.

고맙습니다.

그리고 사랑합니다.

코로나19,
그리고
기본소득

2020년 총선, 코로나 위기 극복의 염원으로 180석의 대승을 거둔 문재인 정부가 결국 코로나에 발목이 잡혀 정권교체를 당했다는 평가가 있다. 민주당 주 지지층이자 소상공인·자영업자의 주력인 4050 투표율이 기대에 못 미친 결과를 보면 충분히 타당한 지적이다. 코로나는 이재명에게도 위기이자 기회였다. 계곡 정비로 전국적으로 관심을 받는 정치인으로 떠오른 이재명은 코로나 초기 전격적으로 신천지 본부를 급습해 신천지 명단을 직접 압수하는 결단을 보였다. 이러한 모습은 대선 기간 내내 '코로나 위기극복 적임자 이재명'을 알리는 중요한 근거가 되었다.

　선별 지원이냐, 보편 지원이냐를 둘러싸고 큰 논란이 있었던 1차 재난지원금은 이재명의 강력한 주장과 타 광역시도의 연대로 전국민보편지급으로 결정되었다. 이 또한 '민생경제 적임자 이재명'을 전 국민에게 각인시키는 중요한 계기가 되었다. 그러나 대선 국면에서의 코로나 상황은 초기상황과 완전히 달랐다. 거의 2년여 지속된 코로나는 국민의 인내심을 한계치까지 끌어 올렸다. 가정경제와 골목상권 소상공인과 자영업자의 삶은 벼랑 끝으로 내몰렸다.

　코로나 대응책을 둘러싸고 이재명은 대선 기간 내내 두 개의 장벽과 싸워야 했다. 야당의 발목잡기와 모르쇠는 그러려니 하겠지만 민생을 해결할 권한과 책임을 가지고 있는 정부 재정당국의 태도는 도무지 이해하기가 힘든 지경이었다. 야당은 여당 주장에서 더 나가 50조, 100조 지원을 말하며 희망고문을 했지만 정작 논의 테이블에는 나오지 않았다. 결국 국민은 '정권교체되면 하겠다는 것'이라는 말 같지도 않은 말을 들어야 했다.

이재명은 시종일관 유연하고 현실적인 입장을 취했다. 보편지급했던 1차 재난지원금 이후 선별이냐 보편이냐 논란이 벌어졌을 때 〈전국민재난지원금, 고집하지 않겠습니다. 여야 합의 가능한 것부터 즉시 시행합시다〉(21.11.18)는 메시지를 발표하며 논의를 촉구했다. "눈앞의 불을 보면서 양동이로 끌 건지 소방차를 부를 건지 다투고만 있을 수 없다"는 상황인식이었다. 추경금액을 두고 논란이 일었을 때도 마찬가지였다. "열 개를 얻기 위해 싸움만 하기보다 국민에게 당장 필요한 서너 개라도 얻을 수 있다면 양보하고 타협하겠다"고 강조했다. 그러나 극단적 대립이 횡행하는 대선 국면에서 이런 유연하고 실용적인 태도는 외면당했다.

2020년 초, 국내에서 코로나19 확진자가 처음 발생했을 때만 해도 이 감염병으로 이토록 오랫동안 전 세계인이 고통받을 거라고 상상했던 사람은 별로 없을 것이다. 코로나19는 우리 국민의 일상을 급격하게 바꾸어놓았다. 마스크 쓰기, 손 씻기, 거리두기가 상식이고 매너가 됐다. 돌봄을 위해 직장을 포기해야 하는 사례도 늘었다. 확진자가 서서히 늘어났고 사망자가 생겨났다. 정부의 방역 조치는 보다 강화됐다. 거리두기가 강화되고 집합금지 조치가 취해지고 영업제한이 시행됐다. 자영업자와 소상공인들은 크나큰 직격탄을 맞았다. 집합금지와 영업제한 조치로 인해 골목경제는 크게 휘청였다. 손님이 급격히 줄었고, 영업할 수 있는 시간도 줄었다.

대한민국은 'K-방역'의 성과로 전 세계의 주목을 받았다. 국민의 자발적이고 적극적인 협조, 의료진의 헌신, 소상공인·자영업자들의 희생으로 이룬 성과였다. 정부의 정책으로 인해 발생한 피해는 당연히 보상해줘야 한다. 그게 공정이다. 그러나 정부의 대책은 소상공인·자영업자들의 피해를 보상하기엔 턱없이 부족했다.

이재명은 손실보상과 함께 전국민 재난지원금 지급을 해야 한다고 강력히 주장했다. 행정명령에 따른 영업 중단으로 입은 피해를 두텁게 보상하는 것은 당연하고, 코로나19로 피해를 보고 있는 국민을 지원해야 한다는 논리였다. 지역화폐로 지급하면 소비가 발생하고 매출이 증가한다. 직접 지원과 매출 지원 효과가 일어나니 경제 활성화에도 도움이 된다.

경기도지사 시절 이재명은 지역화폐를 활용한 전국민재난지원금 지급을 주장했다. 지역화폐는 성남시장 시절 시작한 이재명표 정책이다. 각종 복지정책과 결합해 지역 상권에 활기를 찾아주는 효자 노릇을 톡톡히 했다. 가령 청년 배당을 현금이 아닌 지역화폐로 지급하는 방식이다. 지역화폐는 일정한 기준, 즉 연 매출 10억 원 이하, 해당 시·군 안에 위치하는 조건을 충족하는 곳에서만 사용이 가능하다. 지역화폐를 활용한 정책은 복지와 경제 활성화 두 마리 토끼를 잡는 효과가 있었다.

이재명은 코로나19로 국민의 피해가 커지고 소상공인·자영업자들이 힘겨운 상황에서 전국민재난지원금을 지역화폐로 지급해 지역경제 활성화를 이뤄내야 한다고 주장했다. 정부와 언론의 부정적인 반응에도 소신을 굽히지 않았고, 결국 경기도 자체로 전도민 재난기본소득을 지급했다. 경기도민 누구에게나 1인당 10만 원씩을 지역화폐로 지급한 것이다. 물론 경기도민들은 환영했고, 소상공인과 자영업자들은 더욱 크게 환영했다. 현장에서는 '명절 대목 같다'고 말할 정도로 체감효과가 상당했다. 경기도민이라서 받는 전도민재난기본소득 효과는 경제효과에만 그치지 않았다. 경기도민이라는 소속감, 자부심 같은 것을 느끼는 계기가 되었기 때문이다.

그러나 정부의 태도는 시큰둥했다. 특히 기재부는 보편지급을 반대했다. 피해를 많이 본 계층에 두텁게 지원해야 한다는 논리였다. 일정 소득 이하만 지원하자고 했다. 피해를 많이 본 이들에게 더 두텁게 지원해야 한다는 논리는 도덕적이고 맞는 말이지만 실제로는 저항과 박탈감을 부른다. 명확한 기준을 정하기도 어렵고 입증하기도 쉽지 않다. 어떤 기준이 합리적인가도 설명할 길이 없다. 개인이 아니라 가구 기준으로 지급할 경우는 더더욱 그렇다. 그래서 실제 재난지원금을 받지 못한 국민의 반발도 산다. 돈을 주고도 욕먹는 일이 생기는 것이다. 그래서 선별지급은 통합과 연대로 위기를 극복해야 할 판에 오히려 갈등을 유발하는 부작용마저 낳았다.

이재명은 국가가 보다 적극적인 재정정책을 써야 한다고 주장했다. 우리나라는 공적이전소득 비중이 다른 선진국에 비해 극히 낮고, 복지지출도 OECD 평균의 60% 정도밖에 되질 않는다. 코로나19 이후 국가의 재정건전성은 어느 나라보다 좋았지만 가계부채는 계속 늘어났다. 국가가 돈을 아끼니 국민이 빚을 져야 하는 형국이었다. 평소 나라 곳간에 차곡차곡 쌀을 비축해두는 이유는 백성이 어려울 때 돕기 위한 것이다. 나라가 곳간 문을 활짝 열고 백성들에게 쌀을 나눠줘야 위기를 견뎌낼 수 있다. 백성이 굶는데 나라만 부자인 게 무슨 소용이 있겠는가. 지금도 재정당국의 코로나 지원 정책이 왜 그러했는지, 왜 그럴 수밖에 없었는지 도무지 이해가 되지 않는다.

기본소득은 이재명 후보의 트레이드마크와 같다. 기본소득은 복지정책의 성격과 경제정책의 성격을 모두 갖고 있다. 오리너구리처럼 얼굴은 오리를 닮고 몸통은 너구리를 닮았다. 이재명은 기본소득을 '복지적 경제정책'이라고 정의했다. 복지와 성장이 양립 불가능하다는 생각에 대해서도 '고정관념'이라고 반박했다. 세상에는 복지정책인 동시에 성장정책인 것도 있고, 그것이 바로 기본소득이라는 이야기다.

그러나 아쉽게도 이번 대선에서 기본소득 논의는 진척이 되질 못했다. 다들 알다시피 이재명은 기본소득에 관한 한 누구보다 이해가 높은 전문가에 속한다. 실제 성남에서부터 청년배당이라는 이름으로 부분적 기본소득을 시행했고, 경기도에서 청년기본소득을 시행한 경험도 있다. 농민기본소득, 농촌기본소득을 추진했다. 전도민 재난기본소득 지원으로 경제효과도 확인했다. 문제는 재원이었지만 그것도 확보할 수 있다는 자신이 있었다. 국민을 설득할 자신도 있었다. 저성장 시대로 기회를 얻기 어려운 것은 청년들만의 얘기가 아니다. 출생률이 줄어들고 노인빈곤율이 전 세계 가장 높은 수준이다. 정부 복지지출도 OECD 평균에 턱없이 못 미치는 우리나라에서 생존하려면 각자도생을 각오해야 한다. 대선 패배와 함께 기본소득의 실현은 멀어졌다. 그래서 아쉽다.

기본소득과 함께 기본시리즈가 더 있다. 기본금융과 기본주택이 그것이다. 기본금융은 금융 공정성, 금융 양극화를 해결할 대안으로 고안됐다. 경기도지사 시절부터 추진해온 정책의 연장선상이다. 고소득층은 좋은 신용도로 쉽게 많은 돈을 빌릴 수 있지만 빌릴 필요가 적고, 정작 돈이 꼭 필요한 저소득층은 소득이 적고 신용도가 나쁘다는 이유로 은행 문턱을 넘어서기 어려운 현실을 바꾸자는 것이다.

기본소득과 기본금융은 다르지만 같은 뿌리에서 나온 나무의 가지와 같다고 생각한다. 학원비 7천 원이 없어서 쩔쩔맸던 소년노동자 시절의 경험은 청년배당으로, 청년기본소득으로 탄생했다. 성남시장 시절 청년배당을 지급받은 한 청년이 '몇 달 만에 처음으로 과일을 사 먹었다'라는 글을 자신의 SNS에 올린 적이 있었다. 그 글을 보고 누구보다 기뻤을 사람이 이재명이 아니었을까.

지독한 가난으로 힘겨웠던 시절의 경험, 힘겨운 서민들의 현실을 어떻게든 개선하고자 하는 마음이 정책들로 이어졌다. 이른바 '코로나 장발장'으로 불리던 한 시민의 사연을 접하고 '경기도 먹거리 그냥드림'을 만들었던 이유도 마찬가지다. 필요로 하지 않는 사람이 와서 식료품을 가져가면 어떡하느냐는 우려에도 이재명은 소신을 굽히지 않았다. 그렇다 하더라도 정말 필요한 단 한 명이라도 밥을 굶지 않으면 그걸로 성공 아니겠느냐는 것이 그 이유였다.

이재명은 이번 대선을 일찍이 있지 않았던 정책선거로 치르고 싶어했다. 국민의 관심이 집중되는 대선이 누가 민생정책을 잘 할 수 있나, 누구 정책이 더 좋은가를 선명하게 겨룰 수 있는 기회로 생각했다. 그래서 기본소득과 같은 논쟁적인 정책이슈를 많이 제기했고, 소확행 등 다양한 정책을 발표했다. 국민의 관심은 어느 정도 이끌어 냈지만 후보 간 정당 간에 논의는 진척되지 못했다. 어떻게든 논쟁을 이어가고 싶어했다. 기본소득에 대해 야당 대선 후보들이 문제제기를 하면 즉시 해명하고 잘못된 주장을 펼치면 반박에 반박을 지속했다. 그러나 끝까지 공론의 장은 만들어지지 않았다.

"국민의 기본권이 보장되는 보편적 복지국가를 완성하겠습니다. 국가 전체 부의 총량을 키우는 것에 더해서 개개인 국민의 기본적인 삶을 보장해야 합니다. 세계 최초로 기본소득을 지급하는 나라, 기본주택, 기본금융으로 기본적 삶을 지켜주는 나라를 만들겠습니다. 국민이 더 안전하고, 모두가 더 평등하고, 모두가 더 자유로운 나라를 만들겠습니다."(2021.10.10) 더불어민주당 대선후보 선출 감사 연설에서 주창했던 '세계 최초로 기본소득을 지급하는 나라, 기본주택, 기본금융으로 기본적 삶을 지켜주는 나라'의 꿈은 연기되었을 뿐이다.

기본소득 관련 뒤늦은 답변

2021.07.04.

8:1에 가까운 일방적 토론에서 제대로 답할 시간도 반론할 기회도 없어 뒤늦게 답합니다.

현 시점 우리사회의 가장 중요한 제1과제는 성장회복이고 제2 과제는 공정사회 실현입니다.

지역화폐형 기본소득은 제1, 제2과제 수행을 위한 여러수단 중 하나입니다.

지역화폐형 기본소득은 양극화 완화로 소득공정성을 확보하고, 소비확대로 지속성장을 가능하게 하는 복합정책이고 미래사회에 반드시 필요한 정책입니다.

기본소득을 초기에는 예산절감조정으로 1인당 연 50만원을 지급하고, 중기적으로는 세금감면 축소로 연 50만원을 추가하며, 장기적으로는 기본소득 목적세로 본격 시행하자는데 대해 일각에서 '정부예산이 대부분 경직성 경비라 예산절감으로 그만한 재정을 확보할 수 없다'고 합니다.

하려는 사람은 방법을 찾고 안하려는 사람은 이유를 찾는 법입니다.

가로등 정비예산은 경직성 경비예산이지만, 성남시에서 20%일괄 삭감해도 아무 문제가 없었습니다. 그 삭감예산 70여억원으로 무상교복, 산후조리비를 지원했습니다.

OECD 절반 수준인 복지지출을 늘리기 위해 매우 낮은 현재의 조세부담률도 올려가야 하므로 예산절감조정으로 연 25조원, 조세감면 축소로 연 25조원(연 조세감면 60조원) 마련은 어렵지 않습니다.

그래서 말보다 실천입니다. 해방후 한번도 제대로 못하던 계곡정비도 시작할 때는 불가능하다고 말리는 사람이 더 많았습니다.

정책은 절대진리가 아닙니다. 토론과 숙의, 반론을 통해 부족한 것을 채워 더 효율적이고 더 완결적인 정책으로 만들어 가야 합니다.

기본소득을 장기계획에 따라 순차적 단계적으로 시행함에 있어 전국민 상대로 소액에서 고액으로 가는 것이 기본이지만,

사회적 합의에 따라 오지 농촌 등 특정 지역에서 전역으로, 청년등 특정 연령에서 전 연령으로, 장애인이나 문화예술인 등 특정 부분에서 전 부문으로 확대하는 방식도 고려할 수 있습니다

조세저항으로 실현가능성이 적어서 그렇지 부의 소득세나 안심소득도 야당의 지지와 국민의 동의로 실제 실행할 수만 있다면 기본소득보다 우선 시행할 수도 있습니다.

정책의 성숙과정을 유연성이 발휘된 발전으로 볼 수도 있고, 일관성 부족이나 말바꾸기로 볼 수도 있습니다.

저는 이것이 국민을 대리하는 진정한 일꾼의 자세이자 유연성에 기초한 정책의 내실화와 발전이라고 생각합니다.

다시, 이재명

80%에 25만 원을 전국민에게 20만 원으로...
전국민재난지원을 당과 정부에 호소합니다.

2021.07.06.

부자가 죄인은 아닙니다. 세금은 더 많이 내는데 위기 상황에서 국가 지급 재난지원금 대상에서 배제하는 것은 이중 차별입니다.

재난지원금의 재원인 추경은 세금으로 마련합니다. 상위 20%의 재원부담이 더 큰데, 하위 80%만 받는 것은 공동체 원리에 어긋나는 불공정한 일입니다.

뿐만 아니라 '가진 자 주머니 털어서 못 가진 자에게 준다'는 로빈후드식 정책은 정치인들에게 도덕적 만족감과 선전효과를 줄지는 몰라도 중산층을 비롯한 사회구성원 다수의 증세 저항을 불러 복지확대에 부정적인 효과를 가져옵니다.

이렇게 취약계층을 집중 지원하는 식의 '로빈후드 정책'이 실제로는 보편적 지원의 '마태 정책'보다 취약계층에 불리하다는 사실을 가리켜 '재분배의 역설'이라고 합니다. 때문에 복지 선진국 대부분에서 이처럼 사회구성원 간 갈등을 낳고 낙인을 찍는 정책은 이미 낡은 방식이 되었습니다. 선별복지 아닌 보편복지가 민주당의 강령과 지향인 이유도 마찬가지입니다.

지난해 13조 원 규모로 전국민 보편지급이 된 1차 재난지원금의 효과가, 40조 원에 이르는 2, 3, 4차 현금 선별지원보다 컸다는 것이 이미 통계로,

전국민의 체감으로 확인되었습니다. 재난지원금은 가난한 사람 구제가 아닙니다. 소멸성 지역화폐를 통해 재난지원금을 보편지급함으로써 코로나 거리두기에 따른 소상공인들의 어려움을 매출확대로 방어하자는 것인데, 굳이 '선별'을 할 이유가 없습니다.

하위 80%와 81%의 차이를 어떻게 찾을 것입니까? 대상자 선별에 따르는 행정비용도 적지 않습니다. 정부 정책에 의해 마스크 착용과 모임 제한 등 전례 없는 불편을 감수하신 국민들께 위로를 드린다는 차원에서도 일부만 제외하는 것은 형평성에 어긋납니다.

보편복지를 강령으로 하는 우리 민주당과 정부에 재차 읍소 드립니다. 재난지원금 지급을 소득 하위 80%에 대해 25만 원을 한다고 하는데, 재원 부족이 문제라면 차라리 전국민께 차별 없이 20만 원을 지급할 수도 있습니다. 공동체 정신에 손상을 입히기보다 낙오자 없이 함께 위기를 극복하자는 데에 우리 국민들께선 동의하실 것입니다.

기본소득은 세계적 추세, 대한민국이 선도해야 합니다.

2021.07.15.

팬데믹 이후 미국에서 기본소득 찬성 비율이 크게 증가했다는 보도가 나왔습니다. 2019년 2월과 2020년 8월 미국 유권자 대상 여론조사를 분석한 결과, 기본소득 찬성 비율이 43%에서 55%로 12%p나 올랐다고 합니다.

다시, 이재명

18~49세 미 유권자는 무려 69%가 기본소득에 찬성했습니다.

전 세계를 강타한 코로나19 팬데믹 위기 속에서 미국인들이 기본소득의 가치에 주목하고 있는 것입니다. 이런 흐름은 4차산업혁명시대를 맞아 더욱 거세질 것이라고 확신합니다.

우리는 이미 정부가 지급한 1차 재난지원금과 경기도에서 지급한 재난기본소득을 통해 기본소득의 유용성을 체감한 바 있습니다.

특히, 사용기한이 정해진 소멸성 지역화폐를 결합한 기본소득은 경제정책으로 매우 유용하다는 것이 입증되었습니다.

이제 기본소득 논의도 한발 더 나아가야 합니다. 도입에 대한 찬반을 넘어 구체적 실현 방안에 대한 치열한 토론을 해야 할 때입니다.

다른 나라에서 하지 않는다고 우리가 못 할 이유는 없습니다. 우리나라는 해외 복지 선진국에 비해 유리한 조건을 갖추고 있습니다. 우리나라 사회복지 지출은 OECD 37개국 평균의 절반을 조금 넘는 수준입니다. 앞으로 평균수준으로 높여가야 하고, 그중 일부를 기본소득으로 지급하면 됩니다.

처음부터 완벽한 제도를 만들어야 한다는 강박에서 벗어나 조금씩, 순차적, 단계적으로 시행해간다면 충분히 가능합니다. 적은 액수라도 시행해보고, 기본소득에 대한 국민적 동의가 이뤄진다면 이후 확대해나가면 됩니다.

이번 경선과정에서 이광재 후보님께서 좋은 아이디어를 내주셨습니다. 전 국민 대상으로 소액부터 시작할 수 있고 농민, 청년, 장애인, 문화예술인 등 특정 영역에서부터 시작해 점차 범위를 넓혀 가는 방안, 혹은 농촌에서 먼저 시행하고 범위를 확대하는 등의 방안도 생각해볼 수 있습니다.

경기도에서는 이미 청년기본소득을 시행하고 있습니다. 농민기본소득과 농촌기본소득도 준비하고 있습니다. 이런 사례가 쌓이면 더 나은 방안을 찾는 데 큰 도움이 될 거라 믿습니다.

반 발짝 늦게 가면 끌려가게 되고 반 발짝 앞서가면 선도합니다. 대한민국은 이제 선진국입니다. 대한민국이 기본소득 선도국가로 우뚝 서는 날을 앞당기겠습니다.

소상공인 지원은 두텁게, 국민 모두가 공정하게

2021.07.20.

민주당과 정부가 소상공인 지원규모를 약 3조5천억원 추가증액하고, 내달 17일부터 지급하기로 합의했습니다. 코로나19 방역단계 상향을 반영해, 내년 예산에서 맞춤형 보상도 추진하기로 했습니다. 어려움을 겪고 있는 소상공인들을 두텁게 지원하는 이번 결정을 환영합니다.

소상공인 대출이 1년 동안 131조원이나 늘어 3월 기준 840조원에 달한다는 한국은행 발표를 접했습니다. 금융권에 빚을 지고 있는 소상공인 1인당 평균 대출이 3억3868만원에 달합니다. 집합금지와 영업제한으로 어느 때보다 힘들게 1년 6개월을 버텨온 소상공인들이 빚더미를 짊어진 것입니다.

소상공인들을 위한 희망회복자금과 손실보상금은 최대한 두텁게, 최대한 신속하게 집행되어야 합니다. 소상공인 손실보상은 말 그대로, 행정명령에 의한 영업중단으로 입은 피해를 보상하는 것입니다. 100% 보상은 어렵더라도 재정여건이 허락하는 한 최대한 지급해야 합니다.

전국민 재난지원금도 조속히 결단해야 합니다. 작년 1차 재난지원금에서 경험했듯이 보편지급은 소비가 촉진되고 소상공인 매출에도 실질적인 도움이 됩니다. 여야 당대표 합의에서 소상공인 지원 확대를 요구한 국민의힘도 이제 보편지급에 적극 협조해야 할 것입니다.

코로나19 4차 대유행이 끝을 알 수 없고, 거리두기도 4단계로 격상되면서 언제 빚을 갚을 수 있을지 막막합니다. 누차 강조하지만, 국가가 빚지기를 두려워하면 국민이 빚을 져야 합니다. 전 세계적 재난에 모든 국민이 약자고 피해자입니다. 소상공인 피해는 두텁게 보상하고 고통 받는 국민 누구도 배제되지 않아야 합니다.

소상공인 지원을 늘린 이번 당정협의가 우리 소상공인들께 부족하나마 도움이 될 수 있기를 바랍니다.

이준석 대표님, 기본소득은 '공적이전소득'입니다.

2021.07.23.

이준석 국민의힘 대표가 부동산으로 인한 불로소득을 최소화하기 위해 세금으로 환수해 전 국민에게 돌려주자는 제 제안에 대해 '기본소득은 노동소득이냐'고 묻습니다.

당연히 노동소득이 아니지요. 이런 걸 두고 이전소득이라고 합니다. 국민이 낸 세금으로 국민에게 지급하는 것이니 '공적이전소득'이라고 합니다.

설마, 윤석열 후보 얘기처럼 세금 냈다가 돌려받을 거면 차라리 세금 내지 말자고 하는 얘기는 아니겠지요?

잠깐 설명을 드리면 국민의 총소득은 자신의 직접적 기여를 배분받는 소득과 정부 등을 통한 이전소득으로 구성됩니다.

대체로 선진국, 복지국가에서 국민 개인의 총소득 가운데 공적 이전소득이 차지하는 비율이 높습니다.

우리나라는 공적이전소득 비중이 극히 낮은 나라이고, 복지지출도 OECD 평균의 60% 정도밖에 되질 않습니다.

국민주권국가에서 정부는 주권자인 국민을 대신하는 것이고, 모든 정부 재원의 원천은 국민이 내는 세금입니다.

그러니까 국민이 낸 세금으로 소득양극화 완화와 2차 분배(부의 재분

다시, 이재명

배), 경제살리기를 하는 것입니다.

탄소세의 경우는 기후위기 극복, 토지세의 경우는 부동산투기완화 등의 효과가 있는 복지정책이자 경제정책이자 환경정책이자 국토정책이 됩니다. 이 과정에서 소득이 많은 사람은 세금을 더 내는 것이고, 모든 국민이 공평하게 받아 사용하면 그 자체가 경제순환이 되는 것입니다.

제 기본소득 공약을 두고 일부에서 겨우 1인당 월 8만원밖에 안된다고 하는데, 4인가족 기준으로는 32만원이고 1년이면 약 400만원입니다. 겨우 8만원이라고 하는 분에게는 푼돈이겠지만 송파 세 모녀나 달걀 1판 통조림 살 돈이 없어 감옥에 가야했던 '코로나 장발장'에게는 '생명수'가 된다는 점, 꼭 말씀드리고 싶습니다.

오리너구리를 봤다면 오리냐 너구리냐 논쟁하지 않을 것입니다.

2021.08.01.

기본소득은 복지적 경제정책입니다. 복지정책의 측면과 경제정책의 측면을 동시에 지니고 있습니다. 기본소득에 대해 설명할 때면 늘 말씀 드리는 부분입니다. 그런데 기본소득의 한쪽 측면만 보고 비판하는 분들이 계십니다. 신동근 의원님께서는 "기본소득은 복지국가 정책이 아니다"며 기존 복지정책과 대립하는 개념으로 오인하고 계십니다. 또한 최재형 전 감사원장께서는 기본소득을 "사이비 분배 정책"이라며 성장정책이 아니라고 주장하셨습니다.

복지와 성장이 양립 불가능하다는 생각은 고정관념에 불과합니다. 세상에는 복지정책인 동시에 성장정책인 것도 있습니다. 그것이 바로 기본소득입니다.

기본소득은 시한부 지역화폐로 지급해 소상공인 매출을 늘려서 지역경제를 살리는 경제정책임과 동시에, 가계소득 정부지원 세계최하위를 기록하는 우리나라에서 이를 보완하는 가계소득지원 복지정책이기도 합니다.

정책 논쟁은 언제든 환영합니다만 단편적인 부분만 보고 얘기하지는 않길 바랍니다. 오리너구리를 보지 못한 사람은 오리냐 너구리냐 논쟁하겠지만, 세상에는 오리너구리도 있습니다.

기본주택이 '공상'이라는 조선일보의 '망상'

2021.08.05.

기본주택 100만호 공급 공약에 대해 조선일보가 사설을 통해 '공상'이라고 비판했습니다. 상식을 벗어난 비이성적인 주장입니다.

조선일보의 기본주택 비판은 공격을 위한 공격일 뿐입니다. 공공임대 아파트를 모두 현금으로 지어야 된다는 건 조선일보식 표현대로라면 '망상'에 불과합니다. 활용할 수 있는 금융기법이 있는데 공공임대주택을 굳이 모두 현금으로 지어야 할 이유가 없습니다. 현재 아파트 건설사 중에

다시, 이재명

100% 자기현금으로 아파트를 짓는 회사가 있을까요? 이렇게 해왔다면 애초에 후분양을 회피할 이유도 없었겠지요.

아주 단순화해서 하나의 예를 들어보겠습니다. 지역에 따라 다르겠지만 경기권 30평형대 '분양형 공공임대 아파트'는 대략 3억 원대에 지을 수 있습니다. 이 아파트는 5억 원대에 분양이 되고, 실거래가는 7~10억으로 껑충 뜁니다. 시장가격이 7~10억 가량 되기 때문에 건설원가에 해당하는 3억은 충분히 금융권을 통해 조달할 수 있습니다.

이렇게 빌린 3억으로 다시 30평형대 아파트를 지을 수 있습니다. 3억에 대한 이자는 적정한 월세를 통해 감당할 수 있습니다. 이런 방식으로 대규모 재정 투입 없이 기본주택 공급이 순차적으로 가능합니다.

그렇게 되면 과잉유동성 자금은 투자 기회를 얻게 되고, 정부는 공공주택을 확보할 수 있고, 국민은 집 문제를 해결할 수 있습니다. 모두에게 도움이 되는 결과가 만들어집니다.

이외에도 공사채 발행이나, 기금 운용 등 다양한 방법이 있을 것입니다. 하고자 하는 사람은 방법을 찾고 하지 않으려는 사람은 이유를 찾는 법입니다. 머리를 맞대면 더 좋은 방법도 찾아질 것입니다.

분명히 말씀드립니다. 조선일보는 언론의 본분을 지키기 바랍니다. 사실과 다른 허위 주장하지 마시고 건전한 정책경쟁이 될 수 있도록 협조해 주기 바랍니다.

벼랑 끝에 선 심정을 헤아려야 합니다.

2021.09.15.

안타까운 소식들이 연이어 들려옵니다. 마포, 여수, 평택에서, 또 전국 각지에서 벼랑 끝에 내몰린 자영업자분들께서 극단적 선택을 하셨다는 소식에 가슴이 먹먹합니다. 삼가 고인과 유가족분들께 머리 숙여 조의를 표합니다.

코로나19가 장기화 되면서 극단에 내몰린 자영업자들이 희망을 놓고 생을 마감하는 비극이 계속되고 있습니다. 유례없는 전 세계적인 감염병 위기 속에 우리나라가 잘 대처해 왔지만 유독 자영업자들의 고통과 희생에는 인색한 것 같아 씁쓸합니다.

하루 평균 1,000개 이상 점포가 문을 닫는 줄폐업도 이어지고 있습니다. 오죽하면 "코로나로 병들어 죽기 전에 굶어 죽겠다"고 하겠습니까.

정부와 정치권이 자영업자들의 고통에 답을 해야 합니다. 돈보다 국민의 생명이 먼저입니다. 예산을 이유로 더 이상 자영업자들의 희생을 강요해서는 안 됩니다.

함께 살 수 있도록 방안을 찾기 위해 적극적으로 나서주실 것을 간곡히 호소드립니다.

벼랑 끝에 선 국민께서 더 이상 절망 속에 생을 포기하시는 일이 없도록 저도 할 수 있는 모든 노력을 다하겠습니다.

다시, 이재명

특별한 희생을 치르고 계신 자영업자, 소상공인들의 고통에
가슴이 먹먹합니다.

2021.10.07.

소상공인, 자영업자 분들을 만났습니다. 한 분 한 분의 말씀과 표정에 녹
아있는 현실의 고통과 눈물 앞에 가슴이 먹먹했습니다.

100미터 안팎으로 20군데씩 줄폐업하고, 밀린 임대료를 감당하지 못해
극단적 선택까지 하는 참혹한 상황에서 방역 책임자의 한 사람으로서 정말
송구스러웠습니다. 민생보다 중요한 것은 없습니다. 민생현장의 눈물을
닦아주지 않고서는 국민의 삶을 책임지는 리더가 될 수 없습니다.

코로나 팬데믹 장기화의 위기 속에서 세계가 놀랄만한 방역 성과를 거둔
데에는 정부의 노력도 중요했지만, 우리 국민들, 특히 소상공인과 자영업
자의 희생이 있었습니다.

벼랑 끝에 선 이들의 공동체를 위한 특별한 희생에는 특별한 보상이 있
어야 합니다. 최소한 OECD 평균 수준의 충분한 지원, 사각지대·차별 없는
손실보상, 임대료 부담 완화조치가 시급합니다. 지역화폐 발행 확대로 소
상공인 매출을 늘리고, 플랫폼시장의 공정질서 확립을 통한 골목상권 보
호도 빼놓을 수 없습니다.

현재 코로나 백신 1차 접종률은 80%에 육박하고, 접종 완료율도 55%를
돌파했습니다. 위드 코로나 체제로 전환해 가야 할 시간입니다. 상황에 따

라 조금씩 제한을 완화해 나가도록 단계적인 일상회복 준비가 필요합니다.

국민들과 자영업자들의 입장에서 합리적인 방역체계로 개편해야 합니다. 줄폐업 현장을 살릴 수 있는 지원책을 마련해 고통을 넘어 생존의 길에 내몰리는 자영업·소상공인 여러분의 눈물을 닦아드리겠습니다. 최선을 다하겠습니다.

소상공인 여러분의 힘이 되는 대통령이 되겠습니다.

2021.11.05.

오늘 11월 5일은 '소상공인의 날'입니다. 소상공인들께는 축제와 같은 하루가 되어야 할 오늘, 그렇지 못하는 현실에 가슴이 아픕니다.

사상 유례없는 코로나19의 장기화 사태를 겪으면서 전국의 소상공인들께서 큰 희생을 치렀습니다. 그 고통을 어찌 말로 다 표현할 수 있겠습니까. 한 분 한 분 절박한 사연들이 얼마나 많겠습니까. 흘리신 눈물의 무거움을 어찌 다 헤아릴 수 있겠습니까.

70% 이상의 백신 접종률을 바탕으로 일상이 조금씩 회복되고 있지만, 현장에는 어제보다 나은 오늘, 내일에 대한 희망과 함께 더 큰 위기에 대한 불안감, 긴장감도 느껴집니다. 기도하는 마음으로 가게 문을 열고 안도의 한숨으로 장사를 마감한다는 어느 식당 주인아주머니의 말씀처럼 말입니다.

여러분께 더 이상 희망고문 같은 말잔치는 의미 없다는 것을 잘 압니다.

다시, 이재명

할 수 있는 일이라도 당장 하라는 호통이 귓가에 맴돕니다.

우리 공동체를 위해 정부의 방역 지침을 충실히 따른 자영업 소상공인들에게 정부 차원의 충분한 보상이 이루어져야 합니다. '특별한 희생에는 특별한 보상', 이는 국가의 의무이자 주권자에 대한 예의입니다. 위기 극복의 동력이기도 합니다.

당장 할 수 있는 일을 하겠습니다. 우선 손실보상 문제부터 바로 잡겠습니다. 소상공인 손실보상 하한액을 높여야 하고, 실제 피해가 있었지만 행정명령을 받지 않아 선별지원에서 제외된 분들에 대한 보상도 이뤄져야 합니다.

지난 10월 26일 문재인 대통령님을 뵙고 하한액 상향과 보상액 증액을 말씀드렸습니다. 그리고 당에는 손실보상 제외 대상자들에 대한 새로운 대안을 포함하여 전 국민의 삶을 보살피고 경제도 활성화시킬 수 있는 재난지원금의 추가 지급 적극 추진을 당부했습니다.

민생우선주의는 저의 정치 신념입니다. 재정 당국의 반대가 예상되지만, 정치의 유불리를 따지며 쉽게 물러서거나 타협하지 않겠습니다. 국민의 먹고 사는 문제를 해결하지 못하는 정치는 존재 가치가 없다고 믿기 때문입니다.

마지막으로 '함께'를 말씀드리고 싶습니다. 역사적으로 우리나라는 숱한 국난의 위기를 겪어왔습니다. 위기 때마다 빛났던 '함께'의 정신과 경험을 기억했으면 합니다. 우리가 함께 했기 때문에 위기를 극복할 수 있었고, 지금의 선진국 대한민국도 가능했습니다.

공동체를 위한 소상공인 여러분의 희생과 헌신에 합당한 보상을 해야 합니다. 소상공인 여러분께 힘이 되는 대통령이 되겠습니다.

전국민재난지원금, 고집하지 않겠습니다.
여야 합의 가능한 것부터 즉시 시행합시다.

2021.11.18.

현장은 다급한데 정치의 속도는 너무 느립니다.

야당이 전국민재난지원금 지급에 반대하고 있습니다. 정부도 신규 비목 설치 등 예산 구조상 어려움을 들어 난색을 표하고 있습니다.

아쉽습니다. 그러나 우리가 각자의 주장으로 다툴 여유가 없습니다. 지금 소상공인, 자영업자들이 처한 현실이 너무 어렵습니다.

지원의 대상과 방식을 고집하지 않겠습니다.

전국민재난지원금 합의가 어렵다면 소상공인·자영업자 피해에 대해서라도 시급히 지원에 나서야 합니다. 전국민재난지원금 지급 논의는 추후에 검토해도 됩니다. 대신 지금 할 수 있는 한 최대한 두텁고 넓게 그리고 신속하게 지원해야 합니다. 재원은 충분합니다. 올해 7월 이후 추가 세수가 19조 원이라고 합니다. 가용 재원을 최대한 활용해서 즉시 지원할 것은 신속히 집행하고 내년 예산에 반영할 것은 반영해야 합니다.

윤석열 후보도 50조 원 내년도 지원을 말한 바 있으니 국민의힘도 반대하지 않을 거라 믿습니다. 빚내서 하자는 게 아니니 정부도 동의하리라고 생각합니다. 아울러, 지역화폐(지역사랑상품권)는 올해 총액(21조)보다 더 발행해야 합니다. 소상공인 손실보상의 하한액(현재 10만원)도 대폭 상향해야 합니다. 인원제한 등 위기업종은 당장 초과세수를 활용해 지원하고, 내년 예산에도 최대한 반영하길 바랍니다.

눈앞에 불을 보면서 양동이로 끌 건지 소방차를 부를 건지 다투고만 있을 수 없습니다. 당장 합의가능하고 실행가능한 방법이라면 뭐든지 우선 시행하는 게 옳습니다. 정쟁으로 허비할 시간이 없습니다. 오늘이라도 당장 여야가 머리를 맞대고 신속한 지원안을 마련하길 촉구합니다. 여야가 민생실용정치의 좋은 모범을 만들면 좋겠습니다.

민생 앞에 여야가 따로일 수 없습니다. 민생보다 중요한 것은 없습니다. 여야의 신속한 논의를 기대합니다.

비통한 심정으로 삼가 고인의 명복을 빕니다.

2021.12.21.

코로나19 이후 생활고를 겪던 자영업자 한 분이 극단적 선택을 했다는 소식을 들었습니다. 비통한 마음 가눌 길이 없습니다.

가족들과 조용히 장례를 치르시겠다는 유가족의 뜻에 따라 조문 대신 글로나마 조의를 표합니다.

정치와 행정을 담당하는 한 사람으로서 책임을 통감합니다. 먹고 사는 문제를 해결해야 할 정치가 국민께 신뢰를 드리지 못했습니다.

코로나19 이후 극단적 선택을 한 자영업자분들이 스물네 분이나 됩니다. 국민 안전을 위해 경제활동을 포기한 것에 대한 지원은커녕 손실보상조차 제대로 되지 않는 현실에서 소상공인·자영업자분들이 느꼈을 분노와 허탈함, 억울함을 감히 헤아리기조차 어렵습니다.

정치권이 더 적극적인 지원 방안을 마련해야 합니다. 말로만 50조 원, 100조 원 언급하며 정쟁과 셈으로 허비하는 동안 국민의 고통은 더욱 커지고 있습니다. 현장은 전쟁이고 생명보다 귀한 가치는 없습니다.

백 번의 정쟁보다 제대로 된 하나의 정책과 지원이 절실한 시점입니다. 국민의 어려운 현실을 바꾸는 데 정치가 집중해야 합니다. 더 낮은 자세와 겸손한 마음으로 더 나은 내일이 올 수 있도록 하겠습니다.

삼가 고인의 명복을 빕니다.

소상공인·자영업자 여러분의 절규에 응답하겠습니다.

2021.12.23.

어제 오후 광화문에 모인 소상공인·자영업자 여러분의 절규와 분노를

다시, 이재명

무겁고 비통한 마음으로 들었습니다.

공동체의 안전을 위해 희생을 감수한 소상공인·자영업자 여러분의 인내가 이미 한계에 다다랐다는 것을 잘 알고 있습니다. 정치와 행정을 담당하는 정치인으로서 책임을 통감합니다.

정치란 무엇인지 존재 이유를 다시 한번 되새깁니다. 민생을 해결하지 못하고 정쟁에만 매몰되는 정치가 무슨 소용이 있겠는지 말입니다.

며칠 전 저는 소상공인과 자영업자의 헌신과 희생에 부분이 아니라 전부, 금융 지원이 아닌 재정 지원 확대, 선지원 등 '온전한 보상'을 드리겠다고 약속드렸습니다.

또한 더불어민주당은 어제 의원총회를 열어 소상공인 선지원, 선보상의 법적 근거를 마련하는 소상공인지원법 개정안을 당론으로 채택했습니다.

국민의힘 윤석열 후보와 김종인 총괄선대위원장께 코로나19 대응 100조원 지원 논의를 거듭 촉구합니다. 코로나19 손실 보상 지원은 선택이 아니라 생존의 문제입니다. 나중이 아닌 지금, 당장 필요합니다.

여당과 야당이 합의하면 정부도 대규모 추경예산 편성에 협조할 것입니다. 전국의 지방정부에도 자영업자 손실보상 긴급 추경 협조를 요청드리겠습니다.

일률적인 방역패스, 영업시간 제한 문제도 소상공인과 자영업자의 피해를 최소화하면서도 방역의 효과를 극대화하는 방안은 없는지 여러분과 함께 방안을 찾겠습니다.

소상공인·자영업자 여러분의 절규에 반드시 응답하겠습니다. 규칙을 지켜도 손해 입는 일이 없도록, 특별한 희생에는 특별한 보상을 드리겠습니다. 공동체의 안전을 위해 헌신하시는 여러분을 보호하는 일이 바로 국가의 존재이유임을 잊지 않겠습니다.

고통과 인내의 시간을 하루속히 끝나도록 모든 노력을 다하겠습니다.

코로나 2년, 위기극복 적임자가 필요합니다.

2022.01.20.

오늘은 국내 첫 코로나19 확진 환자가 발생한 지 2년째 되는 날입니다. 우리나라는 방역에 잘 대처해 왔습니다만 경제방역에서는 부족함이 많았습니다.

국민은 자발적으로 협조했고, 의료진은 손발이 부르트도록 헌신했습니다. 소상공인들도 매출감소와 희생을 감내했습니다.

그러나 국가의 재정지출은 턱없이 부족했습니다. 직접지원이 아닌 금융지원으로 가계 빚만 늘렸습니다. 세기적 위기 앞에 국가는 고통 분담에 인색했고 가계에 떠넘겼습니다.

언제까지 국민의 희생과 헌신에만 기댈 수 없습니다. 당장 벼랑 끝에 내몰린 민생을 구하고 '감염병 위기에 강한 대한민국'을 만들어야 합니다. 그

다시, 이재명

래서 리더의 역할이 중요합니다. 이재명 정부는 다를 것입니다. 마땅한 국가의 책임을 다할 것입니다. 국민에게만 고통을 떠넘기지 않을 것입니다.

주기적 팬데믹을 국가 안보로 인식하고 강력한 추진력으로 국가 차원의 완벽한 방역시스템을 구축할 것입니다.

과감한 재정투입과 정책변화로 소상공인의 일방적인 희생을 막고 전국민의 삶을 보살피겠습니다. 재정당국이 소극적이더라도 국민께서 위임한 권한으로 해낼 것입니다.

당장 오미크론 확산을 대비한 정부당국의 철저한 준비를 요청합니다. 확진자 급증 상황에 대비한 고위험군 보호 시스템이 시급히 마련되어야 합니다. 경구치료제도 국민께 원활하게 제공되도록 해야 합니다.

돌아보면 우리의 방역 과정은 온갖 가짜뉴스와 발목잡기와의 싸움이기도 했습니다.

방역 초기, 마스크 착용과 사회적 거리두기 효과성을 둘러싼 논란부터 백신 부작용에 대한 과도한 불신 조장까지 정부의 방역조치에 대한 왜곡이 지속됐습니다.

감염병 극복에 정치논리, 정쟁이 개입되면 안됩니다. 오직 국민안전과 민생만 바라보며 위기극복을 위해 힘을 모아야 합니다.

방역 지침을 지키지 않는 사람, 방역 정책에 대한 확고한 철학 없이 오락가락하는 사람으로는 어렵습니다.

누가 오미크론까지 엄습한 이 감염병 위기를 잘 극복할 수 있을까요?

누가 국가재정에 대한 투철한 철학과 가치로 국가의 책임을 다 할 수 있을까요?

'국가책임방역', '국민과 함께하는 방역'으로 '감염병 팬데믹에 강한 대한민국'을 만들겠습니다.

세계에서 가장 먼저 일상회복을 체감하는 '코로나 완전극복국가 대한민국'을 만들겠습니다.

이재명이 국민과 함께 해내겠습니다.

소상공인·자영업자께 희망고문은 그만합시다.

2022.01.21.

국무회의에서 오늘 14조원 수준의 추경안이 의결됐습니다.

'온전한 보상'과는 여전히 괴리가 큽니다. 국가부채 걱정에, 언 발에 오줌 누기식 처방만 반복해선 도움이 되지 않습니다. 좀 더 공격적인 재정 확대가 절실합니다.

공은 다시 국회로 넘어왔습니다.

국회의 힘이 필요합니다. 며칠 전 국민의힘 원내지도부도 정부에 현재 추경안 대비 배 이상의 증액을 요구했다 들었습니다. 내용도 '온전한 보상'과 '선지원·선보상' 원칙, 사각지대 해소, 보상 하한액 상향 등 제 입장과 큰 차이가 없습니다.

야당은 그동안 50조, 100조 발언으로 소상공인·자영업자들께 '희망고문'만 드렸습니다. 이번엔 빈말로 그치지 말고, 절박한 소상공인·자영업자분들을 고려해 당장 협의를 시작해 주시길 바랍니다.

정치의 역할을 돌아봅니다. 저도 야당 후보도 국민 삶을 개선하기 위해 결심하지 않으셨습니까.

하루가 급한 소상공인·자영업자들께선 5월까지 기다릴 여력이 없습니다. 여야 지도부가 함께 추경 확대 회의를 열어 조속히 매듭지었으면 합니다.

저는 추경 확대로 정치적으로 이득 볼 생각 없습니다. 국민과 민생, 경제를 위해 어느 당이 아니라, 대한민국 정치가 통 큰 통합정치 한번 했으면 합니다.

한손에는 방역, 한손에는 민생을 챙기겠습니다.

2022.02.08.

오늘 오전 특위에서 오미크론 대응방법을 점검하고, 오후엔 자영업자, 소상공인분들의 절규를 들었습니다.

오미크론의 중증화율은 낮지만 강한 전파력 때문에 방역관리는 어렵고, 국민불안, 국민불만은 커지고 있습니다. 광범위한 '방역'보다 집중, 효율,

과학적인 '대응'이 필요한 시기입니다. 확진자가 정점에 도달한 후 안정기로 진입하는 경우에 대비하여, 방역이라는 패러다임의 대전환이 필요합니다.

추운 날씨에 여전히 선별진료소에 길게 줄을 선 국민들을 볼 때마다 마음이 아픕니다. 다행히 신속항원검사에서 양성이 나오면 곧바로 PCR을 할 수 있게 시스템을 개선한다지만 충분치 않습니다. 구삐 같은 정부 앱이나 카톡, 네이버 등에서 선별진료소 대기 상황을 표현하고, 예약시스템을 추가하여 검사 희망자가 현장에서 무작정 대기하지 않도록 해야 합니다. 백신 예약도 앱을 통해서 할 수 있게 한 우리나라인데, 어려운 일이 아닐 것입니다.

특별한 희생을 하고 있는 소상공인, 자영업자분들께는 추경확대나, 영업제한 완화도 부족하다고 느꼈습니다. 2년전 코로나로 시작된 소상공인, 중소기업의 대출금 상당수는 이번 3월, 만기가 도래한다고 합니다. 그 분들이 한계에 몰리면 우리 경제 전체가 흔들립니다. 당장 만기연장과 상환유예가 필요합니다. 긴급 재정명령을 통해 50조를 확보하면 근본적으로 국가가 그분들의 채무도 매입할 수 있게 됩니다. 장기적으로는 미국과 유럽에서 이루어지고 있는 대규모 통합형 회복 플랜도 검토되어야 합니다.

물리적 방역 못지않게 필요한 것이 경제적 방역입니다.

국민 여러분이 불안하시지 않게 "국민안심", 소상공인을 위한 "민생회복", 모두 이루겠습니다.

소상공인 자영업자 위한 추경 증액, 금융지원을 강력히 요청합니다.

지난 1월 고승범 금융위원장이 금융지원은 근원적 해결방안이 아니라며 소상공인 자영업자 대출 만기 연장과 이자 상환 유예를 3월 말에 종료하겠다고 밝혔습니다.

이는 하루하루를 버티는 마음으로 살아가는 소상공인 자영업자에 대한 '사형선고'와 다름없습니다.

일방적 발표 이후 재정당국, 금융당국은 연장을 검토한다는 말만 할뿐 소상공인 자영업자의 하소연에 응답하지 않고 있습니다. 국회의 만기 연장, 이자 상환 유예 연장 요구에도 묵묵부답입니다. 심지어 추경 증액도 반대하고 있습니다.

답답합니다. 솔직히 화가 나기까지 합니다.

재정·금융당국의 입장과 논리는 명분이 없습니다. 만약 예정대로 3월 말에 만기 대출과 이자를 상환하게 될 경우, 소상공인 영세자영업자의 상황이 더 악화될 것이 불 보듯 뻔합니다.

홍남기 부총리, 고승범 금융위원장께 요청합니다.

우리 소상공인 자영업자를 더 이상 벼랑 끝으로 내몰지 마십시오. 소상공인 자영업자 대출 만기 연장과 이자 상환 유예를 즉시 연장해주시기 바랍니다. 생존 위기에 빠진 소상공인 자영업자를 위한 국회의 추경 증액 요구에도 동의해주길 바랍니다.

지금은 어느 때보다 따뜻한 가슴의 행정이 절실한 때입니다. 정부당국의 결단을 촉구합니다.

소상공인·자영업자 여러분께

2022.02.20.

더불어민주당이 어제 새벽, 정부 추경안을 예결위에서 처리했습니다. 자영업자·소상공인분들께 방역지원금 300만 원을 지급하는 안입니다. 정부안에 반대한 국민의힘이 불참해 부득이 단독 처리하게 되었습니다.

떨어진 매출과 늘어가는 빚더미, 골목 상가 곳곳이 폐업하는 가운데 자영업자·소상공인들께 필요한 것은 신속한 지원과 보상입니다.

우리 당이 처리한 정부안이 소상공인·자영업자분들 고통을 덜기에 많이 부족합니다. 잘 알고 있습니다. 추경안을 신속히 처리하고 집행하는 것과는 별도로 3차 접종자에 한해 24시까지 영업시간을 연장하고, 3월로 예정된 대출금 만기 연장과 상환 유예 등도 조속히 시행되도록 모든 역량을 다하겠습니다.

다시, 이재명

대통령선거에서 당선되면 당선인 신분으로 정부와 협상해 추가지원·보상을 위한 긴급재정명령 등 가능한 모든 정책수단을 동원할 것입니다.

거듭 죄송합니다. 많이 부족합니다. 국가적 위기 상황에서 자영업자·소상공인 여러분께 너무나 많은 짐을 지워드렸습니다.

말만 하지 않고 신속하게 움직이겠습니다. 코로나 위기에 특별한 희생과 헌신을 보여준 자영업자·소상공인들께 합당한 지원과 온전한 보상이 이뤄지도록 혼신의 힘을 다하겠습니다.

정부의 방역패스 일시중단 조치를 환영합니다.

2022.02.28.

정부가 내일부터 식당과 카페 등 11종 다중이용시설 전체에 대한 방역패스 제도를 일시 중단하기로 했습니다. 정부의 결단을 환영합니다.

그동안 저는 꾸준히 더 유연하고 스마트한 방역 정책이 필요하다고 말씀드렸습니다.

과거에는 코로나가 치명률이 높고 전파력이 낮았지만, 지금은 전파력은 높고 치명률은 독감보다 조금 높은 수준으로 바뀌었습니다. 특히 60세 이하 백신 3차 접종자의 경우는 치명률이 0%입니다. 예전에는 큰 곰이었다면 지금은 작은 족제비 정도가 된 것입니다.

상황이 변한 만큼 예전처럼 막기만 해서는 안 됩니다. 방파제로 파도는 막을 수 있어도 하늘에서 내리는 비를 피할 수는 없습니다. 이제는 기저질환자와 위중증 환자 중심으로 고위험군 확진자 관리에 집중해야 할 때입니다.

앞으로도 더 유연하고 스마트한 방역을 통해 고위험군과 위중증 환자에 대한 대응은 철저히 하면서도 우리의 일상과 민생경제를 회복하는 방향으로 나아가야 합니다.

아울러, 그동안 공동체를 위해 특별히 희생한 소상공인·자영업자 분들에 대한 국가의 특별한 보상도 시급히 이루어져야 합니다. 저 이재명이 긴급 금융구제와 온전한 손실보상까지 반드시 추진하겠습니다.

국민으로부터 권한을 위임받는다면 당선 즉시 '민생회복 100일 프로젝트'를 실시해 '올 여름이 가기 전'에 가시적인 경기회복 민생회복을 만들어 낼 것입니다.

오늘도 어김없이 일선에서 코로나와 사투를 벌이는 의료진과 공무원 등 방역 종사자 여러분께 깊이 감사드립니다.

개학을 앞둔 학부모님들께

2022.02.28.

3월 개학이 이틀 앞으로 다가왔습니다.

설렘 반 긴장 반으로 준비물을 챙기는 아이들과 달리, 학부모님들께선 이런저런 걱정과 고민으로 잠 못 이루고 계시겠지요.

하필 코로나 확진자가 폭증하는 상황에 개학하게 되어 무척 걱정되실 겁니다.

특히 아이들의 등교 전 신속항원검사 키트 주 2회 선제검사를 운영하는 부분에 대해 많은 분들이 걱정하고, 거부감을 토로하십니다.

강제적이거나 의무적으로 운영하지 않는다고 하지만, 학부모들은 충분히 부담을 가질 수 있습니다. 학교에서 학부모나 학생이 희망하는 사람에 한해, 자발적으로 참여해서 활용하고, 사실상 강제로 운영되지 않도록 하겠습니다. 특히 유아나 초등학교 저학년에 대해서는 더 세심한 검사방식을 검토하겠습니다.

2년간 원격수업이 지속되며 일하는 엄마, 아빠는 돌봄공백을 메꾸기 위해 이리 뛰고 저리 뛰었는데 올해도 안전한 등교를 장담할 수 없는 현실입니다. 당장 스케줄 조정은 어떻게 할지, 어디에 도움을 또 청해야 할지 막막하시겠지요.

설상가상으로 기초학력 부진과 학습격차에 대한 우려도 크실 것입니다. 학생들도, 학부모들도 학업에서 뒤처지지 않을까 하는 불안감을 호소하시기도 합니다.

부모의 격차가 아이의 미래를 결정하지 않도록, 돌봄과 교육까지 국가 책임을 확고히 하겠습니다. 모든 아이가 함께 성장하는 상생교육을 실현할 것입니다.

초등학생 오후 3시 동시 하교제와 저녁 7시까지 방과후 돌봄 시간 연장을 추진하고, 아동수당을 단계적으로 만 18세까지 확대하겠습니다.

공교육 결손을 회복하기 위해 기본학력책임제도 도입하겠습니다. 개개인에 적합한 교육을 위해 기본학력 전담교사를 확충하고, 학급당 인원수를 단계적으로 20명으로 줄여나가겠습니다.

막상 등교를 한다고 해도 걱정되는 마음은 똑같습니다. 저도 아이 둘을 키웠지만, 혼자 보내는 등하굣길에 혹여 다치진 않을까 물가에 내놓은 것처럼 항상 노심초사하는 것이 부모 마음이겠지요.

그 마음 그대로 담아 여러분이 안심할 수 있는 교육환경을 만들겠습니다.

부모님들께 등떠밀었던 등하굣길 교통안전은 국가가 책임지겠습니다. 초등 저학년 아이들도 함께 이용할 수 있는 국공립 유치원 통학버스를 확대하여 등하원 부담도 덜어드리겠습니다.

저 이재명이 감염병 위기로부터 아이들을 지켜내고 학부모님께 힘이 되어드리겠습니다. 학부모님의 어려움과 고민들 조금이나 덜 수 있도록 최선의 노력을 다하겠습니다.

코로나 확진되신 분들에게 격려와 위로의 마음 전합니다.

2022.03.02.

오늘 코로나 확진자가 20만 명을 넘었습니다. 오미크론 변이 확산세로 국민께서 걱정이 크실 줄로 압니다.

다행인 것은 3차 접종자의 오미크론 치명률은 0.08%로 계절독감 수준이고, 60세 이하 3차 접종자는 치명률이 0%라고 합니다.

일상에서는 방역 수칙을 지키며 조심해야 하지만, 고위험군 확진자가 아니라면 과거와 달리 충분히 극복할 수 있게 되었습니다.

그런데 최근에 코로나 확진이 늘어나면서 우리 안에서 코로나로 확진된 사람을 경원시하는 분위기가 있다고 합니다. 그 누구도 원해서 확진된 사람이 아닐 텐데, 참 안타깝습니다.

어려울 때는 돕고, 슬플 때는 위로하고, 기쁠 때는 축하하는 것이 사람 사는 세상이라고 믿습니다. 대한민국이 세계가 인정하는 선진국이 될 수 있었던 것도 다 우리 국민의 그런 따뜻한 마음 덕분이라고 생각합니다.

오늘 하루는 주위에 코로나 확진으로 몸과 마음이 힘든 이들을 위해 힘내라는 격려와 위로의 말 한마디 건네보면 어떨까 싶습니다.

지금까지 잘 해왔습니다. 마지막이 될지 모르는 이 고비도 힘내고 넘어서 새로운 미래로 함께 나아가길 소망합니다.

이재명을
만든 시간

대한민국 정치사에서 이재명만큼이나 극단적인 지지세력과 반대세력을 모두 가지고 있는 정치인은 드물 것이다. 지지세력은 그의 강력한 추진력과 선명함, 높은 성취도를 극찬한다. 그가 살아온 길은 말 그대로 무수저에서 집권여당 대권후보에까지 오른 입지전적인 감동의 드라마가 된다. 역으로 반대하는 사람들은 그의 삶 하나하나가 의문투성이다. 용납되지 않는 범죄의 연속이다.

한 사람의 일생일진대 어떤 때는 이권과 성공을 위해 각종 범죄를 저지르는 영화 아수라의 악덕시장 박성배(황정민)가 되고, 어떤 때는 빽 없고 돈 없고, 가방끈도 짧은 세무 변호사에서 아스팔트 전사로 거듭나는 영화 변호인의 인권변호사 송우석(송강호)이 되기도 한다. 박성배와 송우석, 도저히 매칭될 수 없는 극단의 이미지는 각자의 논리를 강화하기 위한 확증편향을 낳는다.

대선 때 참으로 어처구니없는 확증편향을 목도했다. 이름하여 이재명 소년원 논란이 그것이다. 이재명이 중학생 시절 범죄를 저질러 안동에서 성남으로 야반도주를 했는데 붙잡혀 소년원에 수감되었고, 그때 일 나간 공장에서 팔 장애를 얻은 것이라는 내용이었다. 거론되는 범죄의 내용은 차마 입에 올리기도 거북한 내용들이었다. 보수유투버에서 시작된, 누가 봐도 말도 안 되는 이 가짜뉴스는 야당 의원들에 의해 확대됐고 급기야 국회에서 범죄사실을 조회해야 하는 지경에까지 이르렀다. 이를 지켜봐야 하는 그의 심정이 어떠했을지 가늠조차 되지 않는다.

그러나 그는 자신을 향한 맹목적인 지지를 마냥 즐기지만도 않는다. 지지자들이 과한 길을 갈 때면 방관하지 않았다. 2017년 대선 경선, 이재명을 지지했던 일군의 사람들이 손가락혁명군(손가혁)이라는 지지모임을 만들어 활동했다. 모든 경선이 그렇지만 이때도 강한 충돌이 있었다. 아는 사람들이 많지 않지만 이재명은 당시 문재인 후보를 향해 과한 공격을 했던 손가혁을 대선 후 해체시켰다. 이번 경선 때도 지지자들의 경쟁격화를 자제시키는 메시지를 수차례 발표했다.

수많은 마타도어를 당한 이재명이었지만 이렇게 말한다. "정치인을 칭찬하되 찬양하지 말아야 하고 정치인을 지지하되 결코 숭배하지 말아야 합니다." 즉석연설에서, SNS 메시지를 통해서 수차례 발표한 이재명의 생각이다.

그의 삶에 대해 다양한 평가들이 있지만 어쨌든 이재명의 삶은 미화된 것보다 왜곡되고 조작된 것이 훨씬 많았다. 후보 이미지 면에서 결코 우호적인 상황이 아니었다. 대선을 시작하면서 이렇게 왜곡되고 조작된 이미지를 어떻게 바꿀 것인지 고민이 많았다. 강성으로만 비쳐지는 그의 삶 내면에 있는 인간적이고 따뜻한 면을 어떻게든 국민에게 잘 알려낼 방법을 찾아야 했다.

해결의 단초는 메시지팀원에게서 나왔다. 그동안 이재명에 관한 책이 여러 권 나왔지만 접근성이 떨어지니 '웹 자서전' 형태의 짧은 글을 통해 이재명의 삶을 직접 알리자는 제안이었다. 후보도 찬성했다. 후보에게 한 가지 다짐을 받았다. 본인의 삶이니 수정하고 싶은 것이 많을 것이다. 그러나 한 번 손대기 시작하면 잠도 못자고 일정에 차질이 빚어지니 팩트가 잘못된 것 아니면 웬만한 건 믿고 맡겨 주시라. 후보도 그런다 했다. 그러나 그때뿐이었다.

자신의 삶이니 어찌 애정이 가지 않겠는가. 삶의 한순간 한순간, 만났던 한 사람 한 사람과의 역사가 어찌 짧은 몇 문단으로 다 설명되겠는가. 수정에 수정을 반복했다. 유난히 일정이 많은 날, 누가 봐도 피곤했을 하루의 일정을 마치고는 늦은 새벽에 보내온 글을 대할 때면 괜히 시작해서 후보만 힘들게 하는 건 아닌지 자책했다. 웹 자서전은 대선기간 메시지팀에서 생산한 말글 중 소확행과 함께 후보가 가장 많이 수정한 콘텐츠이다.

46회에 걸쳐 발표한 '웹 자서전'은 책 '인간, 이재명'을 중심으로 '소년공 다이어리' 등 그동안 발간된 여러 책을 근간으로 작성되었다. 메시지팀 내에 TF도 가동했다. 가독성을 높이기 위해 '한국의 장 자크 상페'로도 잘 알려진 하재욱 작가가 삽화를 그려주었다. '사람 이재명'을 알리는 데 큰 역할을 했다고 생각한다. 월수금 주 3회씩 발표할 때마다 여러 SNS 커뮤니티에 즉각 게시되었고, 이를 통해 이재명을 새롭게 알게 되었다는 댓글이 줄을 이었다. 열성적인 지지자들은 자기가 소리내어 읽은 '웹 자서전' 낭독 영상을 만들어 올렸고, 팔순 어머니께 읽어드리며 함께 눈물을 흘렸다는 사연도 올라왔다. 잘 알려지지 않은 스토리가 게시될 때는 주류 언론에서도 관련 기사가 보도되었다.

2021년 10월 25일 시작해 해를 넘겨 2022년 2월 9일 마지막 편을 발표했다. 꼬박 100일이 넘게 걸렸다. 후보의 승인이 늦어지면 피곤하신 건가, 내용이 마음에 들지 않는 건가 마음 졸여야 했다.

따뜻하고 인간적인 이재명을 알리기 위한 노력은 본선거 시기에도 지속되었다. 본 선거는 유세중심으로 돌아간다. 하루에도 네다섯 차례 진행되는 현장유세에서 후보들이 쏟아내는 말들이 모든 미디어를 장식한다. 미디어 주목도가 높으니 후보도 유세 자체에 초집중할 수밖에 없다. 하루하루 달라지는 지지율의 진폭, 시시각각 변하는 여론의 흐름, 본 선거 기간 후보의 마음은 하루에도 여러 번 천당과 지옥을 오간다. 본 선거 기간은 그야말로 인간이 경험할 수 있는 오만가지 감정의 향연장이 된다.

그러나 우리는 바쁘게 돌아가는 유세, 선거 일정 뒤켠에 있는 후보의 마음에 집중하기로 했다. 연단에 오르기 전후에, 유세 장소를 오고 가며, 길가에 펼쳐지는 여러 풍경을 보며, 다양한 사람들을 만나며 후보가 생각할 여러 가지 상념과 단상을 훔쳐보기로 했다. 본 선거 기간 후보의 마음을 담은 '오늘, 이재명' 시리즈는 이렇게 만들어졌다.

유세 첫날 부산을 다녀오며, 노무현 대통령님이 즐겨 부르던 상록수를

다시, 이재명

읊조렸다. 2월 18일 광주로 향하면서는 '결코 정치보복을 하지 않겠다'는 '용서야말로 가장 큰 벌'이라는 김대중 대통령님의 말씀을 생각했다. 본 선거운동 한 주를 마치면서는 〈아픈 손가락〉이라는 제목으로 '노무현, 문재인 대통령님을 사랑하는 분들의 마음을 온전히 안지 못한 것이 가장 아프다'며 '제게 여러분이 아픈 손가락이듯 여러분도 저를 아픈 손가락으로 받아주시면 좋겠다'는 마음을 전했다.

'국민을 믿는다는 것'은 무엇인지, '대통령다움이란' 무엇인지를 생각했고, 참모들이 준비한 두툼한 TV토론 준비자료를 보면서 '혼자 만들 수 있는 세상이 있을까'를 생각했다. 고향 안동 유세를 떠날 때는 고향 땅에 잠들어 계신 어머니, 아버지를 떠올렸다. 자신을 위해 마스크를 벗고 찬조연설을 해준 박지현 위원장의 신변을 걱정하는 글들이 올라올 때는 '세계 민주주의 모범국가 대한민국에서 어떻게 이런 일이 벌어질 수 있는지 너무 안타깝다'고 질타하며 스스로 '여성의 고통을 다 알지 못합니다. 노력하고 있습니다만 가부장제의 잔재도 남아있을 것입니다. 그러나 부족함을 인정하고 끊임없이 경청하고 함께 고민하고, 함께 해법을 찾겠습니다'라며 솔직한 자기 고백의 마음도 전했다.

이재명은 스스로의 삶을 '동네북 인생'이라 칭한다. 여기저기 많이 두들겨 맞아서이기도 하지만 기쁠 때나 슬플 때나 '동네북'을 두들기며 함께 춤추고 고통을 나누는, 그래서 얽히고설킨 사람들의 마음을 풀어주는 '동네북'이 좋다고 한다. 그 역할을 기쁘게 감당하겠다고 한다.〈'동네북 인생', 더 채우고 더 노력하겠습니다〉(2021.7.6) 짧은 몇 줄의 문단으로 그의 굴곡진 삶을 어찌 다 설명할 수 있겠는가. 그저 그의 삶이 궁금하다면 이 책도 좋고, 다른 어떤 책이라도 딱 한 권, 잠시 짬을 내 선입견 없이 들여다보면 좋겠다.

  2004년 3월 28일 오후 5시, 수배를 피해 숨어 있던 성남의 한 교회 지하실에서 동료들이 싸 온 도시락을 먹다가 시장이 되기로, 정치에 뛰어들기로 결심한 시간이다. 그로부터 18년의 시간이 흘렀다. 두 번의 낙선과 세 번의 당선, 이제 한 번 더 낙선의 숫자가 더해졌을 뿐이다. 앞으로 그의 정치 시계가 몇 년을 더 흘러갈지 모를 일이다. 계속해서 잘 똑딱일지 혹여 멈춤이 있을지도 모르겠다. 그러나 그의 삶은 더 뜨겁게 타오를 것이다. 아직은 더 태워야 할 것들이 많다. 그래야 마땅하다.

'동네북 인생', 더 채우고 더 노력하겠습니다.

2021.07.06.

어릴 적 살아남기 위해 초등학교만 졸업하고 곧바로 공장으로 뛰어들었습니다. 당시 노동현장은 그야말로 폭력 그 자체였습니다. 먹는 게 변변찮으니 또래들보다 체구도 작았고, 그렇다고 지는 것도 싫어 바락바락 덤비니 이리저리 많이도 맞았습니다. 그야말로 "동네북"이었습니다.

죽기 살기로 중고등학교 검정고시 통과하고 대학 들어갔더니 공장 밖 세상도 만만치 않았습니다. 그때까지 상상조차 못 했던 국가의 폭력을 목격했습니다. 단벌 교련복 하나로 버티며 세상에 눈감으려 했지만, 눈을 감아도 피할 수 없었습니다. 독재정권의 판사를 포기하고 변호사로 좌충우돌하는 하루하루 또한 그야말로 "동네북"과 같은 신세였습니다.

시민의 최소한의 건강권을 확보하기 위해 시립의료원을 만들겠다는 노력은 시의회의 폭력적 거부로 묵살되어버리고 현장에서 단체 대표로 의회 점거의 책임을 지게 되었습니다. 건설비리 폭로의 과정에서 검사 사칭이라는 누명을 뒤집어썼고 지금도 틈만 나면 정치적 공격의 빌미로 이용되고 있습니다. 성남시장으로서의 하루하루 또한 공격받지 않고 넘어가는 날이 없었습니다. 제법 커버린 '동네북'이었습니다. 허위와 왜곡이 법의 옷을 입고 무차별적으로 두들기던 경기도지사 시절도 마찬가지였습니다.

그 신세가 어디 가지 않네요. 지금도 여기저기 참 많이 두들겨 맞는 것 같습니다. 익숙해질 만도 한데 때때로 여전히 아픕니다. 저의 부족함 때문이라 생각합니다. 더 채우고, 더 노력할 일입니다.

그렇지만, '동네북' 인생이 그리 나쁘기만 한 것도 아닙니다. 사람들은 위험한 일이나 억울한 일이 생기면 세상에 도움을 구하려고 필사적으로 '동네북'을 두드려 왔습니다. 같이 나누고 싶은 기쁜 일이 생겨도 '동네북' 두들기며 함께 춤추고 흥을 나눕니다. 딱히 이유도 모르겠는데 그저 사는 게 답답할 때 막힌 속 풀려고 정신없이 '동네북'을 두드리기도 합니다.

'동네북' 역할, 기쁘게 감당하려고 합니다. 저뿐만 아니라 정치하는 사람들 모두의 숙명과도 같은 역할일 것입니다. 그래서 피하지 못할 테니 기쁘게 즐기겠습니다. "동네북 이재명" 많이 두드려주십시오. 대신 매번 너무 아프게만 두드리지는 마시고 때로 좀 따뜻하게 보듬어도 주십시오.

비틀거릴지언정 결코 쓰러지지 않겠습니다.

차마 어디 호소할 곳도 없고 마음만 아렸는데...

2021.07.17.

차마 어디 호소할 곳도 없고 마음만 아렸는데..

장애의 설움을 이해하고 위로해 주신 김두관후보님 말씀에 감사합니다.

나이가 들어도 살만해져도 장애의 서러움을 완전히 떨쳐내기는 어렵습니다.

다시, 이재명

이 그림을 보자 갑자기 어릴 적 기억이 떠올랐습니다.

프레스에 눌려 성장판 손상으로 비틀어져 버린 왼팔을 숨기려고 한여름에도 긴팔 셔츠만 입는 저를 보며 속울음 삼키시던 어머니. 공장에서 돌아와 허겁지겁 늦은 저녁을 먹고 잠자리에 들면, 제가 깰 새라 휘어버린 제 팔꿈치를 가만히 쓰다듬으시던 어머니 손길을 느끼며 자는 척 했지만 저도 함께 속으로만 울었습니다.

제 아내를 만나 30이 훨씬 넘어서야 비로소 짧은 팔 셔츠를 입게 되었으니, 세상 사람들이 제 팔만 쳐다보는 것 같아 셔츠로 가린 팔조차 숨기고 싶던 시절을 지나, 장애의 열등감을 극복하는데는 참 많은 세월이 흘렀습니다.

2006년 지방선거 당시 성남시장후보가 저밖에 없었음에도 '후보를 못내는 한이 있어도 이재명은 안된다'는 당내 공천반대 움직임이 있었습니다.

시민운동을 하던 제가 일부 민주당과 여권 인사가 개입된 분당 정자동 일대의 부당용도변경과 파크뷰특혜분양 반대운동을 주도하고 폭로해서 2002년 지방선거와 2004년 총선에 악영향을 주었다는 이유였습니다.

당시 최고위원이던 김 후보님의 지원으로 선거에 나설 수 있었습니다. 그것이 토대가 되어 2010년 지방선거에 승리 한 후 제가 지금 이 자리에 왔습니다.

후보님의 자치분권과 지역균형발전의 꿈을 아주 오래전부터 공감합니다. 저의 분권과 자치, 지역균형발전의 신념은 2005년 김 후보님이 주력하시는 자치분권전국연대에 참여해 경기대표로 활동하며 시작되었습니다.

김 후보님의 글을 보니, 동생의 장애를 놀리는 동네아이들을 큰 형님이 나서 말려주시는 것 같은 푸근함이 느껴집니다.

오래전부터 꾸어 오신 후보님의 자치분권과 지역균형발전의 꿈을 응원하며, 지금까지 그랬던 것처럼 그 꿈이 실현되는데 함께 하겠습니다.

감사합니다.

성남시의료원은 제 정치의 출발지입니다.

2021.09.13.

코로나19로 혼수상태에 빠졌던 환자가 성남시의료원에서 '에크모' 치료를 받고 무사히 퇴원하셨다고 합니다. 환자와 가족 모두에게 다행스러운 일입니다. 성남시의료원 의료진 여러분의 노고와 헌신에 감사드립니다.

성남시의료원의 활약에 저로서는 무척 큰 보람을 느낍니다. 이미 많은 분들께서 알고 계시지만 성남시의료원은 제가 정치를 결심한 이유입니다.

제가 인권변호사로 지내다가 시민운동에 뛰어들 무렵에 성남 본시가에 있던 종합병원 두 곳이 폐업했습니다. 이때 저도 공동대표로 주민들과 함께 성남 시립병원 설립 운동을 시작했습니다. 그때 열기가 어찌나 대단

다시, 이재명

했던지 지금도 기억이 생생합니다.

하지만 당시 시의회는 최초의 주민발의 조례를 단 47초 만에 날치기로 부결해 버렸습니다. 억울하고 화가 났습니다. 18,595명이나 되는 시민께서 한겨울에 언 손을 녹여가며 지장 찍어 마련한 조례인데 몇몇 정치인들 손에 순식간에 휴짓조각이 되어 버렸으니까요.

방청하던 시민들과 함께 항의하다가 특수공무집행방해 죄로 수배되었습니다. 제 전과 중 하나가 이렇게 생겼습니다.

2004.3.28. 오후 5시.

수배를 피해 숨어 있던 한 교회 지하실에서 선배가 싸온 도시락을 먹다 서러움에 왈칵 눈물이 터졌습니다. 그리고 결심했습니다.

'현실을 바꾸자. 기득권 세력은 이익이 없는 한 국민의 건강과 생명에 관심이 없다. 저들이 하지 않으면 우리 손으로 바꾸자. 다른 이에게 요청할 것이 아니라 시장이 되어 내 손으로 바꾸자.'

그것이 정치인 이재명의 시작이었습니다.

그로부터 10년이 지난 2013년 11월, 저는 성남시장으로서 시립의료원 기공식 버튼을 눌렀고, 2017년 하반기에 드디어 성남시의료원이 탄생하게 되었습니다.

이제 성남시의료원은 코로나19 팬데믹 상황에서 공공의료의 한축을 담당하고 있습니다. 성남시의료원의 성공은 공공의료가 왜 필요한지 보여주는 사례라고 확신합니다.

국민의 생명과 안전을 지키는 게 국가의 가장 중요한 책무입니다. 돈보다 생명이 우선입니다. 공공의료 확대로 국가가 국민의 건강을 지키는 나라, 이윤보다 국민의 생명이 먼저인 나라 반드시 만들겠습니다.

이재명의 웹자서전 ep.2
별난 족속

2021.10.27.

둘째 형인 재영이 형은 어느 인터뷰에서 이렇게 말했다.

"경상도 사람들이 좀 무뚝뚝하잖아요. 우리 형제도 그랬어요. 나나 재선이는 물론이고 재명이보다 밑인 여동생이나 막내도 어머니에게 안기고 애교 부리고 그러질 못했어요.

그런데 재명이는 안 그랬어요. 재명이는 학교에 다녀오면 꼭 엄마, 하고 달려와서 살갑게 안겼죠. 그러니 어머니가 재명이를 아주 애틋하게 여겼어요."

"엄마~!"

학교에서 돌아오면 나는 언제나 엄마를 먼저 찾았다. 멀리 밭에서 김매던 엄마는 나의 호명을 접하면 호미를 쥔 채 일어나 기다렸다. 그다음 내가 할 일은 총알처럼 달려가 엄마 품에 꽂히는 것.

다시, 이재명

엄마 품은 푸근했고 좋은 냄새가 났다.

"도서실에서 재밌는 책 빌려왔어."

엄마 앞에서 나는 한없이 텐션이 높고 수다스러운 아이였다.

내가 독하게 일만 잘한다는 평이 많다는 걸 안다. 하지만 그건 내 일부이지 전부는 아니다. 누구나 그렇듯 외부에 드러나는 면모와는 다른 면이 내게도 있다.

사실 나는 살갑고 애교 많고 장난기도 많은 명랑한 성격의 소유자다. 믿기 어렵겠지만 그러하다. 그러하다고 주장하겠다. 또 앞으로 이야기를 통해 증명해 보일 생각이다. 다시 재영이 형이 덧붙인다.

"어머니와 재명이가 너무 살가워서 나머지 형제들은 우린 같은 자식 아닌가 싶어 섭섭해했죠."

손가락 중에서도 유독 사랑을 많이 받으려 드는 손가락이 있다. '배타적 사랑 독점권'이라고 하면 그렇고 어쨌든 성장하는데 좀 더 많은 사랑을 필요로 하는, 그래서 사랑받기 위해 최선의 노력을 다하는... 그런 '별난 족속'이 있는데 내가 딱 그 부류다.

평생 가장 열심히 하고 배워야 할 것 중 하나가 '사랑'이라 생각한다. 사랑은 경험이고 노력이며, 또 배우는 것 '학습'이다. 사랑은 표현한 만큼 자란다. 나는 환갑 가까운 나이지만 남들이 믿기 어려워할 만큼 아내와 장난치고 수다 떨며 논다. 내가 이렇게 살아오고 살 수 있는 것도 결국 엄마에게 넘치는 사랑을 받은 덕분일 거다.

　물론 아버지는 내가 검정고시 공부하고 있으면 전기 아깝다고 불을 끄고 버스비 아깝다고 시험 성적 확인하러 수원 가는 것도 막고... 그래서 너무나 원망스러웠지만 내게 그런 가족사만 있는 건 아니다.

　경제적 어려움이 감히 사람의 사랑을 훼방 놓는 일은 없어야 한다. 가난해서 불우한 가족, 가난해서 사랑을 포기하는 청년은 없어야 하는 것이다.

　그런 세상을 만드는데 보탬이 되는 것이 내 꿈이다. 이상적인가?

　하지만 그래야 마땅하지 않겠는가.

　전국의 삼식이 여러분... 삼식이 탈출이 이렇게 힘듭니다.

2021.10.30.

벌써 4년 전이군요.

　동상이몽에 출연하면서 삼시세끼 집에서 챙겨먹는 '삼식이' 별명이 생겼습니다. 어딜 가든 "아내 생각 좀 하고, 외식이라도 자주하라"는 충고를 들었지요.

　식사 준비를 비롯한 '집안 일'에 대해 새롭게 눈 뜬 고마운 시간이었습니다만, 그때 당시는 삼식이 오명을 벗어야겠다는 눈앞의 절박함(?)도 있었던 때입니다^^;

　무더운 7월 어느 날 아내와 퇴근 후 만나기로 약속하고 자주 다니던 집

앞 금호시장으로 갔습니다. 슬쩍 외식 인증샷 하나 찍어 아내 모르게 삼식이 비난 좀 탈출해보자는 심산으로 말이지요.

저는 출근 복장 그대로 '칼퇴'했고 아내는 편한 슬리퍼 차림으로 집 앞 마실을 나왔습니다. 금호시장 2층에 있는 밥집에서 복수제비를 먹고 인증샷도 찍었습니다. 제 계획대로 페북에 그 사진을 올리기도 했습니다.

우리 부부는 식사를 마치고 과일도 살 겸 지하층 전통시장을 둘러봤습니다. 당시 수퍼가 있던 자리에 지역커뮤니티 모임공간과 차이소라는 가게가 막 문을 열었었는데, 소위 조폭운영 매장을 방문했다는 사진은 이때 그곳을 구경하다 찍힌 장면입니다. 커뮤니티 공간 한켠에 해당 매장이 있었지요.

삼식이라는 말 안 들어보겠다고 외식하고 장 보던 장면이 조폭연루설 근거라니.. 요즘 참모들이 그토록 말리는 헛웃음을 참기 어렵군요.

한편으로는 이런 '국힘 정치공작'이 안타깝기도 합니다.

조폭연루설을 억지로 만들려고 국민의힘과 일부 보수언론이 신빙성도 없는 말을 침소봉대하고 있습니다. 국민의힘은 제게 20억 뇌물 준 차명계좌가 있다고 주장하는데, 그럼 계좌번호라도 대야지 시장 방문 사진이 무엇이며 관례적 축전 사진은 또 무엇입니까. 심지어 국민의힘은 마약사기범이 찍은 돌반지 수표 사진가지고 그걸 제게 준 뇌물이라며 조폭연루 허위주장을 하고, 보수언론은 이에 부화뇌동해 가짜뉴스를 양산합니다.

차근차근 뜯어 고치겠습니다. 현명한 국민 여러분만 믿고 뚜벅뚜벅 가겠습니다.

대신 오늘은 큰 교훈 하나 얻어 갑니다. 삼식이 탈출은 어려운 일이고, 한 번의 이벤트가 아닌 무던히 노력해야 가능하다는 것 말이죠.

이재명의 웹자서전 ep.4
엄마가 믿고 싶었던 점바치의 힘

2021.11.01.

고된 노동에 아홉이나 되는 아이들을 낳아 일곱이나 키웠기 때문이었을까? 어릴 적, 어머니가 내 생일을 잊어버린 적이 있다.

뭐 그럴 수도 있다고 생각한다. 애들 밥 굶기지 않는 게 중요하지 생일이라고 뭘 대단하게 챙겨줄 수도 없었으니... 음력 22일인가, 23일인가 헷갈리던 어머니는 고민 끝에 점바치(점쟁이)를 찾아 생일을 물어봤다.

그 일을 두고 다 커서는 이렇게 엄마와 농을 주고받곤 했다.

"엄마, 너무하네. 귀한 아들 생일도 잊어버리고..."

"이자뿐 게 아이라니까."

"그럼 점바치에게 왜 물어봐요?"

"확인 차 한 번 물어본 거라."

"아는 걸 확인하는데 그 귀한 겉보리를 한 되씩이나 갖다 바치시나요?"

어쨌든 겉보리 한 되에 우주의 기운을 모은 점쟁이는 내 생일을 23일로 확정했다. 문제는 이 점술가께서 내 생일을 정하며 팔자도 간명하게 정리했다는 것.

"애 잘 키우면 나중에 호강한다."

서비스로 했을 그 뜬금없는 말에 어머니는 반색했다. 그 얘기는 평생을 간 나에 대한 남다른 기대와 믿음의 가장 큰 원천이었다.

여기에 보태 먼 친척 되는 어르신 한 분도 나를 볼 때마다 이렇게 말했다.

"이놈, 귓불 자알 생겼다. 봐라, 성냥개비가 두 개나 들어간다. 크게 될 놈일세. 크게 되것어!"

엄마는 점바치와 어르신의 말을 믿었다. 아니 한 올 희망조차 갖기 어려운 현실 속에서 반복해서 새기고 되뇌는 것으로 그 말을 신앙으로 진실로 만들어갔다.

"니는 잘 된다 캤다, 아이가..."

엄마가 하는 그 말은 어느새 불가사의한 힘이 되어 내게도 세상이 던져준 유일한 '자기확신' 같은 것이 되었다. 상황논리로는 불가능한 도전을 내가 끊임없이 시도하는 의지와 용기의 원천이었다.

후에 성남시장이 되었을 때 시장실을 방문한 아이들마다 꿈이 무엇인지를 묻고 꼭 꿈을 이루라며 일일이 적어주곤 했다. 아이들에게 내 글이 확신의 도전의 근거가 되길 기원하면서...

신난 표정으로 그 한 장의 종이를 가슴팍에 품고 돌아가던 아이들의 모습이 눈에 선하다.

간절함은, 확고한 믿음은 꽤 힘이 세다.

상정하기 쉽지 않은 길을 걸어 여기까지 올 수 있었던 것도 막연하지만 나는 잘될 거란 믿음에 기반한 어쩌면 무모했을 도전 덕이다. 그리고 사실 그 믿음에 진정한 힘을 부여한 것은 점바치가 아니라 엄마다.

프레스에 손상당한 성장판 때문에 내 팔이 조금씩 휘어갈 때도 내 팔을 쓰다듬으며 스스로를 위로하기 위해 한 엄마의 점바치 얘기는 오히려 내게 위안이었다.

엄마는 혹여나 내 일상에 불운이 깃들 조짐이 보이면 점바치 말을 반복하는 것으로 불운 따위 원천봉쇄하려 했다. 남매 중에서도 가장 어린 나이에 공장생활을 시작했고 가장 많이 다친 넷째아들을 보며, 이 아이에겐 잘될 일만 남았을 거라는 믿음과 기대의 힘은 그 무엇보다도 강했다. 그런데 이제 보니 그건 그냥 엄마의 힘이었다.

이재명의 웹자서전 ep.6
열세 살, 목걸이 공장, 열두 시간의 노동

2021.11.05.

초등학교를 졸업한 직후, 3년 전 앞서 성남으로 올라간 아버지를 따라 나머지 가족도 모두 상경했다. 1976년 2월이었다.

당시 성남은 서울의 빈민가와 판자촌 철거로 떠밀린 주민들이 모여 살던 도시였다. 우리 가족은 화전민의 소개집에서 성남 상대원동 꼭대기 월세집으로 옮겨갔다.

이사할 때 내 손에 들린 짐은 책가방이 아니라 철제 군용 탄통이었다. 탄통 안에는 몽키스패너와 펜치, 니퍼가 담겨 있었다. 자전거를 수리하기 위한 도구와 부품들이었다. 당시 나는 자전거 수리에는 도가 터 있었다.

자전거를 보면 지금도 가슴이 설렌다. 사람 힘만으로도 굴러가는 그 얇고 둥근 두 개의 바퀴라니... 페달을 밟으면 세상이 내 안으로 흘러들어왔다.

어쨌든 내 출신성분은 공구로 가득했던 그날의 이삿짐만 보아도 분명했다. 시쳇말로 흙수저도 못되는 무수저. 당시 중학교도 못 다닐 정도의 집은 흔치 않았지만 우리집 형편은 그랬다. 더 이상 학교 다닐 일은 없었다.

열세 살, 월세집 뒷골목 주택에서 목걸이를 만드는 가내공장에 취직했다. 연탄화덕을 두고 빙 둘러앉아 염산을 묻힌 목걸이 재료를 연탄불 위에서 끓는 납그릇에 담가 납땜하는 일이었다.

종일 연탄가스와 기화된 납증기를 마셔야 했는데, 그러면 얼굴이 달아오르고 속옷이 흠뻑 젖었다. 늘 머리가 띵하고 어질어질했는데, 그때는 그것이 얼마나 치명적인 유해물질인지 알지 못했다.

월급은 3천 원. 쌀 한 가마니 값이 조금 안 됐다.

얼마 후엔 월급 만 원을 준다는 두 번째 목걸이 공장으로 옮겼다. 맞은편 창곡동으로 약 3~4킬로미터를 걸어 출퇴근 했는데 작업환경은 더 나빴다. 하지만 만 원이 어딘가! 아침 8시 30분에 출근해 밤 9시까지 하루 12시간을 일했다. 일이 밀리면 더 늦기도 했다. 퇴근길 9시 25분이면 전파사에서 흘러나오던 '내 마음은 호수요'로 시작하는 가곡이 지금도 귀에 들린다.

점심은 엄마가 싸준 도시락을 먹었고 집에 와서 늦은 저녁을 먹었다. 파김치가 되어 귀가하면 엄마가 밥상을 내왔다. 엄마는 밥그릇에 얼굴을 묻고 허겁지겁 밥을 먹는 나를 말없이 바라보고 있었다.

힘들었던가? 나는 자기연민에 빠질 틈이 없었다. 시장통 공중화장실을 청소하고, 휴지를 팔고 소변 10원, 대변 20원 이용료를 받던 어머니와 여동생이 더 아팠다.

맞다, 세상에서 나를 가장 사랑해주던 엄마는 그런 일을 했다. 엄마는 잠시도 자리를 비울 수 없어 끼니도 화장실 앞에서 때웠다. 집에서는 시멘트 포대를 털어 봉투를 접어 팔았다. 그런 엄마가 가여웠고 그런 엄마를 조금이라도 더 행복하게 해주고 싶어 안달했다.

열악하다는 말도 사치스럽던 공장, 장시간의 노동, 내 마음 아픈 구석이던 엄마와 동생들. 그 시절의 풍경과 그 구석구석의 냄새는 내 뼈에 새겨져 있다. 그런 건 세월이 흐른다고 지워지지 않는다.

다시, 이재명

잊히지 않는 아니 기억하려 애쓰는 삶의 경험 때문에 가진 게 없는 이들에게 이 세상이 얼마나 가혹할 수 있는지 안다. 경제적 어려움으로 극단적 선택을 하는 수많은 누군가의 사연을 들으면 한없이 조급해지는 것도 그 때문일 것이다.

덜 가진 사람, 사회적 약자에게 우리사회는 따뜻한 울타리가 되어주어야 한다. 그런 이들을 아끼고 보살피는 공동체여야, 우리가 사는 세상이 정글이나 헬조선이 아닌 행복한 보금자리일 수 있다.

지금 내가 하려고 하는 일, 하고 있는 일 모두 그 연장선에 있다. 그 일들은 선택의 문제가 아니어서 치열할 수밖에 없고 포기할 수도 없다.

이재명의 웹자서전 ep.19
약사의 잔소리

2021.12.06.

수면제를 20알이나 먹었지만 정신이 말똥말똥했다. 무슨 문제가 있는 것일까? 두 번이나 그러니 이상했다.

그때 별안간 다락방 문이 열렸다. 매형이었다. 매형은 연탄불을 보고는 상황을 금방 눈치챘다.

"처남, 오늘 오리엔트 면접날인데 왜 이렇게 누워있어?"

매형은 짐짓 연탄가스가 가득 찬 다락방 상황을 모른체했다. 그리고는 공장까지 따라오며 괜한 우스개를 늘어놓았다.

오리엔트에 도착하니 면접 볼 시간이 훨씬 지났는데도 수위장이 사무실로 들어가게 해주었다. 아버지가 수위장에게 건넨 3천 원이 효능을 발휘하는 모양이었다.

머뭇거리고 있는데 문득 매형이 내 굽은 팔을 어루만졌다.

"내가 처남 팔 고쳐줄게. 걱정하지 마."

누나네는 우리 집보다 더 가난했다. 변변한 직업도 없이 과일행상을 하는 매형에게 그럴 돈은 없었다. 그래도 그렇게 말해주는 매형이 눈물겹게 고마웠다.

자꾸 눈물이 나려 했다. 그즈음 나는 툭하면 눈물이 났다.

오리엔트에 결국 합격했다. 그건 대학진학의 완전한 포기를 의미했다. 돌아보지도 않을 생각이었던 오리엔트에 나는 고개를 숙이고 다시 들어갔다. 삶은 호락호락하지 않았다.

수면제를 먹었는데도 왜 잠들지 않았을까? 나는 이윽고 약사에게 속았음을 깨달았다. 그렇지 않고서야 20알씩이나 먹고서도 멀쩡하게 면접을 보러 갈 수는 없었다. 웬 어린놈이 수면제를 달라하니 상황을 짐작한 약사는 소화제 같은 것을 잔뜩 줬던 것이다.

동네약국의 그 약사를 생각한다. 약사는 폭풍 잔소리를 해댔지만 어쩌면 속으로는 이렇게 말하고 싶었을지도 모르겠다.

다시, 이재명

'애야. 서럽고 억울하고 앞날이 캄캄해 죽을 만큼 힘들어도, 삶이란 견디면 또 살아지고, 살다보면 그때 죽고 싶었던 마음을 웃어넘길 수 있을 만큼 편안하고 좋은 날도 올 거란다. 그러니 힘을 내렴.'

결국 우리를 살게 하는 건 서로를 향한, 사소해 보이는 관심과 연대인지도 모른다.

약사는 처음 보는 나를, 세상 슬픔은 다 짊어진 듯한 표정으로 생을 끝장내려고 하는 소년을 모른 척하지 않았다. 팔을 고쳐주겠다던 내 가난했던 매형의 말도 진심이었을 것이다.

누구도 홧김에 스스로 죽음을 선택하지는 않는다.

극단적인 선택을 하는 사람이 단 한 명도 없는 세상이 불가능하지만은 않을 것이다. 생이 벼랑 끝에 몰릴 때, 듬직하게 기댈 수 있는 사회이길 희망한다.

이재명의 웹자서전 ep.20
어떻게 엇나가지 않았느냐는 질문에 관하여

2021.12.08.

누군가 묻는다. 신기하다고... 가난했고, 초등학교 졸업하자마자 공장에 다녔고, 자주 두들겨 맞았고, 팔도 다치고 후각도 잃었으며, 심지어 공부도 못하게 하던 아버지가 있었는데 어떻게 엇나가지 않았느냐고...

흔히 소년공들이 그런 것과 달리 나는 술, 담배도 하지 않았다. 공장 회식 때도 술을 마시지 않았다. 가출을 한 적도 없고 비행을 저지른 적도 없다. 월급을 받아 빼돌린 적도 거의 없이 아버지에게 고스란히 가져다주었다.

어떻게 일탈하지 않았느냐는 질문은 낯설다. 스스로에게 한 번도 그런 질문을 해본 적이 없다. 대답을 하려 들면 생각은 결국 강이 바다로 흘러가듯 엄마에게 맨 먼저 달려간다.

넘치게 사랑해주던 엄마가 있었으니 일탈 같은 선택지는 아예 존재하지 않았다. 어린 마음에도 엄마를 기쁘게 해주는 일이 가장 우선이었다.

열다섯 살 때 한 번은 한 달 월급을 고스란히 약장수에게 바친 일이 있다. 점심시간에 공장마당에서 차력을 선보이는 약장수에게 홀딱 넘어간 것이다. 만병통치약이라는데 엄마의 증상과 딱 맞아떨어졌다. 이 좋은 약을 돈이 아까워 엄마에게 안 사준다면 평생 후회할 것 같았다.

그렇게 약을 사서 보무도 당당하게 귀가했다. 나는 그 일로 그렇게 혼쭐이 날 줄 몰랐다. 한 달 월급을 몽땅 바쳤으니 아버지가 화가 날 만도 했다. 그 길로 이틀을 집에도 못 들어가고 우리집과 뒷집 담벼락 사이에서 잤다.

공장에 다니면서 돈을 탐낸 적도 없다. 검정고시 준비할 때 용돈만으로는 책과 학용품을 살 수 없어 월급에서 몇 천원, 오리엔트 퇴직금에서 얼마, 그렇게 한두 번 삥땅을 쳤을 뿐이다. 용돈으론 학원 갈 버스비도 부족했다.

공부를 포기하고 다시 오리엔트 공장에 들어갔을 땐 다시 월급을 고스란히 아버지에게 건넸다. 공부에 쓸 게 아니라면 내게 돈은 의미가 없었다.

그즈음 하루는 엄마가 말했다. 그동안 내가 엄마에게 맡긴 돈이 5만원이라고... 그 와중에도 용돈을 아껴 엄마에게 맡기곤 했던 것이다.

5만 원은 한 달 월급에 이르는 큰돈이었다. 고민됐다. 평소에 카메라가 갖고 싶긴 했다. 찰나의 순간을 사로잡아 오래도록 기억하게 해주는 마법 같은 도구.

하지만 대입을 포기했으니 출세해서 엄마 호강시켜드리겠다는 결심도 물거품이 된 상황이었다. 엄마에게 금가락지를 해주자는 생각이 들었다. 물론 카메라를 포기하자니 아까운 생각도 들었다. 일기장에는 그때의 번민이 고스란히 기록돼 있다.

아까워? 에이, 도둑놈아! 은혜도 모르니? – 1980. 8. 30

나는 결국 엄마의 손에 가느다란 금가락지를 끼워드렸다. 엄마는 처음에 엉뚱한 데 돈을 썼다고 펄쩍 뛰었지만 어느 날 이렇게 말했다.

"재맹아, 내는 이 가락지 끼고 있으먼 세상에 부럽은 것도, 무섭은 것도 없데이."

엄마는 슬프고 힘든 일이 있으면 손가락의 금가락지를 매만졌다. 그런 엄마를 보면 마음이 짠했다. 그리고 돈이 어떻게 쓰일 때 가장 빛나는지 알 것 같았다.

어떻게 엇나가지 않았느냐는 질문에 뭐라고 대답해야 할까. 모르겠다. 일탈조차도 사치였던 삶이라고 할까...

누구나 사는 게 너무 힘들어 잠시 엇나가더라도 멀리 가지는 마시라. 어딘가는 반드시 그대가 돌아오기를 기다리는 사람이 있을 것이다.

이재명의 웹자서전 ep.24
약자들에게 힘이 되어 보겠다

2021.12.17.

아버지가 하루는 내가 받게 될 특대장학금에 대한 얘기를 꺼냈다. 재선이 형 대입 학원비를 자신이 댈 터이니 월 20만원의 특대장학금을 맡기라는 것이었다.

이전에 재선 형은 나와 같이 대입 검정고시를 봤다. 중장비 정비자격증을 따고 부산 근처의 원자력발전소 건설현장에서 일하던 중에 시험을 본 것이다.

공부하기에 나보다 더 열악한 상황이었다. 형은 시험 보기 이틀 전 집에 와서 밥을 먹으면서도 공부를 했고, 그렇게 시험을 통과했다. 이항정리와 포물선을 가르쳐준 것도 나였다. 이제 재선 형은 앞서 내가 그랬던 것처럼 학원에 다니며 대입을 준비할 참이었다.

특대장학금을 맡기라는 아버지의 말에 나는 펄쩍 뛰었다.

"싫어요. 집에서 어떻게 공부를 하고 학교를 다녀요? 장학금으로 서울에 방 얻어서 재선 형이랑 공부할 거예요. 재선 형 학원비도 제가 낼 거구요!"

나는 형이 8개월 간 돈 걱정 없이 마음껏 공부할 수 있도록 확실하게 밀어줄 참이었다. 하지만 집 한 채 마련하는 일에 몰두하는 아버지를 생각하면 재선 형에게 학원비를 충분히 줄 것 같지 않았다. 내가 마지막으로 오리엔트 공장을 다니며 3개월 월급을 모아 학원비를 댔던 것처럼, 장학금으로 형의 미래에 투자할 생각이었다. 재선 형도 공부하면 잘될 거라는 확신이 내겐 있었다.

그렇게 버티자 아버지도 특대장학금 얘기는 더 이상 꺼내지 않았다.

특대장학생으로 법대에 들어갔다는 소문을 들은 친척과 이웃들은 내가 마치 판검사가 된 것처럼 받아들였다. 졸지에 사법고시 보는 것이 당연해지고 있었다. 법대 가면 사법고시를 보는 게 일반적이라는 것은 대학에 붙고 나서 알았다.

이제 어떻게 할 것인가?

매 맞는 노동자로 살기 싫어 시작한 공부였다. 이제 그런 일은 없을 것이었다. 하지만 문득 아직도 공장에 남아있을 아이들이 떠올랐다. 내게 최초로 유행가를 가르쳐주었던 나보다 어렸던 소년공도…

함께 새벽까지 일하고 공장바닥에서 유행가를 흥얼거릴 때 우리는 친구였다.

문득 그런 힘겨운 나날을 보내야 하는 사람이 더 이상 없었으면 하는 마음이 일었다. 그리하여 입학식을 앞둔 82년 2월의 어느 밤, 나는 일기장에 이렇게 적었다.

－어차피 시작한 것, 사법고시에 합격하여 변호사로 개업하겠다. 그래서 약한 자를 돕겠다. 검은 그림자 속에서 고생하는 사람들에게 빛이 되어 보겠다.

약자에게 힘이 되어 보겠다는 결심은 막연했지만 마음에 들었다.

오늘, 이재명 1

2022.02.15.

어떤 기억은 갈수록 생생해지고 또렷해집니다.

너무 슬퍼하지 마라. 삶과 죽음이 모두 자연의 한 조각이다.

당신은 그리 말씀하셨습니다.

살면서 여러 번 장례식장의 빈소를 지켰습니다.

너무 슬프면 눈물조차 나지 않는다는 것을 검은 상복을 입고서야 알았습니다. 이별 앞에서 맘껏 슬퍼할 수 있었으면 좋겠습니다. 억울하고 서러워서 가슴 때리며 우는 일은 없었으면 좋겠습니다.

세상에는 참 많은 노무현이 있습니다.

다시, 이재명

유세 첫 날 부산, 모두가 잘 사는 세상을 꿈꾸며, 행동하는 양심과 깨어 있는 시민들을 만났습니다.

그 사람의 이름은 모르지만, 그 사람들의 내일이 무탈하기를 바라면서 오늘은 당신이 즐겨 부르던 노래를 되뇌며 잠들려 합니다.

"우리 가진 것 비록 적어도 손에 손 맞잡고 눈물 흘리니

우리 나갈 길 멀고 험해도 깨치고 나아가 끝내 이기리라."

- 유세 첫 날, 부산에 다녀와서

오늘, 이재명 2

2022.02.16.

아무래도 큰 빚을 진 것 같습니다.

어제오늘 유세 현장에서 많은 청년들을 만났습니다.

만 18세 청년 유권자, 청년 농부, 충남대학생, 그리고 서울의 강남에서는 청년 뮤지션과 젊은 직장인들의 뜨거운 목소리를 들었습니다.

2013년으로 기억합니다. 비정규직들의 해고 소식이 하루가 멀다고 들려오던 그해 겨울, 어느 대학생이 우리에게 물었습니다.

"안녕들, 하십니까?"

그의 뼈아픈 외침은 일파만파 퍼져나갔습니다.

세대를 뛰어넘어, 지역을 뛰어넘어 모두가 그에 응답했습니다.

그 사이 세상은 얼마나 달라졌는지 물어온다면 차마 할 말이 없습니다.

안녕하시냐는 평범한 인사마저도 빈말처럼 들릴까, 걱정이 먼저 앞섭니다.

불안정한 국민의 안녕을 먼저 물어봐 준, 이제 30대가 된 그들을 오늘 다시 만났습니다.

'대한민국 곳곳에 청년이 살아 숨 쉬는 나라를 만들어 달라', '혼자서 아무리 열심히 일해 봤자 정규직의 울타리에 들어가기란 쉽진 않더라', '위기는 국민이 겪는데, 위기로 얻은 기회는 기득권의 자식들이 빼앗아가더라', '꿈이 꿈으로만 남는 부당한 세상에서 희망은 배워서 얻는 게 아니'라던 그 말들이...

나의 십대를, 나의 이십대를 아프게 일깨웠습니다.

누가 희망을 가르칠 수 있겠습니까.

"안녕들, 하십니까."

검은 매직으로 커다란 글씨로 써내려간 그 문장이 온종일 눈앞에서 떠나지를 않습니다.

빚지고는 못 삽니다. 평생 누구의 아들, 누구의 동생, 누구의 오빠가 아닌 이재명으로 살았습니다. 대한민국 사람, 이재명으로 살았고 앞으로도 그리 살 겁니다.

개천에서 용이 난다지만 과거를 기억하지 못 하면 개구리가 됩니다. 올쟁이 시절을 나 몰라라 하면, 용의 허울을 쓴 개구리에 불과합니다.

내 안에는 여전히 세 달치 월급을 떼여 전전긍긍하던 소년공이 있습니다. 법대생이 되었지만 한자를 몰라서 당황하던 검정고시 출신 새내기가 있습니다. 검사가 되어 출세하기 보다는 인권변호사의 길을 선택한 이재명이 있습니다. 그 모든 이재명을 끌어안고 개천의 작은 물길에 배 한 척 띄우겠습니다.

노잡이가 되어 넓은 바다로 가야겠습니다.

여전히 안녕하지 못한 우리들에게 5년 후 이맘때 그 바다에 닿으면 누구보다 먼저 묻겠다고 다짐합니다.

그동안 안녕하셨지요, 꼭 인사하겠습니다. 밝은 웃음의 화답을 기대하면서...

– 유세 둘째 날, 청년을 품겠다 다짐하며...

오늘, 이재명 4

2022.02.18.

오늘 저녁, 광주에 갑니다.

순천과 목포를 거쳐 나주의 영산강을 거슬러 광주에 갑니다.

"역사를 바르게 배운 사람만이 원칙을 지킨다" 하셨던 김대중 대통령님의 말씀을 안고 광주에 갑니다.

1980년 5월, 바리케이드로 가로막혀 있던 그 길을 갑니다.

'역사를 바르게 배운 사람'은 그 길에서 총성을 듣습니다.

'역사를 바르게 배운 사람'이 그 길에 서면, 총상을 입은 것처럼 가슴이 아픕니다.

김대중 대통령님은 다섯 번의 죽을 고비를 넘기고서야 대한민국의 15대 대통령이 되셨습니다.

결코 정치 보복만은 하지 않겠다, 약속하셨습니다.

전두환 씨는 끝끝내 진심 어린 속죄를 하지 않았습니다.

대신 우리는 총탄 자국 선연한 전일빌딩을 지켰습니다.

매일 오후 5시 18분이 되면 임을 위한 행진곡을 노래하는 광장의 시계탑을 지켰습니다.

용서야말로 가장 큰 벌입니다.

우리는 기만과 거짓으로 얼룩진 한 사람의 비참한 말로를 보았습니다.

대한민국은 그에게 마지막 안식처를 허락하지 않았습니다. 그런데도 여전히 보이지 않는 바리케이드들이, 총성 없는 무기들이 가까이 있습니다.

한낱 복수에 대한 욕망으로 세상을 전쟁터로 만드는 사람에게 말하고 싶습니다. 사람은 사람을 심판할 수 없습니다.

김대중 대통령님의 아픈 다리와 저의 굽은 팔은 복수를 부추기는 원한으로 남지 않았습니다.

그 누구도 상처받지 않기를 바라는 염원으로 남아있습니다.

"역사는 시간 앞에 무릎을 꿇는다. 시간이 지나면 역사의 진실을 알게 될 것이다."

김대중 대통령님의 말씀이 옳았습니다.

역사의 물길을 서슬 퍼런 정의의 바다로 밀어붙이는 잔물결의 힘으로 평화 민주주의 공화국을 지키겠습니다.

오늘, 이재명 5

아픈 손가락

2022.02.22.

살다보면, 누구에게나 아픈 손가락이 있습니다.

청소노동자로 살다가 세상을 떠난 동생, 재옥이는 저의 가장 아픈 손가락입니다.

끝끝내 화해하지 못하고 떠나보낸 셋째 형님도 그렇습니다.

돌아가신 아버지, 어머니는 어찌 말로 표현하겠습니까.

가족의 일은 온전히 제가 감당할 몫이지만 공적영역에서 만들어진 아픔은 해소하기가 참 어렵습니다.

제게 정치적으로 가장 아픈 부분은 노무현, 문재인 대통령님을 사랑하는 분들의 마음을 온전히 안지 못한 것입니다.

2017년 경선, 지지율에 취해 살짝 마음이 흔들렸습니다.

과도하게 문재인 후보님을 비판했습니다. 두고두고 마음의 빚이었습니다. 아직도 제가 흔쾌하지 않은 분들 계신 줄 압니다.

그러나 제게 여러분이 아픈 손가락이듯 여러분도 저를 아픈 손가락으로 받아주시면 좋겠습니다.

3월이 머지 않았습니다.

5월이 머지 않았습니다.

5월 노무현 대통령님 13주기, 문재인 대통령님과 손 잡고 대한민국 20대 대통령으로 인사드리고 싶습니다.

– 선거운동 한 주를 마무리하며...

오늘, 이재명 6
국민을 믿는다는 것

2022.02.23.

자베르를 아십니까.

생계형 범죄자였던 장발장을 평생 동안 쫓았던 경찰, 바로 그 자베르. 코로나 팬데믹이 시작되던 2020년 봄, 굶주림을 이기지 못해 달걀 18개를 훔친 47살의 일용직 노동자, 우리는 그를 코로나 장발장으로 기억합니다.

그가 훔친 달걀 값은 고작 5천원이었습니다.

검찰은 빵과 달걀을 훔치지 않고도 살 수 있는 방법을 알려주는 대신 징역 18개월의 실형을 선고했습니다.

아마도 우리 사회의 자베르들에게 기회란 자격을 갖춘 자들에게만 허용되는 특권에 불과했던 모양입니다. 그래서 생존의 위기에 몰린 사람 누구나 그냥 와서 먹거리를 가져갈 수 있는 센터를 만들자 제안했습니다.

공짜로 주면 필요 없는 사람도 와서 가져갈 거다.

하루도 안 가 먹거리가 동이 날 거다.

담당 공무원들이 반대를 하더군요.

그렇지 않을 것이다.

그러나 열에 아홉 필요 없는 사람이 가져가더라도 단 한 명, 단 한 명만이라도 이곳의 먹거리로 생을 이어갈 수 있으면 그것이 좋은 나라 아닌가.

우리 대한민국이 그 정도의 나라는 되지 않았는가.

저는 국민을 믿었습니다.

우리 국민의 자존을 믿었습니다.

심사와 신청이라는 절차 없이 먹거리를 나눠드리는 '경기먹거리그냥드림코너'의 출발은 이러했습니다.

결과는 놀라웠습니다.

불필요한 분들 오지 않으셨습니다. 찾아 오시는 분보다 더 많은 분들이 더 많은 먹거리를 기부해 주셨습니다.

국민에 대한 저의 믿음도 더욱 두터워졌습니다.

때로 정치를 하면서 국민보다 못한, 한없이 모자른 정치의 민낯을 목도하곤 합니다. 국가의 역할, 사법의 역할이 자베르여야 할까요?

우리 사회에 더는 자베르가 없기를 바랍니다.

죄를 짓지 않고도 살 수 있는 사회, 그런 사회만이 이런 우리 국민에게 어울리는 나라입니다.

– 코로나 확진자 17만을 넘어선 날…

오늘, 이재명 7
대통령다움이란

2022.02.24.

이재명은 성남시장일 때 시장다웠다.

경기도지사일 때 도지사다웠다.

대통령일 때 대통령다울 것이다.

어느 지지자께서 해주신 말씀입니다.

뿌듯함에 어깨가 으쓱여 유세장에서 종종 말씀드리곤 합니다.

그러다 문득, '대통령다움'이란 뭘까 하는 물음에 생각이 닿았습니다.

물론 세상 근본적인 변화의 주체는 두말할 나위 없이 국민, 민중입니다.

그 국민의 뜻을 '대통령들의 대통령다운 결단들'이 이행할 때 세상은 조금 더 빨리 진일보해왔습니다.

세계 역사상 가장 위대한 대통령의 결단은 링컨 대통령의 노예 해방 선언일 것입니다. 사람의 신분을 없앤 위대한 선언이라 생각합니다.

1998년, 김대중 대통령은 일본 대중문화 개방을 결사반대하는 이들에게 "결코 두려워 말라"라고 말씀하셨습니다.

대한민국의 유서 깊은 문화가 일본의 대중문화에 잠식당할 리 없다는 대통령님의 확신에는 우리 문화에 대한 높은 자긍심, 국민에 대한 두터운 신뢰가 있었습니다.

그로부터 20여 년이 흐른 지금 우리는 김구 선생님이 그토록 바라던 '높은 문화의 힘'을 가진 문화강국의 주인이 되었습니다.

일본과의 비교는 굳이 하지 않아도 되겠지요.

노태우 대통령은 주위 냉전론자들의 반대를 뚫고 북방외교를 실현했습니다. 어찌 보면 문재인 정부의 신남방·신북방 정책의 초석은 노태우 대통령이 깔아 놓은 것이라 할 수 있겠습니다.

김영삼 대통령은 집권의 토대가 되었던 하나회를 없앴습니다.

주위 주류 관료들의 반대를 뚫고 금융실명제를 실시해 우리 경제의 체질을 바꿨습니다.

노무현 대통령도 지지자들의 반대를 무릅쓰고 한미 FTA를 체결하고, 이라크 파병을 결정했습니다.

다행스럽게도 우리나라 근현대사를 이끈 대통령들의 결단은 진보보수를 망라하고 대체로 오늘의 대한민국을 만드는데 긍정적 기여를 했습니다.

물론 몇몇과 몇몇의 결단은 그렇지 않지만 말입니다.

현재 저의 정확한 직업은 '대통령이 되고자 하는 구직자'입니다.

국민께서 권한을 위임해 주셔서 대통령이 된다면 어떤 결단들에 직면하게 될까요.

기대도 되지만 두렵지 않다고 하면 거짓말일 것입니다. 결단이라고 하는 것이 대체로 이해당사자들은 당연하고 때로는 지지자들의 반대를 동반하기 때문이기도 하고 결과를 속단할 수 없는 위험부담을 감내해야 하고 그 결과가 미치는 영향은 너무나 크고 방대하기 때문입니다.

아직 예측할 수 없지만 정확한 한 가지 원칙은 분명히 지켜야겠다 다짐합니다.

오직 국민의 삶, 나라의 미래에 유익한 결정만 하자.

당장의 유불리, 내 편 네 편, 임기 5년 치적 욕심을 버리자.

충주에서 원주로 가는 충원대로, 서울로 서울로 사람과 자원이 집중되는 상황에서 균형발전을 꿈꿨던, 지역을 생각했던, 그래서 원주 혁신도시의 토대를 닦은 노무현 대통령의 결단을 생각합니다.

－충원대로에서...

다시, 이재명

오늘, 이재명 9

참 아쉬운 공약, 남부수도권 구상

2022.02.27

이번 선거를 치르면서 나름 정책 준비를 많이 했습니다.

준비한 정책이 국민들께 큰 환영을 받으면 기분 좋지만 심혈을 기울여 준비했는데 결과가 신통치 못하면 낙심하게 됩니다.

그 중에 제일 아쉬운 것이 남부권을 제2의 경제수도로 만들자는 남부수도권 구상입니다.

영호남을 묶어 인구 2000만의 세계적 경쟁력을 갖춘 경제특구로 만들자. 그래서 수도권과 충청, 강원을 잇는 중부수도권과 경쟁하게 하자.

통일이 되면 북한도 하나의 경제권을 만들어 통일한국을 인구 2000만 이상의 세계적 경쟁력을 갖춘 세 개의 경제블럭이 있는 역동적인 경제구역으로 만들자.

처음 이 구상을 접하고는 가슴이 뛰었습니다.

이 구상의 모태는 미국 워싱턴에서 뉴욕을 잇는 400Km 초광역 경제권입니다.

미국 동부권이 세 개나 있는 대한민국 얼마나 멋진가.

우리 국민의 열정과 도전정신이면 못할 것 없겠다.

영호남을 경제로 묶어내면 고질적인 지역주의도 극복할 수 있겠다.

김대중 노무현 문재인 대통령이 꿈꿨던 균형발전의 최종 완결판이 되겠다.

살짝 흥분도 되었습니다.

누가 저에게 다른 사람이 대통령 되더라도 꼭 갖다 썼으면 좋겠다 싶은 공약이 뭐냐고 하면 당연히 이 공약을 꼽을 것입니다.

그러나 당내 반응, 지역의 반응은 나름 뜨겁습니다만 아직 국민 전체에 가 닿기에는 아쉬움이 많습니다.

오늘도 영남에 가서 열심히 말씀드렸지만 얼마나 반향이 있을지 잘 모르겠습니다. 전혀 새로운 제안에 당혹스러움도 있는 것 같고 상상이 잘 안되는 것 같습니다.

그러나 언제나 창의적이고 혁신적인 제안은 익숙한 것과의 결별에서 시작됩니다.

초와 호롱불을 버리고 전기를 받아들였듯이 우마차를 버리고 자동차를 받아들였듯이 말입니다.

다시 생각해 봅니다.

10년 후, 20년 후에도 지금처럼 서울로 수도권으로 몰려들어서 높은 집값으로 인한 주거 불안, 과밀로 인한 삶의 질 저하의 고통을 이어가는 것이 대한민국의 미래가 되어야 할까?

일자리 때문에 교육 때문에 가족이 뿔뿔이 흩어져 사는 대한민국을 그대로 이어가야 할까?

경부선, 호남선 상행선으로 서울로 몰려오는 것이 아니라 영호남 횡축선으로 1시간대에 동서를 오가며 경제활동을 펼치며 전국토에 활력이 넘쳐나는 대한민국을 만들어야 하지 않을까. 그래야 우리 후대가 지금보다는 조금 더 행복하지 않을까.

아무리 생각해도 후자가 더 좋은 것 같습니다. 아직은 시간이 있다 생각합니다.

대한민국 경제지도를 바꾸는 꿈, 국민 여러분이 살고 계신 지금 그곳을 서울처럼 경제·문화 인프라가 튼튼한 지역으로 만들어보겠다는 꿈, 아직은 더 품고 말씀드리려 합니다.

국민 여러분께서도 관심 가지시고 한번 잘 살펴봐 주시면 좋겠습니다.

– 영호남 횡단 고속철도 유세를 꿈꾸며...

오늘, 이재명 10
어머니, 아버지 잠들어 계신 안동을 향하며...

2022.02.28.

어머니 기일이 2주 뒤로 다가왔습니다.

아버지와 함께 계신 안동에 가고 있지만, 인사는 드리지 못할 것 같습니다.

어느덧 벌써 2년입니다.

평생을 이경희의 아내로, 이재명의 어머니로 사시며 때때로 가슴 아픈 일로 정치적 호출을 당해야만 했던 어머니, 세상 모든 어머니가 그러하듯 그저 평생을 사랑으로 인내로 품어주셨던 어머니, 그래서 세상 모든 자식에게 그러하듯 제게는 백점, 아니 만점이었던 어머니.

제 어머니 존함은 구호명입니다.

문득 나는 어머니께 몇 점짜리 아들이었을까 하는 생각이 스칩니다.

자식에게 점수를 매기는 어머니는 없겠지만 제가 매겨본다면 과히 좋은 점수를 주기는 어려울 것 같습니다.

자식의 정치적 성취보다 화목한 가정을 더 바라시지 않았을까.

저라도 그럴 것 같습니다. 정치에 뛰어들어서 겪지 않아도 될 일을 감내하시게 했습니다. 늘 가슴 졸이는 아픔을 드린 것 같아 죄송한 마음 큽니다.

대선이 끝나는 주 일요일, 찾아뵙겠습니다.

어떤 결과를 가지고 가든, 어린 시절 김매시다 일어서서 제가 품에 안길 때까지 기다려주시던 어머니 그대로이겠지요.

아마도 좋은 결과로 찾아뵈어도 또 다음을 노심초사 걱정하실 어머니이지만, 좋은 성적표 들고 찾아뵈면 더 기뻐하지 않으실까 싶습니다.

어쩌면 어머니와 나의 서사를 이토록 그대로, 잘 담았을까.

어머니를 생각하면 떠오르는 노래 찔레꽃, 오늘 밤엔 긴 노래지만 찔레꽃을 부르며 어머니를 맘껏 추억해야겠습니다.

– 어머님 계신 안동을 향하며...

오늘, 이재명 11
정치를 하는 이유, 인간의 존엄함

2022.03.04.

오늘, 사법연수원 시절, 조영래 변호사님 시보로 일하며 인권변호사의 꿈을 키웠던 소공동에서 사전투표를 했습니다.

촛불의 열기 가득했던 광화문, 시청대로를 지나며 정치의 초심을 생각합니다.

소년공 시절, 제가 다니던 공장에는 지방에서 올라온 미성년 여공, 소년공들이 많았습니다. 그저 김 양과 이 양으로만 불리던 그들의 삶을 저 역시 똑똑히 기억하고 있습니다.

가혹한 노동환경과 언어폭력이 일상화된 공장에서 어린 여공과 소년공에게 자기결정권은 허락되지 않았습니다. 가족 부양의 의무를 짊어진 어린 희생양들을 보호해줄 사회 안전망은 전무했습니다.

집밖에서는 김 양과 이 군으로, 집안에서는 효녀와 효자라 불리며 우리는 창백한 얼굴과 작은 키의 어른으로 자라났습니다.

지금 이 순간에도 김 군, 이 양으로 불리고 있을지 모를 수많은 비정규직, 계약직, 불안정한 노동자들을 생각합니다.

중대재해법의 계기가 된 김용균 님, 군대 내 성폭력 피해로 유명을 달리하신 이예람 중사님, 어느덧 1주기를 지난 변희수 하사님, 이제 더 이상의 비극은 없어야 합니다.

차이가 차별을 낳아서는 안 됩니다.

남성과 여성을 가르고, 세대와 지역을 나눠 갈등과 분열, 증오를 부추기는 이분법적 사고는 우리의 유한한 삶을 전쟁터로 내몰 뿐입니다.

신분과 계급, 성별과 국적, 인종과 종교를 포함한 우리 사회의 모든 차별에 맞서는 단 하나의 힘은 인간의 존엄함뿐입니다.

저는 결코 인간의 존엄함과 숭고함을 저버리지 않을 것입니다.

그럴 때 다양성이 인정되는 진정한 국민통합의 대한민국을 만들 수 있을 것입니다.

– 사전투표를 마치고 강원도를 향하며...

오늘, 이재명 12
더 경청하겠습니다. 함께 고민하고, 함께 해법을 찾겠습니다.

2022.03.06.

저를 위해 마스크를 벗고 찬조연설을 해주신 박지현 위원장, 여러 커뮤니티에 달린 댓글을 보았습니다.

격려의 말들보다 '이제 신변위협으로부터 박지현을 지켜주어야 한다'는 호소가 더 많아 보였습니다.

여성 인권 활동가가 신변의 위협을 무릅쓰며 마스크를 벗어야 하다니요.

세계 민주주의 모범국가인 대한민국에서 어떻게 이런 일이 벌어질 수 있는지 너무 안타깝습니다.

누군가는 세상이 바뀌었다고, 시대가 바뀌었다고 합니다.

능력주의를 내세우며, 이제 차별 같은 건 없으니 동일한 출발선에 세워놓고 달리기를 시키는게 공정이라고 주장합니다.

그러나 이 숫자를 보십시오.

5, 9, 45, 어떤 숫자라 생각하십니까?

국내 상장법인 여성임원 비율 5.2%, OECD 국가 중 유리천장지수 9년째 꼴찌, 여성노동자 중 비정규직 비율 45%, 이것이 대한민국 성평등의 현주소입니다.

여전히 많은 여성이 면접에서 결혼이나 출산계획에 대한 질문을 받고 있습니다.

직장을 포기할 수 없어, 결혼과 출산을 포기하기도 합니다.

누적된 임금과 대우에서의 차별 또한 여전합니다.

아프지만 우리가 외면해서는 안 되는 현실입니다.

이 고통을 해결하는 것은 전적으로 정치의 몫입니다.

그 방법은 갈등을 조정하고 통합하는 것이어야 합니다.

여가부 폐지, 무고죄 처벌 강화, 자극적인 언사로 증오와 혐오를 격화시키는 것은 정치가 갈 길이 아니라고 믿습니다.

더 두려운 것은 사실과 다른 맹목적 선동이 버젓이 행해지는 것입니다.

여성전용 예산이 아님에도 '성인지 감수성 예산 줄여서 핵위협 막자'는 윤석열 후보의 발언이 그렇습니다.

여성과 남성을 편가르고, 안보포퓰리즘에 반북정서까지 더하는 나쁜 정치의 전형입니다.

여전히 여성의 고통을 다 알지 못합니다.

노력하고 있습니다만 가부장제의 잔재도 남아있을 것입니다.

그러나 부족함을 인정하고 끊임없이 경청하고 함께 고민하고, 함께 해법을 찾겠습니다.

이 글이 또 다른 논란을 불러올지 모르겠습니다만, 그렇게 하는 것이 여성뿐 아니라 모든 국민을 위해 좀 더 유용한 도구가 되는 길이라 믿습니다.

오늘, 이재명 13

세모△사회, 마름모◇사회, 어떤 사회가 더 좋은 나라일까요?

어느덧 봄이 오고 있습니다.

그러나 여전히 혹독한 겨울을 보내고 있는 청년세대를 생각합니다.

아무리 발버둥쳐도 제가 꼰대세대임을 부정할 수 없고, 청년들을 온전히 이해한다고 말하는 것은 오만일 것입니다.

그저 제가 할 수 있는 최선을 다하는 것, 청년들의 말을 듣고 이해하려 노력하고자 합니다.

오늘은 그런 맘으로 제 젊은 시절을 돌아보았습니다.

우리 세대는 그래도 기회가 있는 삶을 살았습니다.

'하면 된다', '잘 살아 보세'는 개인과 국가의 신조였습니다.

마을마다 설치된 큰 확성기는 아침마다 주문을 반복했습니다.

'새벽종이 울렸네, 새 아침이 밝았네, 너도나도 일어나 새 마을을 가꾸세' 그리고 마침내 그 주문은 마법처럼 현실이 되었습니다.

그랬습니다. 근검절약성실!

열심히 일하면 따박 따박 월급이 올랐고, 10년, 20년 아껴 쓰고 저축하면 내 집 한 칸 장만할 수 있었습니다.

요즘 청년들을 만나면서 가장 많이 듣는 얘기는 "미래를 말하는 것은 사

233

치"와 같은 체념입니다.

'하면 될까?' '잘 살 수 있을까?', '10년, 20년 아껴 쓰고 저축하면 내 집 장만할 수 있을까?'라는 질문을 하는 것 조차도 사치스럽게 느껴지는 것이죠.

누구의 말처럼 120시간을 일해도 결과가 달라지지는 않으니까요.

언젠가 지인 교수가 해준 말이 기억납니다.

세모△사회, 마름모◇사회, 어떤 사회가 더 좋은 나라인가?

우리 세대는 당연히 중산층이 두터운 마름모 사회를 꿈꿨습니다.

그러나 요즘 대학생들은 세모사회가 차라리 좋다고 말한다고 합니다.

왜냐고요?

자신은 어차피 서민층을 벗어나기 힘든데 '나만 가난하고 못살면 너무 괴로울 것 같다. 차라리 내 주변도 다 같이 가난하면 덜 외로울 것 같다.' 중산층이 될 희망마저 잃어버린 청년세대의 절규에 얼굴이 화끈거렸습니다.

원인은 저와 같은 기성세대에 있습니다.

언감생심, 치솟을 대로 치솟은 집값, 부모의 경제력이 청년의 인생을 결정하는 불공정, 성별을 갈라 증오와 혐오를 부추기는 나쁜 정치...

선거를 치르면서 많은 청년공약을 발표했습니다.

나름 파격적인 안이라 생각했지만 청년들이 그리 솔깃해하지 않는 것 같습니다.

다시, 이재명

좀 더 솔직히 말하면 별로 신뢰하지 않는 것 같습니다.

청년들의 믿음을 회복하는 일, 당장 제게 주어진 숙제일 것입니다.

부족함이 많았습니다.

청년세대와 더 많이 소통하고, 함께 고민하고, 함께 해법을 찾겠습니다.

여기 두 사람이 있습니다.

'청년투자국가'를 말했던 김동연 후보와 '청년기회국가'를 말했던 제가 손을 맞잡았습니다. 그래도 김동연·이재명이 조금은 더 여러분의 편이 될 수 있다 생각합니다.

함께 '청년투자국가·청년기회국가'를 만들어 갈 기회를 주시면 좋겠습니다.

이제 더는 '조국의 미래 청년의 책임'이라 말해서는 안 됩니다.

'청년의 미래 조국의 책임'이라 말해야 합니다.

오늘 불공정과 양극화를 방치해온 기성세대의 한 사람으로서 청년세대에게 반성문을 씁니다.

억강부약의 꿈

억강부약 대동세상! 저작권이 이재명에게 있는 듯 이재명을 생각하면 맨 처음 떠오르는 단어다. 그만큼 이는 이재명의 정치철학을 압축한 상징어가 되었다. 언제부터 이재명은 억강부약 대동세상의 꿈을 꿨을까?

이재명의 첫 꿈은 실컷 공부하는 것이었다. 이유는 맞지 않기 위해서... 단지 그것이었다. 가난한 초등학교 시절, 준비물을 안 챙겨가서인지, 강조기간 리본을 달지 못해서인지, 환경미화를 제대로 안 해서인지 알 수 없지만 당시 초등학생에게 최고 강자였던 선생님으로부터 뺨 스물일곱 대를 맞았다. 소년공 시절 강자들은 공장에서 어린아이들에게 권투 시합을 시켜놓고는 진 아이의 돈으로 아이스크림을 사 먹으며 시시덕거렸다. 우아하게 소원 수리를 받고는 바른말을 하면 엎드려뻗쳐를 시켜놓고 무자비한 폭력을 가했다. 이를 관장하는 무소불위의 권력 홍 대리가 단지 고졸이라는 이유로 그것이 가능했음을 안 순간부터 공부가 꿈이 되었다. 홍 대리처럼 고졸이 되어 군림하는 사람이 되어보겠다. 이재명 첫 번째 꿈은 이러했다.

중고등 검정고시를 패스하고 중앙대학교 장학생 입학이 확정된 후 그의 꿈은 진일보한다. "매 맞는 노동자로 살기 싫어 시작한 공부였다. 이제 그런 일은 없을 것이었다. 하지만 문득 아직도 공장에 남아있을 아이들이 떠올랐다. …그런 힘겨운 나날을 보내야 하는 사람이 더 이상 없었으면 하는 마음이 일었다. 그리하여 입학식을 앞둔 82년 2월의 어느 날 밤, 나는 일기장에 이렇게 적었다. 어차피 시작한 것, 사법고시에 합격하여 변호사로 개업하겠다. 그래서 약한 자를 돕겠다. 검은 그림자 속에서 고생하는 사람들에게 빛이 되어 보겠다. 약자에게 힘이 되어 보겠다는 결심은 막연했지만 마음에 들었다."

화전민의 아들, 소년산재노동자로서의 삶은 약자에 대한 태생적 연민의 근원이다. 고시원에서 친구와 대화를 나누던 때, 옆 방에서 공부하던 나이 많은 고시생이 찾아와 시끄럽다며 "공돌이 새끼들처럼 시끄럽게 한다"고 소리쳤다. 그는 참지 않고 대들었다. "욕을 해도 우리한테 해야지 왜 아무 상관도 없는 공돌이를 욕해요? 그런 건 못 참아요."(이재명) "넌 이제 공돌이도 아니고 이 사회에서 손해 볼 것도 없는데 왜 그래?"(선배) "사람들이 다 나 같아요? 아직도 공장을 다니는 사람들은 어떡하라구요!"(이재명) 그는 가난하고 어려웠던 시절의 사람들을 잊지 않는다. 그가 어디에 있든 그의 뿌리는 그곳이고 그는 거기서 출발한 사람이다. 혼자 잘 먹고 잘살자고 여기까지 오지는 않았다.

억강부약에 머물러 있던 그의 꿈은 대학 입학 후 또 성장한다. 80년 광주였다. 빨갱이 폭도들의 폭동으로만 알았던 광주의 진실을 접한다. 주먹밥 공동체로 오랜 민중의 꿈이었던 대동세상을 만든 광주를 직면했다. 80년 광주는 그렇게 이재명에게 억강부약과 대동세상을 이어주었다. 억강부약 대동세상의 꿈을 실천하는 길은 노무현을 통해 알게 되었다. 노동인권변호사 시민운동가가 되겠다, 그러나 거기에도 망설임이 있었다. 이십 대 중

반의 새파란 초년 변호사가 생계를 이을 수나 있을 것인가 확신이 들지 않았다. '변호사는 굶지 않는다.' 그 또한 노무현이 일러주었다.

지금까지 이재명이 해온 수많은 정책은 억강부약 대동세상을 실천하기 위한 것들이다. '억강'을 위한 정책, '부약과 대동세상'을 위한 정책, 그래서 공정이 실현되는 세상, 이것이 이재명의 정책, 이재명 정치의 지향점이다. 체납관리단을 신설하여 부정직한 고액 체납자의 세금을 징수한다. 특별사법경찰관을 통해 불법고리사금융을 단속한다. 건설공사원가를 공개해 부당불법 이득을 막는다. 사립학교 공정채용을 통해 기득권 친인척 채용을 금한다. 방역에 협조하지 않는 종교권력 신천지를 급습해 신도 명단을 확보한다. '억강'을 위한 정책들이다.

경기먹거리 그냥드림코너를 통해 최소한 먹을 것이 없어 굶어 죽거나 장발장이 되지 않도록 한다. 비정규직 공정수당을 통해 최소한의 임금 불균형을 막는다. 청소경비노동자 휴게시설 개선, 이동노동자 쉼터 조성을 통해 최소한의 쉴 권리를 보장한다. 무상교복을 통해 같은 교복을 부담 없이 입을 권리를 보장한다. 여성 청소년 기본 생리용품 보편지급을 통해 최소한의 인권을 보장한다. '부약과 대동세상'을 위한 정책들이다.

대동세상을 위한 이재명 꿈의 결정판은 기본시리즈이다. 기본소득은 재산·노동의 유무와 상관없이 모든 국민에게 개별적으로 무조건 지급해 국민 모두가 빈곤선 이상의 삶을 영위하도록 보장한다. 기본주택은 국민 누구나, 역세권 등 좋은 위치에서 적정한 임대료로 30년 이상 거주할 수 있도록 해 국민의 주거기본권을 보장한다. 기본대출은 국민 누구나 신용도에 상관없이 저리로 소액을 대출받을 수 있는 권리를 보장해 초고리불법대출로 인한 신용불량자 양산을 막기 위함이다.

유난히 청년 고독사, 소상공인자영업자의 극단적 선택, 산재 사망 관련 메시지 발표가 많았다. 사건 자체가 많았던 것인지 관련 메시지를 많이 발표해서 그렇게 느껴지는 것인지 알 수 없다. 대선 후보, 그것도 집권여당 후보의 SNS에 너무 어두운 글이 많은 것은 바람직하지 않다는 주장도 있었다. 그러나 외면할 수 없었다. 연이어 슬픈 소식이 전해질 때면 이번 사건은 메시지를 내지 말까 하는 고민도 일었다. 그럴 때면 여지없이 후보의 채근이 이어졌다. 그에게 이런 주장도 있어 내지 않는 게 좋겠다는 말은 차마 할 수 없었다.

이재명, 그에게는 소외된 사람들의 아픔을 찾고 공감하는 남다른 감수성이 있다. 11월 18일 수능이 치러졌다. 당연히 전날 수능생들을 응원하는 메시지를 발표했다. 수능 당일 후보에게 연락이 왔다. "수능 안 본 학생들을 위한 메시지는 안 내나요" 망치로 머리를 맞은 느낌이었다. "어제 수능을 치르는 수험생들을 응원했습니다. … 그런데 빠뜨린 말이 있었습니다. 대학에 갈 수 없는, 또는 대학에 가지 않기로 한, 그래서 수능을 보지 않은 청년 여러분의 인생도 똑같이 응원합니다. 세상에는 하나의 길만 있지 않습니다. 여러분 한 명 한 명이 하나의 우주이듯 여러분이 걸어갈 인생의 길도 자기만의 꿈과 색깔로 가득 채워질 여러분만의 우주입니다. 수능을 보았든, 보지 않았든, 여러분 모두 소중한 존재입니다. 여러분의 꿈과 도전을 응원합니다." 부랴부랴 메시지를 발표했다.

이재명은 일찍이 대학을 진학하는 청년들은 한 명마다 2,400만 원 정도의 국가장학금 등을 지원해 주는데 대학 비진학 청년에게는 학습을 위한 지원이 없다며 대학 비진학 청년들에게도 대학진학 청년들과 동등한 지원을 해줘야 한다고 주장한 바 있다. 그 한 예로 세계여행비 1,000만 원을 얘기했다가 보수언론으로부터 포퓰리즘이라고 난타를 당했지만 그 정당성을 철회하지 않았다. 경기먹거리 그냥드림코너 운영도 관련 기사를 본 이재명 본인의 제안으로 시작된 것이었다.

이재명에게 억강부약 대동세상은 정치의 출발이자 목적임이 분명하다. 선거 내내 그가 얘기했던 "더 낮은 곳으로, 더 아픈 곳으로, 더 힘든 곳으로 가겠다"는 말은 허언이 아니다. 앞으로 남은 시간, 그가 살아낼 삶이 더 강하고 따뜻한 억강부약, 더 커지고 넓어진 대동세상을 만들 것이라 믿는다. 더 나은 변화를 위한 길을 향해 모두가 함께 걸어가면 좋겠다. 그 길에서 만난 모든 이들이 오늘도 힘겨운 하루를 보낸 서로에게 작은 위로가 되어주면 좋겠다. 그리고 지난 선거 기간 이재명이 외쳤던 억강부약 대동세상의 꿈이 누군가에게 위로가 되고 내일의 희망이 되면 좋겠다.

반인륜적 아동학대는 단호히 엄벌해야 합니다.

2021.07.21.

초등학생 딸의 팔을 부러뜨리고 학대한 것도 모자라 성폭행까지 한 인면수심 친부에게 징역 13년형이 선고됐다는 기사를 접했습니다.

2019년 기준 아동학대 사건의 72.3%가 친부모에 의해 발생했습니다. 아이를 사랑하고 보호해야 할 부모가 의무를 저버리고 패륜적 학대를 일삼으면 오히려 더 무겁게 처벌받아야 마땅합니다.

그런데 이번 사건은 피해 아동이 '아버지를 용서한다'는 취지로 낸 탄원서가 양형에 유리한 요소로 작용했다고 합니다. 그럼에도 형벌이 과하다고 바로 항소를 했습니다. 정말 분노를 금할 길이 없습니다.

탄원서가 참작되는 제도로 인해 피해 아동이 본인을 아프게 한 사람을 벌할지 고뇌하는 것만으로도 너무나 가혹한 고통입니다. 이는 피해 아동이 처벌을 원치 않는다는 의사를 강요·압박하는 2차 3차 신체적·정서적 학대로도 이어져 아동의 실제 의사를 왜곡할 수 있습니다.

아동학대의 경우 피해자의 처벌불원 의사를 인정하지 않도록 특별감경 사유에서 삭제하도록 하는 개선책이 시급합니다.

우리 아이들이 사랑받으며 건강하게 자라날 수 있는 사회를 만들어야 합니다. 가해자는 단호히 엄벌하고 피해자는 따뜻하게 보호할 수 있는 나라를 만들겠습니다.

아프고 슬픈 질문, 백신 맞은 원청 노동자는 이틀 아프고, 하청노동자는 하루만 아픈가요?

2021.07.22.

원청 대기업 노동자는 백신휴가를 최대 3일까지 보장한 반면, 협력업체 노동자들은 1일 밖에 지원받지 못한다는 보도를 접했습니다. 이조차도 노동조합이 수차례 요구한 끝에 겨우 얻어낸 결과였습니다.

해당 보도에서 원청 관계자는 백신휴가가 협력업체 '결정사안'이라고 답합니다. 맞는 말입니다. 협력업체지만 다른 회사 경영에 간섭할 수는 없겠지요. 하지만, 우리나라처럼 원청 대기업에 종속정도가 심한 상하관계에서 책임 있는 답변은 아니라고 보여 집니다.

이런 일이 특정한 기업에서만 일어난 특별한 일은 아닐 겁니다. 백신휴가에만 해당하는 것도 아닙니다. 고용형태와 성별, 나이, 노조 유무 등 지금도 노동현장 곳곳에서 크고 작은 차별이 존재합니다.

원청 정규직이 월 306만원을 받을 때 파견노동자는 175만원, 용역근로자는 156만원에 불과합니다. 그런데도 산재사고는 정규직에 비해 2배 가까이 높습니다. 동일노동, 동일임금 원칙을 말씀드린 이유도 차별을 없애야 한다는 걸 강조하기 위해서였습니다.

차별과 차이는 다릅니다. 고용형태가 다르다고 여성이라고, 나이가 어리다고 차별받는 나라는 공정하지 않습니다. 차이를 이유로 차별받지 않는 나라를 만들어야 합니다.

"백신 맞고 원청 정규직은 이틀 아프고, 협력업체 노동자는 하루만 아픈 가요?"

차별받는 노동자들의 아픈 질문에 정치가 답할 차례입니다.

정부가 백신휴가를 강제할 권한은 없습니다. 다만, 4차 대유행이 계속 확대되고, 20~40대 백신공급도 곧 시작되는 만큼 기업과 상생협의를 통해 백신휴가 차별을 최소화하는 방안을 마련하길 촉구합니다.

마음이 먹먹해집니다.

2021.08.04.

한 장의 사진, 눈을 뗄 수가 없습니다. 경건함마저 느껴지는 숭고한 인간 애, 어떤 말로 이 마음을 표현할 수 있을까요?

길어지는 코로나, 지쳐가는 방역 일상, 그러나 거기에 이런 우리네 사람 들의 모습이 있었습니다. 얼마 전 '퉁퉁 불은 간호사 손가락' 사진이 겹쳐 보입니다. 아마도 사진 속 간호사님의 손 끝도 이러하겠지요? 마음이 아리 고 먹먹합니다.

이수련 간호사님, 방역 일선에서 수고하시는 모든 의료진 여러분, 너무 너무 감사합니다.

여러분의 노고가 우리 공동체를 버텨주는 '믿음의 힘'을 다시 일깨워 주

다시, 이재명

셨습니다. 다시 우리가 각자의 위치에서 해야 할 일이 무엇인지를 깨닫게 해 주셨습니다.

아무리 어렵고 고통이 있더라도 공동체의 희망을 놓아서는 안 된다는 다짐을 다시 세웁니다. 지금의 시련을 반드시 이겨내 우리 국민의 위대함과 숭고함이 결실을 맺을 수 있도록 제 역할을 다하겠다 다짐하고 또 다짐합니다.

정말 감사합니다. 최선을 다하겠습니다.

중소기업과 함께 공정성장의 미래를 열어가겠습니다.

2021.08.19.

오늘 중소기업인들을 만났습니다. "대기업과 중소기업 양극화를 바로잡지 않으면 중소기업이 설 땅이 사라집니다"라는 호소가 가슴에 와닿았습니다.

대기업-중소기업의 양극화 문제, 정말 심각합니다. 기업체수가 0.3%에 불과한 대기업이 전체 영업이익의 56.8%를 차지합니다. 중소기업 노동자의 임금은 대기업의 절반 수준입니다. 서구 선진국과는 정반대 현상입니다.

양극화의 원인은 불공정, 불평등에 있습니다. 저의 제1공약이 전환적 공정성장인 이유이기도 합니다.

공정성장은 대기업과 중소기업, 정규직과 비정규직, 노동과 자본 간에 '힘의 균형' 확보해서, 자원이 합리적으로 배분되도록 하는 것입니다.

지금 중소기업의 힘은 워낙 취약하고, 대기업과의 거래에서 고립되어 있습니다. 당연히 협상력이 떨어질 수밖에 없습니다. 원가 노동제는 요원하고 기술과 경영성과까지 탈취 당하고 있는 형편입니다.

강자에 맞서는 약자들의 연대가 필요합니다. 하지만 현행법은 이를 허용하지 않고 있습니다. 법 개정이 시급합니다. 납품 하청회사 등 중소기업이 이해관계에 따라 단체를 결성하고 연대해서 대기업과 협상할 수 있는 권리를 보장해줘야 합니다.

지난 6월 중소기업의 교섭권, 연합할 권리를 보장하는 '중소기업협동조합법' 개정안이 발의됐습니다. 법안을 발의해주신 우원식 의원님을 비롯한 여러 의원님들께 감사드리고, 최대한 신속하게 법안이 통과될 수 있도록 함께 노력하겠습니다.

중소기업의 어려움은 곧 대한민국의 어려움이고, 고용의 어려움입니다. 중소기업의 어려움을 해결해드리는 것이 정부의 존재 이유이고, 다른 무엇보다 확실한 경제성장 정책, 일자리 창출 정책입니다. 우리나라 중소기업의 강소기업화를 위해 할 수 있는 모든 노력을 다하겠습니다.

중소기업과 함께 공정성장의 미래를 열어가겠습니다. 우리나라의 모든 중소기업들과 함께 학력이나 스펙 같은 외피가 아니라 실력과 성과가 더 인정받는 희망의 나라를 만들어 가겠습니다. 젊은이들이 마음껏 도전하고 실패해도 다시 일어설 수 있는 나라를 꼭 만들겠습니다.

안타까운 선택을 해야 했던 그날의 진실이 밝혀지기를...

2021.08.24.

성범죄 피해 여중생 두 명이 사망한 지 100일이 지나 피해자 중 한 명의 유서가 발견되었습니다.

극단적인 두려움과 고통을 호소하는 유서 내용에 가슴이 미어집니다.

여중생 2명에 대한 성범죄 가해자로 지목된 사람은 피해 여중생 중 한 명의 의붓아버지입니다. 가해자에 대한 영장청구는 여러 차례 기각됐고, 피해자와 분리조차 제대로 이뤄지지 못했다고 합니다.

어린 여중생들의 고통과 죽음에 대한 진상이 밝혀져야 합니다. 성범죄의 피해, 이후 극단적 선택을 할 수 밖에 없었던 두려움과 공포의 원인을 찾아 단호한 처벌을 해야 합니다.

아동학대, 성범죄 등으로 인한 피해자 보호 체계 강화의 필요성을 다시한 번 강조합니다. 우리 아이들이 충분히 보호받고, 건강과 안전을 보장하는 일은 잠시도 머뭇거릴 수 없습니다.

하늘에서는 부디 평안하기를 기원합니다.

얼마나 더 죽음이 이어져야 할까요?

더 늦기 전에 바꿔야 합니다.

2021.08.24.

공군과 해군에 이어 육군에서도 성범죄의 피해를 입고 극단적 선택을 시도한 사실이 밝혀졌습니다. 계속되는 군대 내 성범죄를 더 이상 방치해선 안 됩니다. 군의 전면적인 인식개선과 과감한 제도개선이 필요합니다.

이번 사건에 대한 군의 대응에는 말문이 막힙니다.

피해자가 범죄를 신고했음에도 군은 군형법이 아닌 일반 징계로 다뤘습니다. 사건 접수 후 피해자의 형사 고소 의사가 확인되지 않았다는 이유로 징계절차부터 진행했다는 게 군의 해명이지만 상식적이지 않습니다. 2차 가해를 가한 부대 관계자들에 대한 조사와 징계, 처벌도 없었습니다.

매번 군대 내 성폭력 범죄 발생과 피해자를 보호하지 못하는 군의 조치가 문제로 지적되지만 개선되지 않고 있습니다. 지난 4년간 군에서 발생한 성범죄 사건의 절반정도가 불기소처분 되었습니다. 실형선고는 6%에 불과합니다.

불신은 군이 자초했습니다. 자정능력이 없다면 외부에서라도 해결해야 합니다.

군의 특수성이 고려될 필요가 없는 성범죄 등의 범죄에 대해서는 발생 및 신고 즉시 민간에서 수사와 재판을 하도록 해야 합니다. 그래야 범죄 은

폐와 축소를 막고 피해자 인권을 보호할 수 있습니다.

마침 오늘 국회 법제사법위원회 소위원회에서 군에서 발생한 성범죄에 대해서는 1심부터 즉시 민간법원이 담당하도록 하는 군사법원법 개정이 합의되었습니다. 의미있는 진전이지만 이것만으로는 부족합니다. 인권보호를 더 강화하기 위해 군 인권보호관 제도 도입, 국방부 내 성폭력 사건 전담 조직 설치도 검토해야 합니다.

"누군가의 죽음으로써 문제가 개선되는 집단이라면 살아있는 한 문제는 해결되지 않을 것이다."라는 피해자 가족의 글이 가슴을 찌릅니다.

국민의 생명과 재산을 지키기 위해 헌신하는 분들이 억울하게 목숨을 잃는 일이 없도록 해야 합니다. 그것이 국가의 책무이자 공직자의 소임입니다.

'공정 채용' 기회가 확대될수록 희망도 커집니다.

2021.09.10.

공공기관 '블라인드 채용'이 도입된 이후 학력과 성별 등에 따른 차별이 줄어들었다고 합니다. 채용 절차에 대한 신뢰도와 채용 결과에 대한 만족도도 높았습니다. 직무 능력이 뛰어난 인재를 다양하게 채용할 수 있었기 때문입니다.

'블라인드 채용'은 문재인 대통령의 공약입니다. 학벌과 성별에 따른 차별을 없애기 위해 도입한 제도가 성과를 내고 있어 무척 반갑게 느껴집니다.

경기도 역시 지난 2015년부터 '경기도 공공기관 통합공채시험'을 진행하고 있습니다. 전임 남경필 지사 시절에 도입된 제도이지만, 면접관들이 수험생의 수험번호만 아는 상태에서 직무 중심 평가만 이뤄지는 공정한 제도를 폐지할 이유가 없어 오히려 확대 시행하고 있습니다.

다만 보완해야 할 점도 있습니다. 현행 공공기관 '블라인드 채용'은 문재인 대통령의 의지로 추진하고 있습니다. 법적 근거 없이 정부 지침으로 운영되고 있어 정부가 바뀌면 언제든지 폐지될 수도 있어 법제화 등 제도를 정비할 필요가 있습니다.

차별을 해소하기 위한 제도를 장애를 연상할 수 있는 단어로 표현할 필요가 있는지도 의문입니다. 외래어 사용을 줄이고 누구나 쉽게 이해할 수 있는 우리말을 사용하자는 취지에도 어긋나는 면이 있습니다. '블라인드 채용'이라는 말 대신 '공정 채용'이라고 하면 어떨지 제안해봅니다.

앞으로 공공기관은 물론 우리 사회 곳곳에 학벌과 성별 등으로 차별 받는 일 없이 '공정 채용'이 널리 확산될 수 있도록 최선을 다하겠습니다. 청년이 희망을 품고 살 수 있는 대한민국, 오늘보다 내일이 더 기대되는 공정한 나라. 반드시 만들겠습니다.

돈과 생명을 교환하는 '위험의 외주화' 용인하지 말아야 합니다.

2021.09.14.

얼마 전 아파트 외벽 청소 아르바이트를 하던 20대 청년 노동자가 추락해 유명을 달리하는 안타까운 일이 있었습니다. 어느덧 너무 익숙한 광경이 되어버린 사고이기에 더욱더 비극적입니다.

끊어진 로프에는 죄가 없습니다. 소홀한 관리 감독과 안전교육·안전 장비의 부재 등 여러 문제가 있지만 근본 원인은 비용을 이유로 안전 책임을 떠넘기는 위험의 외주화, 다단계 하도급 구조에 있습니다.

2018년 협력업체 노동자들의 목숨을 앗아간 삼성전자 기흥사업장 CO_2 누출사고, 스물네 살 노동자 김용균씨를 죽음에 이르게 한 태안화력발전소 사고의 원인도 같았습니다.

'위험의 외주화'의 대가는 노동자들의 목숨으로 끝나지 않습니다. 불과 3달 전, 광주에서 철거 작업 중이던 건물 붕괴하면서 정차 중인 시내버스를 덮쳐 승객 9명이 사망하고 8명이 중상을 입는 참사가 있었습니다.

'생명경시'에 대한 대가를 지금보다 훨씬 비싸게 치르도록 만들어야 합니다. 법을 어길 때 생기는 이득이 처벌·제재로 인한 손실보다 크기 때문에 이런 참사가 반복됩니다. 규칙 지켜 손해 보지 않고 규칙 어겨 이익 볼 수 없도록 하는 것이 가장 확실한 대책입니다.

돈과 안전을 교환하는 위험의 외주화, 불법 하도급 다단계를 더 이상 용인하지 말아야 합니다. 땀 흘려 일하는 시민들의 삶을 지켜내는 것이야말로 국가의 가장 중요한 의무이기 때문입니다.

미혼모, 미혼부가 돌봄 걱정 없이 아이 키울 수 있게

2021.09.18.

아내와 함께 광주의 미혼모자시설 엔젤하우스에 다녀왔습니다. 미혼모 분들의 이야기를 들으니 아내와 함께 두 아이를 키우던 때가 떠올랐습니다. 둘이서도 쉽지 않은 일이 육아인데 홀로 그 위대한 일을 해내고 계신 분들입니다.

미혼모자가 당당하게 자립할 수 있도록 40년 동안 애써주신 엔젤하우스에도 감사의 말씀을 드립니다.

사실 누군가의 선의에 맡길 일이 아니라, 국가가 나서야 합니다. 우리 사회 모두가 낮은 출산율을 걱정하고, 아이 낳기 좋은 나라를 만들자고 하지만 정작 힘겹게 육아를 이어가는 미혼모, 미혼부에 대한 사회적 배려와 지원은 부족한 것이 현실입니다.

가족의 가치는 부모의 숫자에 달려 있지 않습니다. 엄마든 아빠든 장시간 노동으로 아이와 함께 시간을 보낼 수 없다면, 아이가 태어났는데 육아휴직조차 쓸 수 없다면 그것이야말로 가족의 가치에 위배 되는 일이지요.

가족의 형태를 균일화할 것이 아니라 어떤 형태의 가족이든, 어떤 가정

다시, 이재명

에서 태어난 아이든 동등한 권리와 기본권을 보장받는 보편적 복지 체계가 필요한 이유입니다.

현실과 맞지 않는 법과 제도는 고치고, 돌봄을 가족이 아닌 국가의 책임으로 전환하여 미혼모자, 미혼부자가 마음 놓고 아이 키울 수 있는 사회를 함께 만들어가겠습니다.

하늘에서는 자유로운 나비가 되시길 바랍니다.

2021.09.26.

또 한 분의 일본군 위안부 피해 할머니께서 우리 곁을 떠나셨습니다.

일본으로부터 마땅한 사죄와 배상을 받지 못한 채 떠나시게 하여 후대의 한사람으로서 송구합니다.

이제 정부에 등록된 240명의 피해 할머니 중 열 세분만 남아계십니다.

역사적 피해자인 할머니들의 존엄과 명예를 회복해 드릴 수 있는 시간이 정말 얼마 남지 않았습니다. 할머니들께서 일본으로부터 직접 사죄를 받는 것은 너무나 당연한 인륜입니다.

그럼에도 일본 정부는 잘못된 역사를 반성하지 않고 있고, 진정어린 사과도 하지 않고 있습니다. 피해자를 배제한 졸속 합의 주장, 평화의 소녀상 철거 시도, 강제동원 피해 배상판결에 대한 수출규제 보복 등 적반하장 식 태도의 연속입니다.

같은 전범국이었던 독일이 과거를 사죄하고 책임을 이행했던 것과 매우 다릅니다. 일본이 아무리 감추고 부인하려 해도 거짓은 진실을 이길 수 없습니다. 그들의 침략과 잔혹한 인권침해의 역사는 진실이자 현실입니다.

더 늦기 전에 피해자들께 진정으로 사과하고 용서를 구해야 합니다. "내가 역사고, 내가 증인"이라 말씀하시는 위안부 피해 할머니들의 목소리를 더 이상 외면해서는 안 됩니다.

과거를 부정하고 현재를 외면하는 미래는 사상누각일 뿐입니다. 일본 정부가 인류 보편 양식에 걸맞게 행동하고 인권과 평화를 애호하는 참된 이웃으로 거듭나기를 촉구합니다.

할머니들께서 보여주신 정의와 평화를 위한 희망과 용기를 기억하고 행동하겠습니다. 부디 영면하시길 기원합니다.

야만의 역사를 넘어 인권과 평화 가득한 나라로

2021.09.27.

4.3평화공원 위령제단을 참배하고 4.3유족회와 관련 단체분들과 인사를 나누었습니다. 이 자리를 빌려 국가 폭력에 희생된 분들과 유가족분들께 다시 한번 애도 말씀을 전합니다.

4.3사건을 생각하면 가슴이 먹먹해집니다. 제주 4.3사건으로 7년에 걸쳐 제주 인구 10분의 1이 학살당했습니다. 73년이 지났지만 지금도 4월이

다시, 이재명

면 제주 곳곳에서 제사가 있다고 합니다. 두 번 다시 일어나서는 안 될 참혹한 우리 근현대사의 상처입니다.

국민의 생명과 안전을 지키기 위해 부여한 권한으로 국민의 생명과 안전을 침해하는 일은 아무리 세월이 지나도 면책돼서는 안 된다는 게 제 신념입니다. 세월이 지나도 반드시 진상규명해야 되고 상응하는 국가의 책임을 분명히 해야 합니다.

지난 2월 4.3특별법이 여야 합의로 통과 되었습니다. 4.3사건에 대한 국가 폭력의 책임을 명시하고 희생자를 위한 배·보상 근거를 마련했습니다. 진실을 알리기 위해 애써오신 제주도민과 국민께서 함께 해주셨기 때문에 이룰 수 있던 성과였습니다.

김대중 정부는 4.3특별법을 제정하고 4.3위원회를 발족하여 역사상 처음으로 진상규명을 시도했습니다. 노무현 정부는 4.3사건이 국가의 책임임을 인정하고 처음 사과하였습니다. 문재인 정부는 4.3사건의 완전한 해결을 약속했습니다.

불과 몇 년 전 박근혜 정권 당시 추진된 4.3 희생자 재조사 시도를 똑똑히 기억합니다. 다시금 역사를 거꾸로 되돌리려는 시도를 이제 완전히 끝내야 합니다. 민주정부를 재창출하는 것은 그래서 중요합니다.

큰 책임감을 가지고 4.3의 완전한 해결을 위해 최선을 다 하겠습니다. 배상과 보상이 신속하게 이뤄지도록 하겠습니다. 야만의 역사를 넘어 인권과 평화 가득한 나라, 기필코 만들겠습니다.

공공의적

2021.09.29.

'6년 대리 근무, 퇴직금 50억 원', '어지럼증·이명 산재위로금 50억원'

온 나라에 청년들의 탄식이 깊어집니다. 부모를 탓하는 것이 아닐진대... 이런 좋은 직장을 소개해 줄 능력 없는 부모들은 또 그들대로 마음이 뭉그러집니다.

들어본 적 없는 어마어마한 퇴직금, 산재위로금. 게다가 건강이 나빠졌다던 그 시기에 조기축구회에서 맹활약했다는 내용이 기사화되고 있습니다. 해명이 납득 되지 않아 오히려 자문하게 됩니다. 어떻게 이런 해명을 할 수 있을까? 혹시 자기들이 그렇다면 그렇게 알아 듣는... 어느 영화의 대사처럼 국민을 개돼지로 생각하는 건가...

MZ세대가 택배업에 몰린다고 합니다. 또래들이 하는 일에 비해 수입이 많아서라는 설명입니다. 하지만 그 택배 노동자들 중 지난해부터 올 6월 3일까지 과로사로 사망한 노동자만 21명입니다. 21명.

곽상도 의원 눈에는 죽을 만큼 일하던 그 사람들이 보이기는 할까요? 곽상도 의원의 아들 눈에는 이렇게 일하다 죽어가는 또래 친구들의 처절함이 보이기는 할까요? 어떻게 이런 죽음 앞에서 신청도 안했던 산재 핑계를 대

다시, 이재명

며 50억 원이 어지럼증·이명 위로금이라 당당히 말할 수 있는 걸까요?

누군가의 댓글 하나가 가슴을 울립니다.

'구의역에서 스크린도어 작업하다 죽은 그 스무 살짜리 아이는 얼마 받았나, 용광로에서 일하다 떨어진 그 사람은? 어딜 어떻게 다쳐야 50억을 산재보상으로 받나?'

이번 사태의 심각성은 성실한 사람들의 삶, 청년들의 삶의 의욕을 냉소하게 만들었다는 데 있습니다. 희망을 갖고 쌓아가던 평범한 이들의 공든 탑을 가차 없이 발로 걷어찼다는 데 있습니다. 그것이 곧 사회악이며, 공공의 적입니다.

청년들의 탄식, 부모님들의 자괴감에 제 가슴도 무너집니다.

이 땅의 모든 불공정을 바로 잡겠습니다. 끼리끼리 불로소득 해먹으며 공정을 해치는 부동산 적폐세력, 반드시 없애겠습니다. 개발이익 국민환원제 반드시 도입하겠습니다.

생애 첫 노동의 결과가 죽음이 되지 않기를

2021.10.09.

"연소자 근로는 특별한 보호를 받는다" 대한민국 헌법 제32조 5항에도 담긴 당연한 상식이 다시금 무너졌습니다. 생애 첫 노동의 결과가 부상이거나 죽음이 되지 않기를, 40년이 지난 지금에도 소년공 이재명의 설움이 여전히 반복되고 있습니다.

현장 실습을 나간 특성화 고등학교 3학년 학생이 열흘 만에 해당 사업장에서 사고로 사망했습니다. 노동자의 신분도 아닌 교육받는 학생의 신분임에도 잠수장비를 착용하고 해조류와 조개류를 제거하는 위험천만한 일이 맡겨졌습니다. 관광객 안내 업무가 담긴 현장실습 계획서는 그저 명분에 불과했고 안전을 위한 '2인 1조' 작업 수칙조차 지켜지지 않았습니다.

경기도에서 청소년 노동인권 교육을 실시하는 이유입니다. 노동인권교육은 열악한 노동환경에 놓인 청소년들에게 쥐어줄 최소한의 무기입니다. 올해도 10만 여명의 학생들을 대상으로 온 힘을 다해 교육을 지원하고 있지만 한계가 있습니다. 이제 우리 정규 교육과정에 포함시켜 어디서 일하든 당당히 권리를 주장할 수 있는 환경을 만들어내겠습니다.

물론 교육만으로 문제가 해결되진 않습니다. '현장 교육'이라는 취지로 시작된 현장실습생 제도가 실제로는 '저임금 고위험 노동자 양성소'로 작동하고 있는 건 아닌지 다시 점검해야 합니다. 학교는 교육기관으로서의 책임을, 해당 기업과 노동부는 관리기관으로서의 책임을 다하도록 말입니다.

국가가 주권자를 지키는 일을 포기하면 다른 개혁이 가능할리 없습니다. 국민 위한다는 백 마디 말보다 국민의 실제 삶을 바꾸는 한 가지 실천이 훨씬 강력한 힘을 가진다는 것을 잊지 않겠습니다.

다시, 이재명

더욱 각별히 존중하고 예우하겠습니다.

2021.11.01.

'독립운동하면 3대가 망하고 친일하면 3대가 흥한다'는 말이 더는 현실이어선 안 됩니다. 오늘 광복회를 찾아뵙고, 친일청산과 독립유공자 예우에 더 관심을 기울이고 노력하겠다는 다짐을 드렸습니다.

얼마 전 독립유공자의 후손께서 가난과 고통 속에서 쓸쓸히 생을 마감하셨습니다. 여전히 부족함이 많아 매우 안타깝고, 정치행정가의 한 사람으로서 정말 죄송하게 생각합니다. 문재인 정부는 78년 만에 홍범도 장군님의 유해를 봉환하는 등 국가를 위해 희생하신 분들을 위한 세심한 노력을 기울여왔습니다. 4기 민주정부를 세워 이를 잘 이어받고 더욱 각별히 모셔야 합니다.

공동체를 위한 특별한 희생을 기록하고, 기억하고, 대우하고, 보상해야 한다는 당연한 원칙들이 지켜져야 합니다. 순국선열과 애국지사께서 충분히 존중받을 수 있도록 저도 할 수 있는 최선을 다하겠습니다.

어르신들이 행복한 나라가 복지 선진국입니다.

2021.11.01.

대한노인회 중앙회와 서울시연합회에 다녀왔습니다. 김호일 중앙회 회장님, 고광선 서울시연합회 회장님 외 여러 분들을 만나 제안 말씀을 듣고,

어르신들이 인간다운 삶이 가능한 나라를 만들기 위해 노력하겠다는 약속도 드렸습니다.

대한민국 어르신들은 전쟁과 가난이라는 혹독한 현대사를 온 몸으로 견뎌내며 폐허 위에 지금의 대한민국을 세우신 분들이십니다. 경제 발전도 선진국으로의 도약도 어르신들의 헌신이 없었다면 불가능했을 것입니다.

그럼에도 국가는 그에 걸맞은 대접을 하지 못했습니다. OECD 최고 수준의 노인 빈곤율과 자살률, 곳곳에서 벌어지는 노인 학대 사건은 세계 10위 경제 강국이라는 이름을 부끄럽게 합니다.

대한민국의 모든 어르신에게는 건강하고 편안한 노년을 누릴 권리가 있습니다. 노년이 빈곤한 나라에서는 장년이 여유를 가질 수도, 청년이 희망을 품을 수도 없습니다.

노인복지에 대한 국가의 적극적 지원을 아끼지 않겠습니다. 어르신들이 존엄한 삶과 행복한 여생을 누릴 수 있는 나라여야 명실상부한 복지 선진국입니다.

빽 없는 모든 청년의 친구가 되겠습니다.

2021.11.05.

백명수씨를 만났습니다. 지난 7월 전태일 열사 생가를 방문했을 때 '나도 대통령 친구가 있었으면 좋겠다'는 피켓을 들고 서 있던 그 청년입니다.

다시, 이재명

그 때 모습이 뇌리에 남아 꼭 다시 만나자고 약속했는데, 오늘 그 약속을 지켰습니다.

청년 전태일이 열악한 노동환경에서 벗어나고자 근로기준법을 해석해 줄 '대학생 친구'를 간절하게 찾았다면, 명수씨는 청년들이 미래를 위해 노력하며 자립할 수 있는 나라를 소망하는 마음에 대통령 친구를 찾았으리라 생각합니다.

아직 대통령 후보에 불과하지만, 한국 사회를 함께 만들고 살아온 어른이자 주권자의 권한을 위임받은 대리자의 한 사람으로서 명수씨의 친구가 되겠다 말씀드렸습니다.

청년의 친구로서 할 일을 하겠습니다. 질병으로 퇴사 후에도 새로운 도전을 멈추지 않는 명수씨 같은 청년들이 스스로의 힘으로 삶의 조건을 바꿔나갈 수 있도록 지속 가능한 성장의 동력을 만들어내는 데 집중하겠습니다.

'경제적 기본권'을 지켜내고, 청년은 물론 모든 세대의 존엄한 삶을 보장하는 실질적 대책을 책임 있게 추진하겠습니다. 그렇게 모든 빽 없는 청년의 친구가 되겠습니다.

소리 없는 사람들의 서러운 삶과도 함께하는
이재명 정부를 만들고 싶습니다.

2021.11.07.

바쁘더라도 꼭 읽어보라고 공유해주신 기사를 이제야 봤습니다. 22세 대구 청년의 비극을 다룬 기사에 마음이 멈췄습니다. 마침 엊그제 대구에 다녀왔던 길이라 마음이 더 무겁고 복잡합니다. 동시에 뜨거운 무언가도 솟구칩니다. 왜 정치를 하는지, 국가는 누구를 위해 무엇을 해야 하는지 다시 각오를 다집니다.

정치가 입버릇처럼 민생을 외치지만, 복잡한 경제 수식과 수치로는 결코 드러나지 않는 보통 사람들의 삶, 정치에 관심 가질 여력조차 없는 소리 없는 사람들의 삶이 곧 민생입니다.

이분들의 삶을 바꾸는 것이 가장 위대하고 시급한 개혁입니다. 희망 잃은 청년을 구하기 위해 포퓰리즘이 필요하다면 포퓰리즘이라도 기꺼이 하겠습니다.

국민에게 의무를 요구할 땐 신속한 국가가, 의무를 다해야 할 땐 답답할 정도로 느려선 안 됩니다. 국가 입장에선 작은 사각지대지만 누군가에겐 삶과 죽음의 경계선입니다.

묵묵히 현실을 열심히 살았을 청년에게 주어지지 않은 자립의 기회, "자기든 아버지든 둘 중 한 명은 죽어야만 끝나는" 간병의 문제, 실질적 대책을 마련하겠습니다.

자식의 도리를 지키기 위해 자신의 미래를 포기해야만 했고, 그것이 죄가 되어 감옥에 갇히고 비난의 뭇매까지 견뎌내야 했던 청년의 사정을 소상히 세상에 알려준 언론사 〈셜록〉을 통해 언론의 역할은 무엇인지도 돌아봅니다.

"이 사건은 아주 오랜 시간 동안 모두의 방임과 무관심 속에서 이루어진 타살입니다. 그 엄청난 무게를 가난하고 배우지 못한 한 청년에게 모두 뒤집어 씌우는 것은 너무나 가혹합니다."는 한 선생님의 탄원에도 공감하고 저도 동참하겠습니다.

소리 나지 않는다고 존재하지 않는 것이 아니고, 외면한다고 없어지는 것이 아닙니다. 하루하루 힘겹게 버텨내는 모든 서러운 삶들과 함께 이번 대선을 치르겠습니다.

대물림되는 가난과 매정한 세상을 원망하지 않아도 되도록, 할 일을 다하는 이재명 정부를 만들고 싶습니다.

비극을 경쟁하지 않는 세상, 기적이 아니라 상식인 세상

2021.11.07.

"한 아이를 키우려면 온 마을이 필요하다"

아프리카에 전해진다는 유명한 속담입니다. 아이를 키우는 것이 부모와

학교뿐만 아니라 우리 사회 전체가 힘을 모아 돌보고 가르치는 것이라는 공동체의 의식이 고스란히 담겨 있습니다.

오늘 발달장애 특수학교인 서진학교를 다녀왔습니다. 학교 곳곳이 장애 학생들이 마음껏 배우며 성장할 수 있게 만들어진 것을 보고 저도 모르게 입가에 미소가 지어졌습니다. 당사자들에게는 정말 힘든 여정이었을 서진학교가 개교를 해서 학생들이 편안하게 수업 받을 수 있게 되어 정말로 감회가 깊었습니다.

서진학교는 2013년 설립 예고 이후 개교하기까지 오랜 풍파를 겪었습니다. 학교 설립을 위해 부모님들이 무릎을 꿇는 장면은 아직도 뇌리에 깊이 박혀 있습니다. 그때 당시엔 정말 눈물 날 정도였습니다.

우리 사회의 장애인에 대한 편견이, 오해가 많이 있습니다. 장애인이나 비장애인이나 다 우리 이웃이고 또 사랑받아 마땅한 우리 가족입니다. 앞으로 우리 국가공동체에서 각별히 이 문제에 대해서 관심 갖고 차별감 느끼지 않고 동등한 기회를 누리면서 비장애인과 함께 인간으로서의 존엄을 누렸으면 좋겠습니다.

서진학교 설립을 위해 애쓴 부모님들과 관계자 분들의 노고가 컸습니다. 응원해주신 수많은 국민들의 목소리도 큰 힘이 되었습니다. 모두가 함께 만든 기적이었습니다.

그 기적은 개교에서 끝나지 않았습니다. 서진학교는 올해 서울시 건축상 대상을 수상했습니다. 서울시 건축상 제정 이래 처음으로 대학교 아닌 학교 건물이 대상을 수상한 것이라고 합니다. 어렵게 일군 기적이 또 다른 기적을 만든 것입니다.

아직 가야 할 길이 멉니다. 이상적인 형태는 결국 비장애인과 함께 통합 교육의 공간에서 일상적으로 함께 살아가는 거지만 그게 여의치 못하다보니 특별한 배려가 가능한 특별한 공간들을 만들어가고 있습니다. 그런데 그것조차 오해와 편견에 의해 차별감을 느낄 수밖에 없는 상황입니다. 특수학교는 여전히 부족해 경쟁이 치열합니다. 특수학교에 입학하기 위해 누구의 장애가 더 심한지 비극적인 경쟁에서 승리해야 하는 현실이 안타깝습니다.

오늘 장애인 가족들이 현실에서 겪는 어려움에 대해 많은 이야기를 나눴습니다. 깊이 공감하는 그 어려움을 덜고, 우리가 나누기 위해 어떻게 해야 할까 고민이 깊어집니다. 민주당 대통령 후보로서 책임감을 더욱 크게 느낍니다.

장애인과 그 가족이 무릎 꿇지 않아도 되는 세상을 만들겠습니다. 특수학교 설립이 기적이 아닌 상식이 되는 나라, 약자의 삶을 보살피고 장애인과 비장애인이 함께 사는 세상을 열어가겠습니다.

청년들께 드리는 글

청년의 삶을 개선하는 '첫 번째 머슴'이 되겠습니다.

2021.11.10.

제가 선대위 회의에서 한 커뮤니티에 올라온 글을 권유한 것에 대해 '해석'이 분분합니다. 그래서 단도직입적으로 말씀드립니다.

그 글을 읽어보길 권유한 이유는 "2030 청년들의 목소리를 들어주는 정치인이 단 한 명도 없는 것 같다"는 청년들의 절규를 전하고 싶었기 때문입니다.

2030 세대의 정치, 정치인 불신에 깊이 공감됐습니다. 지금껏 2030 세대가 겪어온 많은 정치인이 이미지 개선이나 득표율 등 소위 '단물만 빨아먹고' 청년 세대를 내팽개쳐왔기 때문입니다.

청년들은 이득이 될 때는 '기특한 젊은이'지만, 표가 안 될 때는 '세상 모르는 철부지'라며 비난의 대상이 되어 왔습니다. 국민주권국가에서 같은 1인 1표를 갖고 있지만 2030 유권자는 선거철마저도 동등한 동료 시민이 아니라 '동원'의 대상이거나 '이미지 메이커용 병풍' 취급을 당해왔습니다.

하도 오래 속아와서 믿지 못하는 심정을 충분히 헤아리고 있습니다. 그렇다면 저 사람이 약속을 지킬 것인지 아닌지, 그 사람의 과거를 보고 판단해 주시면 좋겠습니다.

저는 말이 아닌 실천으로 청년의 삶을 개선하기 위해 노력해 왔습니다.

다시, 이재명

공동체를 위해 특별한 희생을 한 분들께는 특별한 보상을 드려야 한다는 게 제 신념입니다. "독립운동하면 3대가 망한다"는 말처럼, "부를 땐 국가의 아들, 다치면 느그 아들"이라는 씁쓸한 말이 회자되는 현실을 바꾸고 싶었습니다.

그래서 성남시장 시절 전국 최초로 '군 복무 청년 상해보험' 제도를 실시했습니다. 경기도지사 재임 시절에는 31개 시군으로 확대해 경기도 청년들이 군 복무 중 다쳤을 때 누구나 상해보험 혜택을 받을 수 있도록 했습니다.

오늘도 많은 청년께서 취업을 위해 발로 뛰고 계십니다. 기업 역시 필요한 일인데도 청년들만 온전히 부담을 짊어져서는 안 된다 생각했습니다. 그래서 만 18세부터 만 39세 이하 청년을 대상으로 '청년면접수당'을 지급했습니다. 청년들이 실패를 두려워하지 않고 도전할 수 있도록 청년기본소득을 지급했습니다. 앞으로도 조금이나마 부담을 덜어드리기 위해 노력할 것입니다.

그 밖에도 여러 일을 해 왔고, 앞으로도 더 많은 일을 하고 싶습니다.

무엇보다 기성세대에 비해 현저히 줄어든 기회의 총량을 확대하기 위해 노력할 것입니다. 전환적 공정성장을 내세운 이유도 바로 그 때문입니다. 공정과 성장을 통해 기회를 늘리지 않는다면 청년들의 앞으로의 삶에도 근본적인 변화가 어렵다고 생각하기 때문입니다.

청년들께서 "현실은 시궁창"이라며 체념하는 현실을 바꾸고 싶습니다. 저는 주권자의 대리인인 정치인이기 때문입니다.

주권자이신 2030 청년들이 제안이나 부탁하는 게 아니라, 주인으로서 당당히 요구하시면 사리에 맞게 최대한 반영하겠습니다.

주권자의 삶을 개선하는 것은 정치의 책무입니다. 대통령은 국민과 나라의 운명을 책임지는 자리입니다. 그 책임을 다하겠습니다.

모두가 오늘보다 나은 내일에 대한 희망을 품고 살 수 있는 새로운 대한민국, 반드시 만들겠습니다.

전태일, 우리는 그 이름에 너무 많은 빚을 졌습니다.

2021.11.13.

전태일 열사가 우리를 떠난 지 51년입니다. 가슴 속 깊이 추모하며, 이 순간에도 현장에서 땀 흘리는 수많은 전태일을 떠올립니다.

평화시장 피복공장 미싱사 보조로 취직했을 때 나이가 17세입니다. 꽃다운 23세, 화염에 휩싸인 채 "근로기준법을 준수하라" 절규했습니다.

청년 전태일이 산화한 지 십 년이 채 되지 않은 때, 저도 소년 노동자가 되었습니다. 초등학교 졸업 후 교복 대신 작업복을 입고 학교 대신 공장을 가야 했습니다.

반세기 전 청계천 앞에서 산화한 전태일 열사의 울림은 지금도 우리 모

다시, 이재명

두에게 크나큰 빚으로 남았습니다.

세계 10위권 경제규모에 기술도 발전했지만, 여전히 플랫폼 노동자, 택배 등 특수형태근로종사자들은 법의 사각지대에 놓여 있습니다. 얼마 전 여수에서 안타깝게 숨진 현장실습생처럼 여전히 학생과 청년들이 노동현장에서 목숨을 잃고 있습니다.

2021년 오늘도 우리 곁에 있는 수많은 전태일을 생각합니다. 법의 보호를 받지 못하고, 세계 최장에 가까운 장시간 노동에 시달리는 이 시대의 전태일...

지난 7월, 전태일 열사 생가를 찾아 '전태일 열사님의 뜻을 노동존중세상으로 실천해나가겠습니다'라고 각오를 적었습니다.

소년노동자 이재명의 시선으로, 전태일 열사의 심정으로, 일하는 사람 누구나 법의 보호를 받고 노동이 존중받는 사회를 꼭 만들겠습니다.

청년 전태일, 열사 전태일을 오늘 하루 가슴에 품습니다.

어제 만난 청소년 참가자 김〇〇님께 드리는 글

2021.11.17.

어제 기후위기 간담회 자리에서 제게 이런 말씀을 하셨습니다.

정치인들은 청소년의 목소리를 들으려고 하지 않는다. 왜? 표가 되지 않으니까. 똑같은 권리를 가진 동등한 주체이지만 유권자가 아니라서 청년은 불러도 청소년은 만나려고 하지 않는다. 기껏 청소년과 만나도 진지하게 귀를 기울이는 대신에 병풍처럼 둘러놓고 사진 몇 장 찍고 가버린다고 말씀하셨습니다.

정치인과 간담회 자리를 가져보아도 "여러분이 더 열심히 노력하면 바뀔 수 있다"는 답변만 들어서 절망하셨다고 합니다. 왜 국민이 항상 노력해야 하느냐고, 정치와 정치인이 노력을 해서 현실을 바꾸면 안 되느냐는 뼈아픈 질책을 해주셨습니다.

청소년 참가자 김OO 님을 보며 너무나 미안한 마음에 사과를 했습니다. 이 글을 통해 다시 한번 사과드립니다.

김OO 님뿐만 아니라 많은 청소년과 청년들이 가진 기성세대와 정치에 대한 불신과 불만을 헤아립니다. 기후위기든, 기회 부족이든, 여러분이 겪고 있는 구조적인 문제나 나쁜 환경을 만든 건 여러분이 아닙니다.

저는 그런 세상을 바꿔보자고 정치를 시작했고, 지금은 대통령 선거에 도전하고 있습니다. 감히 여러분을 도구로 생각하거나 동원할 마음은 없습니다. 오히려 여러분이 만들고 싶은 세상을 위해 저를 도구로 삼아 달라고 말씀드립니다.

단번에 모든 사람을 만족시킬만한 완벽한 해법을 찾는 것은 쉽지 않습니다. 그런 방법이 있다면 누군가가 진작에 하지 않았겠습니까? 다만 쉽지 않더라도 뚜벅뚜벅 걸어서 원하는 세상을 향해 한 발짝 씩 지치지 않고 나아갈 뿐입니다.

앞으로 청소년과 청년, 또 많은 중장년, 어르신을 비롯한 수많은 국민을 만나 이야기를 듣고, 제 생각을 전할 것입니다. 짧은 만남이겠지만 서로 충실한 시간이 될 수 있도록 최선을 다하겠습니다.

끝으로 어제 만난 청소년 참가자께서 하신 말씀을 새기고 국민께 노력을 요구하는 정치가 아니라, 정치가 국민을 위해 노력하는 모습을 보이기 위해 최선을 다하겠습니다.

수능을 보지 않은 청년의 삶도 힘껏 응원합니다.

2021.11.18.

어제, 수능을 치르는 수험생들을 응원했습니다. 그동안 쌓여온 시간과 자신을 믿고, 후회 없이 보내시라고, 설령 결과가 기대에 미치지 못하더라도 그간의 노력은 절대 사라지지 않는다고 말입니다.

그런데 빠뜨린 말이 있었습니다.

대학에 갈 수 없는, 또는 대학에 가지 않기로 한, 그래서 수능을 보지 않은 청년 여러분의 인생도 똑같이 응원합니다.

세상에는 하나의 길만 있지 않습니다. 여러분 한 명 한 명이 하나의 우주이듯 여러분이 걸어갈 인생의 길도 자기만의 꿈과 색깔로 가득 채워질 여러분만의 우주입니다.

수능을 보았든, 보지 않았든, 여러분 모두 소중한 존재입니다.

여러분의 꿈과 도전을 응원합니다.

역사와 진실의 법정엔 공소시효가 없습니다.

2021.11.23.

전두환씨가 지병으로 사망했습니다.

전직 대통령 이전에 한 자연인의 죽음 앞에 선뜻 추모의 마음을 전할 수 없는 건 현대사에 그가 드리운 그늘이 그만큼 크고 짙기 때문입니다.

전씨는 군사반란을 일으키고 무고한 광주시민을 살상하며 권력을 찬탈한 내란 학살 주범입니다. 현대사의 큰 비극이고 민주공화국에서 용납할 수 없는 역사적 범죄입니다.

그런데도 그는 마지막까지 참회와 증언을 외면했습니다. 5·18 희생자들과 광주 시민들에게 사죄하지도 않았고, 오히려 회고록 등을 통해 진실을 왜곡하고 변명했습니다. 전씨 부부와 가족은 지금까지 추징금을 온갖 꼼수로 미루고 있습니다.

그런 그를 저는 흔쾌히 애도하기 어렵습니다.

역사와 진실의 법정엔 공소시효가 없습니다. 광주 발포 명령자, 암매장 의혹 등 아직까지 밝혀지지 않은 5·18 진상은 중단없이 규명되어야 할 것입니다.

다시, 이재명

쌀 27만 톤 시장 격리, 정부가 즉각 나서주시길 재차 촉구합니다.

2021.12.14.

올해 산지 쌀값이 10월 이후 계속 하락해 농민들이 애를 태우고 있습니다. 10월 5일 22만 7,212원이던 쌀값은 12월 5일 21만 344원으로 1만 7천원 가까이 떨어졌고, 전라도 충청도는 이보다 더 떨어진 것으로 나타났습니다.

지난 11월 24일 이러한 쌀값 폭락을 우려하면서 쌀 27만 톤에 대한 정부의 선제적 시장격리를 제안했지만, 기재부와 농식품부의 미온적인 태도로 아직 이행되지 않고 있습니다.

양곡관리법에 따르면, 초과 생산량이 예상 생산량의 3% 이상이거나 수확기 가격이 전년보다 5% 이상 하락한 경우 시장 격리할 수 있도록 하고 있습니다.

그러나 정부는 현재 산지 쌀값이 작년에 비해 크게 떨어지지 않았다며 시장 격리에 반대하고 있다고 합니다. 밥 한 공기의 쌀값은 고작 300원으로 커피값의 10분의 1에 불과한데다 줄줄이 인상된 인건비, 자재비로 쌀 농가의 실제 경영 여건이 매우 어렵습니다.

쌀값은 '농민 값'이라고 부를 정도로 농산물의 대표가격이며 농민의 희망입니다. 농민들이 제값을 받아 희망이 꺾이지 않도록 해야 합니다. 다시한 번 신속한 쌀 27만 톤 시장 격리를 강력히 촉구합니다.

이소선 어머님 '계엄포고령 위반' 무죄, 사필귀정입니다.

2021.12.21.

전두환 신군부 계엄포고령 위반으로 징역 1년을 선고받았던 故 이소선 어머님께서 오늘 무죄 판결을 받았습니다. 이 기쁜 소식을 어머님과 함께 나눌 수 없어 안타깝습니다.

역사의 법정에 시효는 없고, 정의는 반드시 이루는 날이 옵니다.

1980년 5월 어머님께서는 전태일 열사의 외침을 따라 '그날도' 노동3권 보장을 촉구하는 집회의 선두에 서셨고, 신군부 쿠데타 음모를 규탄하셨습니다. 전두환 계엄군법보통회의는 이를 빌미로 어머님을 기소했고 어느덧 41년의 세월이 지났습니다.

오늘 법원은 "1980년 5월 대학생들 시국 농성과 노동자들 집회에 참석한 행위는 행위의 시기와 동기, 목적, 대상, 수단, 결과 등에 비춰 볼 때 헌정질서를 수호하기 위한 형법 20조 정당행위에 해당한다."고 판결했습니다.

12·12 군사반란 후 권력 장악을 위해 계엄포고령을 선포한 것 자체가 위헌이자 무효입니다. 이소선 어머님의 신군부 규탄 연설은 헌정질서 파괴를 저지한 정당행위로서 무죄판결은 당연한 일입니다.

올해는 전태일 열사 51주기이자 이소선 어머님 10주기입니다. 우리 사회가 이소선 어머님께 진 빚을 조금이나마 갚게 된 것 같아 다행입니다.

그러나 아직 부족합니다. 전태일 열사와 이소선 어머님께서 이루고자 했던 꿈, 노동존중 사회를 향해 뚜벅뚜벅 가겠습니다.

한 아이를 키우려면 온 마을이 필요합니다.

2021.12.26.

오늘은 공공산후조리원을 이용하고 계시거나 이용하셨던 분들을 만나 뵈었습니다. 출산 이후 산후조리원을 찾는 산모는 전체의 75%로 산후조리원은 사실상 필수 코스가 되었습니다. 출산 이후 입원은 2박 3일에서 3박 4일이 평균인데, 그 안에 산모의 몸은 충분히 회복되지 않으며, 이는 신생아 양육 방법을 충분히 교육받기에도 너무나 짧은 시간이기 때문입니다.

그럼에도 공공산후조리원은 단 13곳뿐입니다. 돌봄의 사회적 중요성이 충분히 현실화되지 못한 겁니다. 아이와 산모를 위해 조금이라도 더 좋은 것을 해주고 싶은 마음은 자연스러운 일입니다. 그렇다 보니 산모와 가족은 기꺼이 높은 비용을 지불하게 됩니다.

비싼 금액을 내고 간 산후조리원이라고 할지라도 부모는 마음을 놓고 완전히 신뢰하기 어렵습니다. 공공이 나서서 산후조리원의 표준화를 이끌어야 합니다. 생명과 안전은 국가 책임입니다. 아이 키우기 좋은 나라, 대한민국이 되기 위해 산모들이 안전하게 아이를 낳고 또 산후조리를 할 수 있는 환경이 중요합니다. 공공산후조리원 확대를 위해 노력하겠습니다. 아이를 키우기 위해서는 한 가족이 아니라 온 마을이 필요합니다.

이재명
주요 연설

제20대 대통령선거 민주당 후보경선 출마선언문

2021.07.01.

존경하는 국민여러분! 사랑하는 당원동지 여러분!

"대한민국은 민주공화국이다." "대한민국의 주권은 국민에게 있고 모든 권력은 국민으로부터 나온다." 대한민국 헌법 1조를 읽으며 두렵고 엄숙한 마음으로 20대 대통령선거 출마를 선언합니다.

국가의 존재이유, 국가를 만들고 함께 사는 이유는 더 안전하고 더 나은 삶을 위해서입니다. 주권의지를 대신하는 정치는 튼튼한 안보로 국민의 생명과 안전을 지키고, 공정한 질서 위에 국민의 더 나은 삶을 일궈내야 합니다. 특권과 반칙에 기반한 강자의 욕망을 절제시키고 약자의 삶을 보듬는 억강부약 정치로 모두 함께 잘 사는 대동세상을 향해가야 합니다.

오늘의 대한민국이 위기입니다. 국민의 피와 땀으로 대한민국은 선진국이 되었습니다. 우리 기성세대는 현실은 척박해도 도전할 기회가 있고, 내일은 더 나을 것이라 믿어지는 세상을 살았습니다.

그러나 오늘날 대한민국 국민의 삶은 위기를 맞고 있습니다. 취약계층이 되어버린 청년세대의 절망이 우리를 아프게 합니다. 국민의 위기는 곧 국가의 위기입니다. '오늘은 어제보다 더 안전해졌는가. 내일은 오늘보다 더 나을 것인가'라는 국민의 질문에 정치는 답해야 합니다.

에너지대전환과 디지털대전환이 산업경제재편 뿐 아니라 일상생활의

틀마저 바꾸도록 요구하는 것도 또 다른 위기입니다.

위기의 원인은 불공정과 양극화입니다. 누군가의 부당이익은 누군가의 손실입니다. 강자가 규칙을 어겨 얻는 이익은 규칙을 어길 힘조차 없는 약자의 피해입니다. 투기이익 같은 불공정한 소득은 의욕을 떨어뜨리고, 불평등과 양극화를 키웁니다.

어느 때보다 더 많은 자본, 더 나은 기술, 더 훌륭한 노동력, 더 튼실한 인프라를 갖추었음에도 우리가 저성장으로 고통 받는 것은 바로 불공정과 불평등 때문입니다. 불평등 양극화는 상대적 빈곤이라는 감성적 문제를 넘어, 비효율적 자원배분과 경쟁의 효율 악화로 성장동력을 훼손하고 경기침체와 저성장을 부릅니다. 저출생, 고령화, 실업, 갈등과 균열, 사교육과 입시지옥 같은 모든 문제는 저성장에 의한 기회빈곤이 주된 원인입니다.

투자만 하면 고용, 소득, 소비가 늘어 경제가 선순환하던 고도성장 시대는 갔습니다. 지금은 투자할 돈은 남아돌고 성장해도 고용이 늘지 않습니다. 줄어든 기회 때문에 경쟁이 과열되고 경쟁과열은 불공정에 대한 불만을 분노로 바꿉니다. 이제 승자만 생존하는 무한경쟁 약육강식이 일상이 되었습니다.

풀 수 없는 매듭은 자르고, 길이 없는 광야에는 길을 내야 합니다. 사람이 만든 문제는 사람의 힘으로 얼마든지 해결할 수 있습니다. 정치의 요체는 이해관계 조정이기 때문에 더 많은 사람에게 더 많은 혜택이 돌아가는 개혁정책일수록 기득권 반발은 그만큼 더 큽니다.

정치는 아이디어 경진대회가 아니고 정책에는 저작권이 없습니다. 수많은 정책 중에서 가장 효율적인 정책을 선택하는 것은 용기와 결단의 문제이고, 강력한 추진력이 있어야 개혁정책이 성공할 수 있습니다.

공정성 확보가 희망과 성장을 가능하게 합니다. 역사적으로 공정한 나라는 흥했고 불공정한 나라는 망했습니다. 공정한 사회에는 꿈과 열정이 넘치지만, 불공정한 사회는 좌절과 회피를 잉태합니다.

규칙을 지켜도 손해가 없고 억울한 사람도 억울한 지역도 없는 나라, 기회는 공평하고, 공정한 경쟁의 결과 합당한 보상이 주어지는 사회여야 미래가 있습니다.

공정성 확보, 불평등과 양극화 완화, 복지확충에 더해서, 경제적기본권이 보장되어 모두가 최소한의 경제적 풍요를 누리는 사회여야 지속적 성장과 국민의 더 나은 삶이 가능합니다.

경제는 민간과 시장의 몫이지만, 대전환시대의 대대적 산업경제구조 재편은 민간기업과 시장만으로 감당하기 어렵습니다. 대공황시대 뉴딜처럼 대전환 시대에는 공공이 길을 내고 민간이 투자와 혁신을 감행할 수 있게 해야 합니다.

규제합리화로 기업의 창의와 혁신이 가능한 자유로운 공간을 확보해야 합니다.

미래형 인적자원 육성시스템으로 기초 및 첨단 과학기술을 육성하고 문화컨텐츠 강화를 위해 문화예술 지원을 확대해야 합니다.

대대적 인프라 확충과 강력한 산업경제 재편으로 투자기회 확대와 신성장동력을 발굴하고 새로운 일자리와 지속적 공정성장의 길을 열어야 합니다.

반걸음 늦으면 끌려가지만, 반걸음 앞서면 위기를 기회로 활용할 수 있습니다. 전세계적 위기는 우리 경제가 과거의 고단한 추격경제에서 선도경제로 나아갈 절호의 기회입니다.

한반도평화경제체제 수립, 대륙을 여는 북방경제활성화도 새로운 성장에 큰 힘이 될 것입니다

지금은 이재명! 이재명은 합니다!

약속을 어겨도 제재가 없는 정치에선 공약위반이 다반사이고, 그래서 정치는 불신과 조롱의 대상입니다. 전문가 몇 명이면 그럴듯한 공약은 얼마든지 만들 수 있습니다. 현재의 거울에 비친 과거가 바로 미래입니다. 누군가의 미래가 궁금하면 그의 과거를 보아야 합니다.

저 이재명은 지킬 약속만 하고 한번 한 약속은 반드시 지켰습니다. 성남시장 8년, 경기도지사 3년 동안 공약이행률이 90%를 넘는 이유입니다. 주권자중심의 확고한 철학과 가치, 용기와 결단, 강력한 추진력으로 저항을 이겨내며 성과로 증명했습니다.

다시, 이재명

위기를 이겨온 사람만이 위기를 극복할 수 있습니다. 기회는 누구나 활용하지만, 위기를 기회로 바꾸는 것은 아무나 할 수 없는 일입니다. 위기가 더 많았던 흙수저 비주류지만 위기를 기회로 바꾸며 성과를 만들어 온 저 이재명이야말로 위기의 대한민국을 희망민국으로 바꿀 수 있습니다.

청년배당으로 난생처음 과일을 사먹었다는 청년, 극저신용대출 덕에 다시 살아보기로 했다는 한부모 가장, 재난기본소득 때문에 가게 문을 닫지 않았다는 소상공인, 경기도의 도움으로 체불임금을 받아 행복하다는 알바 청소년을 기억하겠습니다.

여성들이 안전에 불안을 느끼고 차별과 경력단절 때문에 고심하지 않는 나라, 노력과 능력에 따라 개천에서도 용이 나는 나라, 죽음을 무릅쓰고 노동하지 않는 나라, 과도한 경쟁 때문에 친구를 증오하지 않아도 되는 나라, 사교육비에 부모님 허리가 휘지 않고 공교육만으로도 필요역량을 충분히 키우는 나라를 만들겠습니다.

배고픔에 계란을 훔치다 투옥되는 빈민, 세계 최고의 빈곤율에 시달리며 불안한 노후에 고심하는 노인, 생활고와 빚더미로 세상을 버리는 일가족이 더 이상 뉴스에 나지 않게 하겠습니다.

불가능해 보이던 계곡불법시설을 정비한 것처럼, 실거주 주택은 더 보호하되 투기용 주택의 세금과 금융제한을 강화하고, 적정한 분양주택 공급, 그리고 충분한 기본주택 공급으로 더 이상 집 문제로 고통받지 않게 하겠습니다.

대전환의 위기를 경제재도약의 기회로 만드는 강력한 경제부흥정책을 즉시 시작하겠습니다. 획기적인 미래형 경제산업 전환으로 양질의 일자리를 늘리고 국가재정력을 확충해 보편복지국가의 토대를 만들겠습니다.

기본소득을 도입해서, 부족한 소비를 늘려 경제를 살리고, 누구나 최소한의 경제적 풍요를 누리며 하고 싶은 일을 하는 사회를 만들겠습니다.

더 많은 문화예술체육 투자로 건강한 국민이 높은 수준의 문화예술을 만들고 즐기는 세계 속 문화강국을 만들겠습니다.

충분한 사회안전망으로 해고가 두렵지 않고, 동일노동 동일임금이 보장되는 합리적 노동환경을 만들겠습니다.

빈자와 부자, 강자와 약자, 중소기업과 대기업, 정규직과 비정규직, 도시와 농어촌, 수도권과 지방 등 온갖 갈등의 영역에서 사회적대타협을 통해 균형과 상식을 회복하겠습니다.

경쟁이 끝나면 모두를 대표해야 하는 원리에 따라 실력중심의 차별 없는 인재등용으로 융성하는 새 나라를 만들겠습니다.

한반도는 해양과 대륙 세력의 충돌로 위기와 기회가 공존합니다. 강력한 자주국방력을 바탕으로 국익중심 균형외교를 통해 평화공존과 공동번영의 새 길을 열겠습니다.

진영논리와 당리당략으로 상대의 실패와 차악 선택을 기다리는 정쟁정치가 아니라 누가 잘하나 겨루는 경쟁정치의 장을 열겠습니다.

국민과의 약속은 반드시 지키고, 할 일은 했던 것처럼 실용적 민생개혁에 집중하여 곳곳에서 작더라도 삶을 체감적으로 바꿔가겠습니다.

국민을 가르치는 '지도자'가 아닌 주권자를 대리하는 일꾼으로서 저 높은 곳이 아니라 국민 곁에 있겠습니다. 어려울 땐 언제나 맨 앞에서 상처와 책임을 감수하며 길을 열겠습니다.

대한민국의 민주화, 외환위기 극복, 복지국가기틀 마련, 한반도평화정착이라는 역사적 성과를 만든 더불어민주당의 당원으로서 현장속에서 더 겸손하게 국민의 목소리에 귀 기울이는 더 나은 국민정당을 만들겠습니다.

자랑스런 김대중, 노무현, 문재인 정부의 토대 위에 필요한 것은 더하고, 부족한 것은 채우며, 잘못은 고쳐 더 유능한 4기 민주당정권, 더 새로운 이재명정부로 국민 앞에 서겠습니다.

존경하는 국민여러분,

정치적 후광, 조직, 돈, 연고 아무것도 없는 저를 응원하는 것은 성남시와 경기도를 이끌며 만들어낸 작은 성과와 효능감 때문일 것입니다. 실적으로 증명된 저 이재명이 나라를 위한 준비된 역량을 발휘할 수 있게 더 큰 도구를 주십시오. 새로운 대한민국, 더 나은 국민의 삶으로 보답하겠습니다.

위기의 대한민국! 지금은 이재명!

새로운 대한민국! 이재명은 합니다!

감사합니다.

더불어민주당 대선 경선 후보 이재명

광주·전남·전북 특별기자회견문

2021.09.17.

먼저, 안타까운 말씀을 드립니다. 호남이 배출한 정치거목 정세균 후보님께서 경선 중단을 선언하셨습니다. 민주당의 기둥이시고 저에게는 존경하는 정치 선배이십니다. 개인적으로도 많은 도움과 가르침을 주신 분이고, 지금의 정치인 이재명이 있게 해주신 분이신데 경쟁하는 것조차 죄스럽습니다. 참으로 안타까운 일이지만, 정 후보님의 정치적 신념과 이루시고자 했던 정책을 이어받겠습니다. 정 후보님께서 말씀하신 "하나 되는 민주당, 새로운 대한민국의 꿈"이 4기 민주정부에서 꽃필 수 있도록 최선을 다하겠다는 말씀을 드립니다.

존경하는 전북, 전남, 광주 시도민 여러분, 그리고 더불어민주당 당원동지 여러분.

지금 이곳은 전두환 신군부의 헬기 기총사격 흔적이 남아있는 전일빌딩입니다. 가슴이 먹먹합니다. 콘크리트 벽과 바닥에 박힌 245개 선명한 기총 탄흔이 역사의 진실을 적나라하게 보여주고 있지만 40년이 지난 지금 이 순간까지 발포명령자도 처벌받은 자도 없습니다. 광주의 진실을 밝히려는 이들을 고발하고 그 참혹했던 5.18의 진실에 모르쇠로 일관하는 자들만 있습니다. 빳빳이 고개 들고 골프장과 법정을 오가는 전두환을 속수무책으로 지켜봐야 하는 피해유가족들을 생각하면 안타깝고, 죄스럽고, 참담합니다.

아직도 우리 사회 곳곳에 남아있는 전두환을 봅니다. 군복이 사라진 자리에 '법복 입은 전두환'이 활개를 칩니다. 무소불위 위헌 불법의 국보위는 서초동에서 부활했고, 검찰·언론·경제 기득권 카르텔은 건재합니다.

그래서 이번 대선은 기득권 적폐세력과의 마지막 승부입니다. 공정과 정의를 가장한 가짜 보수, 대한민국을 촛불혁명 이전으로 되돌리려는 국정농단 세력이 완전히 사라지느냐 부활하느냐 하는 역사적 대회전이 기다리고 있습니다. 다시 호남의 힘, 호남의 결단이 필요합니다. 군부독재를 끝장내고 민주정권을 만들어 냈던 호남의 힘으로, 적폐 기득권과의 마지막 대회전까지 승리로 장식해 주시기 바랍니다. 김대중 대통령과 함께 역사상 최초인 수평정권교체로 민주, 자유, 평화, 평등, 인권의 문을 열었던 호남이 이제 완전히 공정하고, 완전히 정의롭고, 완전히 새로운 대한민국을 만들어 주십시오. 친일 독재 부패의 잔영이 남아있는 이 나라를 희망과 열정이 넘치는 나라로, 부강한 자주독립의 나라로 만들기 위해서는 민주정권 재창출에 모든 것을 걸어야 합니다.

이명박 박근혜 정부가 집권하면서 어떤 일이 벌어졌는지 우리는 똑똑히 목격했습니다.

김대중, 노무현 10년 민주정부의 역사는 짓밟히고 부정당했습니다. 조금씩 드러나던 5.18의 진실은 다시 은폐되었고 광주정신은 처절하게 능욕당했습니다. 호남 출신이라는 이유로 공직에서 차별받았고, 호남의 아들 딸들은 이력서 주소를 당당히 쓰지 못했습니다. 다시 그때로 돌아갈 수는 없습니다. 아니 결코 돌아가서는 안됩니다.

지금, 정당지지율과 대통령 지지도는 역대 어떤 정권보다 높지만, 정권 교체 여론은 정권재창출보다 높습니다. 민주개혁세력의 위기이고, 이 나라의 위기입니다. 그러므로, 구도와 당세를 뛰어넘는 후보가 필요합니다. 실적으로 검증된 유능함과 국민의 높은 신뢰로, 야권 후보를 압도하고 본선에서 반드시 승리할 후보라야 합니다. '저 사람이 대통령 되면 내 삶이 바뀌겠구나, 저 사람이라면 오늘보다 나은 내일이 가능하겠구나' 라고 국민이 믿고 기대할 수 있어야 합니다. 진보, 중도는 물론 보수의 마음까지 얻어야 하고, 전국 모든 지역에서, 모든 세대에서 고른 지지를 받을 수 있어야 합니다.

감히 저 이재명이 그런 후보라고 말씀드립니다. 저 이재명은 성남시장 경기도지사를 거치며 주권자들에게 "정치가 내 삶에 도움이 되는구나" 하는 효능감을 느끼게 했습니다. 약속을 지키며, 누구보다 청렴하게, 실적으로 실력을 입증해 왔습니다.

공정회복을 통한 성장의 회복, 전환의 위기를 성장의 기회로 활용하는 전환적 성장, 기본소득, 기본주택, 기본금융, 균형발전, 보편복지처럼 국민의 삶을 바꿔낼 확실한 비전도 있습니다.

전국적인 고른 지지 외에도, 중도층이 많은 수도권에서 어떤 후보보다 압도적 지지를 받고 있습니다.

기득권의 저항을 감수하고 두려움을 걷어내며 과감한 개혁을 선택하는 용기, 한다면 하는 강력한 추진력과 리더십으로 합리적 보수의 마음도 얻어가고 있습니다.

김대중, 노무현, 문재인 정부를 이어 청출어람하는 4기 민주정부 창출, 민생개혁 완수와 한반도 평화체제 확립, 국정농단 적폐와의 정면승부, 호남이 저 이재명을 선택해 주시면 얼마든지 가능한 일입니다.

존경하는 전북 전남 도민, 광주시민 여러분, 정당지지율, 대통령 지지도는 괜찮은데 왜 정권교체 여론이 더 높을까요? "야당은 아직도 정신 못 차렸다. 정부 여당이 부정부패도 없고 방역 경제 외교 남북관계 다 잘해왔지만, 부동산 제대로 못 풀고, 사회경제개혁 기대에 못 미친다. 다음 정부는 더 나았으면 좋겠다" 이것이 바로 국민의 마음 아니겠습니까.

그렇기 때문에, 정권재창출도 중요하지만 어떤 정권재창출이냐가 더 중요합니다. 국민이 원하는 것은 단순한 정권연장도, 무조건적 정치세력 교체도 아닙니다. 더 새롭고, 더 유능하고, 더 국민의 마음을 헤아리는 정부를 원합니다. 촛불혁명 주역인 국민이 촛불정부에 더 많은 개혁, 더 많은 전진을 요구하고 있는 것입니다. 부모들은, 자녀들이 자신을 뛰어넘어 조금이라도 더 잘 살고, 더 인정받고, 더 행복하기를 바랍니다. 성남시민 경기도민들께서도 저의 후임 성남시장, 경기도지사가 제가 걸어온 길을 그대로 답습하는 것에 만족하지 않습니다.

김대중 대통령님도, 노무현 대통령님도 좋은 점은 계승하고, 나쁜 점은 고치고, 부족한 점은 채우고, 필요한 것은 더하는 청출어람하는 후임정부를 바랬을 것입니다. 문재인 대통령님도 그럴 것입니다. 이어질 4기 5기 6기 민주정부 대통령도 당연히 그럴 것입니다. 누가 대통령이 되어도 정권 재창출이고 4기 민주정부입니다. 그러나, 과연 누가 동학혁명과 광주혁명 정신을 실현하고 강력한 개혁으로 '함께 사는 세상' 이뤄낼 수 있겠습니까? 누가 후보가 되어야 민주당이 변화를 택했다는 강력한 메시지를 국민에게 주겠습니까? 누가 본선에서 확실히 승리하고, 국민이 만족할 국가개혁, 경제성장, 공정사회 이뤄내겠습니까?

저 이재명은 정규교육도 제대로 못 받은 장애인 소년노동자 출신의 비주류 아웃사이더입니다. 그러나, 태생적 열세와 기득권의 핍박 속에서도 바르고 굳세게, 용감하고 청렴하게, 위기를 기회로 만들며, 어떤 정치인보다 더 많은 성과로 주권자의 선택에 보답해 왔습니다. 저는 어딘가에, 누군가에, 무엇인가에 기대 대통령이 되고 싶지 않습니다. 오로지, 더 새로운 길을 내는 이재명만의 비전으로, 실적에서 증명된 실력만으로 국민께 인정받겠습니다. 이미 변화는 시작되었습니다. 작년 이맘때 저의 여권후보 지지도 1위, 상상할 수 없었습니다. 두 달 전 출마선언 때 과반득표, 역시 상상불가였습니다. 그러나 지금 이 순간, 계보도, 조직도, 화려한 스펙도 없는 저 이재명에게 국민과 당원동지들께서 과분한 사랑과 기대를 보내주고 계십니다. "야당에게는 나라 못 맡기겠다. 민주당을 확 바꿔서 더 나은 민주정부 만들라. 내 삶과 미래를 바꿔달라"는 국민 염원이 표출된 것 아니겠습니까? 대한민국 민주진영의 중심, 광주전북전남 시도민 여러분, 조금만 더 힘을 모아 결단해 주십시오. 경선이 '경쟁'을 넘어 네거티브 흑색선전으로 얼룩진 균열과 갈등의 '전쟁'이 되지 않게 해야 합니다.

경선 후 상처치유, 전열정비에 과도한 에너지가 소진되면 안 됩니다. 특히, 불복과 분열의 씨앗이 싹트게 하면 안 됩니다.

원팀은 민주당의 기본자세이자 실제 역사입니다. 경선이 끝나는 즉시, 용광로 선대위로 신속하고 단단하게 뭉쳐 오직 정권재창출 한길로 매진해야 합니다. 그러기 위해서는, 그러기 위해서는 압도적인, 압도적인 경선승리가 필요합니다.

지금까지 그랬던 것처럼 호남이 모든 것을 결정합니다. 모두가 호남의 결정을 숨죽인 채 지켜보고 있습니다. 개혁정신의 본향, 민주세력의 심장 호남이 확실한 변화, 확실한 정권재창출, 확실한 이재명을, 확실히 선택해 주십시오.

존경하는 광주전남북 시도민 여러분, 4년 전, 호남은 '나라다운 나라'를 원했고, 그래서 현명하고 탁월하게도, 준비된 대통령을 선택했습니다. 문재인 대통령을 잇는 다음 대통령의 임무는 무엇이어야 합니까? 위기의 시대 4기 민주정부의 대통령은 어떤 리더여야 합니까? 차기 대통령은 집권 초기를 역사상 가장 강력한 민주개혁 국회와 함께 합니다. 민주당 169석, 개혁진영 189석, 87년 직선제 쟁취 이후 이런 호기는 없었습니다. 압도적인 민주개혁 국회와 함께 할 2022년부터 2024년은 정조 이래 '최대치의 개혁'을 해낼 역사적 기회입니다. 완전한 친일·독재 청산, 검찰개혁, 언론개혁, 재벌개혁... 그동안 민주정부가 못다 이룬 이 염원들을 그 2년 안에 신속하고 완벽하게 이뤄내야 합니다.

누구나 개혁을 말할 수 있습니다. 그러나 개혁의 고통과 반발을 감내하며 할 일을 하는 것이 말처럼 쉽지 않습니다. 개혁에 저항하며 부당한 이익을 지키려는 기득권의 강고하고 집요한 저항은 상상을 초월합니다. 위기시대 격변의 파고를 관리형 리더로는 넘을 수 없습니다. 위기시대 대통령은 철학과 비전이 뚜렷하고, 기득권을 두려워하지 않는 용기와 강력한 추진력을 갖춰야 합니다. 무상교복, 청년기본소득, 산후조리지원, 제가 시작

다시, 이재명

한 작은 민생정책의 일부입니다. 간단해 보이는 이 일들 어느 것 하나 쉬운 것은 없습니다. 무상교복도 박근혜 정부가 막았고, 청년배당은 대법원 제소까지 당했습니다. 공공산후조리원은 정부가 법까지 고쳐가며 막았습니다. 당연한 일을 하는데도, 광화문 단식투쟁이 필요했습니다.

대장동 민간개발사업을 공영개발로 바꿔 개발이익을 5503억원이나 환수한 것도 마찬가지입니다. 기득권 집단의 집요한 로비와 압박에 이어, 가짜뉴스로 음해하고, 없는 죄 만들어 씌우고, 심지어 가족까지 해체시키며 방해했습니다. 기득권과 맞서려면 생계와 정치생명을 거는 용기가 필요했습니다. 1989년 2월 인권변호사로 출발한 후 지금까지 32년간 경찰, 검찰, 국정원, 보수언론과 숱하게 부딪혔습니다. 있는 죄도 덮고 없는 죄도 만드는 무소불위 검찰은 시도 때도 없이 저의 모든 것을 털었습니다. 윤석열 검찰이 피의자를 협박하며 저를 표적수사 했다는 의혹보도가 있었지만, 평생 겪어온 일상이라 전혀 새삼스럽지 않았습니다.

불법과 뇌물로 얼룩진 대장동 민간개발사업을 공영개발로 바꿔 5500억원을 공익환수했는데, 칭찬할 일 아닙니까? 그냥 민간개발 허가해서 민간업자가 돈을 벌 수 있도록 방치했으면 칭찬할 것입니까? 그런데도 조선일보는 성남시와 무관한 민간투자자 내부문제를 침소봉대하고, 견강부회하며 마치 저에게 무슨 불법이라도 있는 양 가짜뉴스를 쏟아냅니다.

경기도가 유상인수해 무료화하려는 일산대교는 28개 한강다리 중 유일한 민자사업 유료다리입니다. 초저금리 시대에 셀프대출에 20%이자를 챙기면서, 수익이 부족하다고 통행료 인상에 최소수익보장으로 도민혈세까지 가져가는 것은 부당하지 않습니까? 똑같이 세금 내면서 차별받는 국민을 보호하고 혈세낭비 막으려고 법에 따라 보상 후 공공시설로 만드는 것을 두고도, 벌떼같이 달려들어 '사회주의자'라고 비난합니다.

초과세수 여윳돈으로 재난지원금 100% 지급한다니까 부채가 증가한다는 거짓말까지 해 가며 물어뜯습니다. 기가 막혀서, 조선일보에 가짜뉴스, 이재명 죽이기 중단하고, 민주당 경선과 대선에서 손 떼라고 요구했습니다.

대다수 국민이 그랬듯이 저 이재명도 언론의 가짜뉴스에 속아 5.18을 폭도로 오인하고 억울한 피해자를 2차 가해했습니다. 5.18의 진실을 알게 되면서 수치심과 죄책감 때문에 개인적 영달을 꿈꾸던 저도 180도 인생을 바꾸었습니다. 그 이후 저의 삶은 기득권과 끝없는 투쟁이었습니다. 두려움 때문에 할 일을 피하지 않았고, 불의와 타협하지 않았고, 돈과 명예 온갖 유혹에 넘어가지 않았습니다. 단 한 톨의 먼지나 단 1원의 부정부패라도 있었다면 이재명은 가루가 되었을 것입니다. 멈추고 싶을 때도 많았습니다. 그때마다 희생된 선배들이 저를 다시 일으켜 세워주었고, 힘겨운 삶에 고통받는 민중의 삶이 저의 전진을 독려했습니다.

광주전남북 시도민 여러분, 기득권의 공격은 이 순간에도 계속되고 있

다시, 이재명

습니다.

온갖 왜곡과 음해 흑색선전을 헤치고 저 이재명이 어떤 삶을 어떻게 살아왔는지, 어떤 일을 해왔는지 살펴보아 주십시오. 누군가의 미래는 현재의 거울에 비친 그의 과거입니다. 청렴했고 약속을 지켰고 실적을 냈던 사람만이 미래에도 약속을 지키고 실적을 내고 청렴정치 할 것입니다.

저는 일을 할 줄 압니다. 국민이 맡긴 권한을 제대로 사용하고, 공직자들이 국민을 위해 스스로 일하게 하는 방법을 압니다. 뚜렷한 성과로 저를 대선후보로까지 키워준 성남시와 경기도의 공직자들은 이대엽 성남시장, 김문수, 남경필 경기도지사 때와 같은 공직자들입니다. 같은 공직자도 지휘자가 누구냐에 따라 그들이 만들어 내는 결과는 하늘과 땅 차이입니다. 제게 기회를 주시면, 대선에서 반드시 승리하겠습니다. 성남시를 바꾸고 경기도를 바꿨듯이 지역을 바꾸고, 국민의 삶을 바꾸고, 대한민국의 위상을 바꿔놓겠습니다. 대한민국 100만 공직자가 국민을 위한 공복으로서 충실하게 일하는 모습을 보여드리겠습니다. 한 명의 공직자가 얼마나 많은 일을 할 수 있는지, 과감한 정치·행정 개혁이 어떻게 가능한지, 어떤 결과를 만들어 내는지 확실히 보여드리겠습니다.

호남이 피로써 지켜낸 민주주의가 세계의 부러움을 사는 선진모범국가를 만들었습니다. 개혁진영의 버팀목 호남이 세 번의 민주정부를 만들었습니다. 광주전남북 시도민 여러분, 당원동지 여러분께 호소드립니다. 네 번째 민주정부, 이재명개혁정부 탄생의 주역이 되어 주십시오. 호남의 인재를 적극 발굴하고 키워서 대한민국의 든든한 동량으로 만들겠습니다. 배려가 아닌 국가생존 과제가 되어버린 국토균형발전 이뤄내고 무너진 호남경제 반드시 되살리겠습니다.

저 이재명은, 국민의 집단지성을 믿고 오로지 국민만 바라보며 할 일을 해왔습니다.

비록 넘어지고 상처받을지라도 국민과 나라를 위한 길이라면, 맨 앞에서 가시밭길 헤치고, 새 길을 내며 전진하겠습니다. 동학혁명과 광주혁명의 개혁정신을 실천해 온 후보가 저 이재명입니다. 가장 민주당다운 후보, 가장 개혁적인 후보가 이재명입니다. 위기를 기회로 만들며 불가능에 도전해 온 저 이재명만이 대한민국의 위기를 선도국가의 기회로 바꿀 수 있습니다.

저에게 기회를 주십시오. 김대중, 노무현, 문재인을 선택해 국가의 운명을 바꾼 호남이 이번에는 저 이재명을 선택해 주십시오.

오늘보다 더 나은 내일, 희망 넘치는 새로운 대한민국으로 국민과 당원동지들의 믿음과 지지에 반드시 보답하겠습니다.

감사합니다.

다시, 이재명

제20대 대한민국 대통령선거

더불어민주당 후보 선출 감사 연설

2021.10.10.

가장 먼저 대한민국의 새로운 미래를 가능하도록 길을 열어주신 국민 여러분 그리고 더불어민주당 당원동지 여러분, 그리고 송영길 대표님을 비롯한 우리 더불어민주당 지도부 여러분께 감사 인사를 드리겠습니다.

어려운 길을 함께 걸어 와주신 존경하는 우리 더불어민주당의 대선배이신 이낙연 후보님, 개혁의 기수이신 우리 추미애 후보님, 그리고 젊은 유능한 진보정치인 우리 박용진 후보님께 진심으로 감사의 말씀을 드립니다. 앞으로 함께 대한민국의 새로운 미래를 4기 민주정부와 함께 끌어갈 확실한 선배님, 동료로서 각별한 부탁의 말씀을 드립니다. 진심으로 고맙습니다.

"대한민국은 민주공화국이다."

"대한민국의 주권은 국민에게 있고 모든 권력은 국민으로부터 나온다."

그렇습니다. 대한민국 헌법 1조에 명시된 것처럼, 나라의 주인은 국민입니다. 모든 국가권력은 국민을 위해 사용되어야 합니다. 정치의 존재이유는 국민의 더 나은 삶이어야 합니다.

존경하는 국민 여러분, 더불어민주당 당원동지 여러분.

제 20대 대한민국 대통령선거 더불어민주당 후보, 이재명 다시 인사드립니다.

오늘 우리는 '변화'를 선택했습니다.

중·고등학교도 제대로 다니지 못했습니다. 어린 나이 때문에 제 이름으로는 공장 취직도 할 수 없어서 남의 이름으로 공장을 다녔습니다. 프레스에 눌려서 팔이 휘어지고, 독한 약품에 후각을 절반 이상 잃어버린 장애인 소년 노동자입니다. 정치적 후광도 조직도 학연도 지연도 없습니다. 국회의원 경력 한 번 없는 변방의 아웃사이더입니다.

그런 저 이재명에게 집권여당 대통령 후보라는 막중한 임무를 맡겨 주셨습니다.

"국민의 삶과 동떨어진 구태정치, 정쟁정치 중단하라"

"기득권의 잔치, 여의도 정치를 혁신하라"

"경제를 살려라, 민생을 챙겨라, 국민의 삶을 바꿔라"

모두 절박하고 준엄한 국민의 명령입니다.

오늘 우리는 개혁을, 새로움을 선택했습니다.

지난 30여 년간 검찰, 경찰, 국정원, 부패정치세력, 온갖 기득권과 맞서 싸우면서 언제나 이겨온 저 이재명에게 민생개혁, 사회개혁, 국가개혁 완수라는 임무를 부여하셨습니다.

"불공정과 불평등, 부정부패를 청산하고 공정과 정의를 바로 세우라"

"불로소득을 없애고 일하는 사람이 존중받고 잘 사는 나라 만들라"

다시, 이재명

분명하고 준엄한 국민의 명령입니다.

국민의 명령을 엄숙하게 실행하겠습니다. 국민이 요구하는 '변화와 개혁'을 반드시 완수하겠습니다.

저 혼자서는 할 수 없는 일입니다. 그런데 이 자리에 든든한 동지들이 계십니다. 끝까지 선의의 경쟁을 해주신 존경하는 이낙연 후보님, 개혁의 깃발 높이 들어주신 존경하는 추미애 후보님, 민주당을 더 젊게 만들어 주신 존경하는 박용진 후보님께 진심으로 감사 말씀드립니다. 정세균, 김두관, 최문순, 양승조, 이광재 후보님께도 고마움을 전합니다.

전국의 당원동지 여러분, 각별한 인사 말씀, 감사 말씀드립니다. 동지들이 계셔서 우리 민주당이 더 커졌습니다. 더 단단해졌습니다. 제4기 민주정부, 이재명 정부 창출의 동지로 끝까지 함께하겠습니다. 이 모든 분들께 뜨거운 감사의 박수 보내주시면 좋겠습니다.

존경하는 국민 여러분, 사랑하는 당원동지 여러분.

지금 대한민국은 안팎의 거대한 도전에 직면해 있습니다. 전환의 시대입니다. 에너지전환, 디지털전환, 팬데믹, 국가 간 무한경쟁, 그리고 감내하기 어려운 불평등과 격차, 구조적인 경기 침체, 이 모두 일찍이 우리가 경험하지 못한 위기입니다.

안으로는, 불공정과 불평등, 불균형과 저성장의 악순환으로 경쟁과 갈등이 격화되고 공동체적 연대는 취약해지고 있습니다. 경제는 선진국인데

다수의 국민은 꿈과 의욕을 잃고 절망에 빠져들고 있습니다.

밖으로는, 갈수록 격렬해지는 국가간 무한경쟁이 우리에게 선택하기 어려운 선택을 강요하고 있습니다. 그러나 위기 속에서도 하려는 사람은 방법을 찾고, 피하려는 사람은 핑계를 찾습니다.

저 이재명은 방법을 찾겠습니다. 지금까지 그래왔던 것처럼 위기를 기회로 만들겠습니다. 선택을 강요당하지 않고 선택을 요구할 수 있게 하겠습니다. 위대한 국민과 함께, 위대한 도전에 담대하게 나서겠습니다.

첫째, 이 대전환의 위기를 대도약의 기회로 만들겠습니다.

기후위기와 기술혁명, 세계적 감염병에 가장 잘 대응한 나라 대한민국. 그래서 일본을 추월하고, 선진국을 따라잡고, 마침내 세계를 선도하는 나라. 그런 대한민국을 만들겠습니다.

둘째, 국가주도의 강력한 경제부흥정책으로 경제성장률 그래프를 우하향에서 우상향으로 바꾸겠습니다.

좌파정책으로 대공황을 이겨낸 루즈벨트에게 배우겠습니다. 경제에, 민생에 파란색, 빨간색이 무슨 상관이겠습니까? 유용하고 효율적이면 진보·보수, 좌파·우파, 박정희 정책 김대중 정책 무슨 차이가 있겠습니까? 국민의 지갑을 채우고, 국민의 삶을 조금이라도 개선할 수 있다면 가리지 않고 과감하게 채택하고 과감하게 집행하겠습니다.

셋째, 적폐를 일소하고 공정하고 정의로운 나라를 만들겠습니다.

다시, 이재명

큰 적폐만 적폐가 아닙니다. 국민의 삶을 옥죄고 공정을 해치는 모든 것들이 적폐입니다. 정치, 행정, 사법, 언론, 재벌, 권력기관뿐만 아니라 부동산, 채용, 교육, 조세, 경제, 사회, 문화 등 국민의 삶 모든 영역에서 불공정과 불합리를 깨끗이 청산하겠습니다.

누구도 규칙을 어겨 이득 볼 수 없고, 규칙을 지켜서 손해 보지 않는 나라, 모든 영역, 모든 지역에서 특별한 희생에는 특별한 보상이 주어지는 공정하고 상식적인 나라를 만들겠습니다. 누군가의 손실임이 분명한 불로소득을 완전히 뿌리뽑겠습니다.

넷째, 국민의 기본권이 보장되는 보편적 복지국가를 완성하겠습니다.

대한민국, 이제 경제선진국입니다. 국가 전체 부의 총량을 키우는 것에 더해서 개개인 국민의 기본적인 삶을 보장해야 합니다. 세계 최초로 기본소득을 지급하는 나라, 기본주택, 기본금융으로 기본적 삶을 지켜주는 나라를 만들겠습니다. 국민이 더 안전하고, 모두가 더 평등하고, 모두가 더 자유로운 나라를 만들겠습니다.

다섯째, 세계가 부러워하는 문화강국을 만들겠습니다.

문화 한류 열풍이 세계를 휩쓸고 있습니다. 대한민국의 영화, 음악, 게임, 드라마에 세계인이 열광합니다. 김구 선생의 오래된 꿈, "오직 한없이 가지고 싶은 높은 문화의 힘"을 드높이겠습니다. "지원하되 간섭하지 않는다"는 김대중 대통령의 철학으로 세계인이 선망하는 문화강국 코리아를 만들겠습니다.

여섯째, 세계를 선도하는 평화인권국가를 만들겠습니다.

대한민국은 주변 강국에 영향 받는 반도국가였습니다. 갈등과 대결로 고통받는 분단국가였습니다. 이제 경제강국, 군사강국을 넘어, 기후위기 대응을 선도하고, 세계의 평화와 인권을 수호하는 선도국가로 나아가야 합니다.

일곱째, 과학기술의 나라 미래, 교육의 나라를 만들겠습니다.

대전환의 시대에 걸맞는 미래인재 교육이 필요합니다. 빠른 사회경제 발전 속도에 맞춰 평생교육을 국가가 책임져야 합니다. 기초과학기술은 물론이고 첨단과학기술에 적극 투자하겠습니다. 기술혁명시대를 이끄는 기술강국으로 발전시키겠습니다.

두려움이 장벽이 될 수는 없습니다. 다른 나라가 하지 않는다는 것이 우리가 하지 못할 이유는 될 수 없습니다. 저는 위대한 우리 국민을, 우리 국민의 위기극복 DNA를 믿습니다.

2차 세계대전 후 최빈국에서 세계 10위 경제대국을 만들어낸 우리 국민이십니다. IMF 위기를 가장 빨리 극복했고, 일본의 수출 보복을 단기간에 완벽하게 이겨낸 국민입니다. 5.18민주화운동과 6.10 민주항쟁, 1,700만 촛불혁명으로 세계 민주주의 역사를 새로 쓰신 국민입니다. 사회적 거리두기, 자발적 방역, 분리수거 재활용까지, 공동체를 위해 기꺼이 불편을 감수하는 위대한 국민입니다.

이런 국민들이 계신 대한민국이 무슨 일인들 못해내겠습니까? 세계에 없던 나라 대한민국, 세계를 선도하는 대한민국, 왜 못 만들겠습니까?

문제는 리더입니다. 뚜렷한 철학과 비전, 굳건한 용기와 결단력이 있어야 합니다. 기득권의 저항을 돌파하는 강력한 추진력이 있어야 합니다. 국민을 믿고, 국민과 함께, 국민을 위해 가시덤불 헤치며 새 길을 개척하는 강한 의지가 있어야 합니다.

저 이재명이 하겠습니다.

위대한 국민, 위대한 당원동지들과 함께 위대한 여정을 시작하겠습니다.

국민 여러분께 약속드립니다.

'국민의 삶을 지키는 든든한 대통령'이 되겠습니다.

강자의 과도한 욕망을 절제시키고 약자의 삶을 지키겠습니다. 국민의 일자리를 지키고, 소득과 복지를 지키겠습니다. 여성의 안전, 청년의 기회, 어르신의 행복한 노후를 지키겠습니다. 그 어떤 것도 먹고사는 문제보다 우선일 수 없습니다. 정쟁에 빠져서 민생을 소홀히 하는 일, 결코 없을 것입니다. '오직 국민, 오직 민생'의 신념을 철저히 지켜가겠습니다.

'나라를 지키는 든든한 대통령'이 되겠습니다.

주변강국의 패권경쟁에서 대한민국을 지키겠습니다. 대한민국의 자존과 국익을 지키겠습니다. 전쟁 재난 질병 테러같은 안보위협에서 대한민국 공동체를 지키겠습니다.

'국민의 마음을 가장 잘 헤아리고, 국민의 삶에 도움이 되는 대통령'이 되겠습니다.

"정치가 바뀌니 내 삶도 바뀐다"고 체감되는 변화를 만들어내겠습니다.

'편을 가르지 않는 통합의 대통령'이 되겠습니다.

대통령이 될 때까지는 일부를 대표하지만 대통령이 되면 모두를 대표합니다. 청산 없는 봉합이 아니라, 공정한 질서 위에 진영과 지역 네 편 내 편 가리지 않고 모두가 공평한 기회를 누리는 대통합의 나라를 만들겠습니다.

존경하는 국민 여러분, 사랑하는 당원동지 여러분.

대선이 150일 앞으로 다가왔습니다. 이번 대선은 부패 기득권과의 최후 대첩입니다. 미래와 과거의 대결, 민생개혁세력과 구태 기득권 카르텔의 대결입니다. 어두운 과거로 회귀할 것인가, 희망의 새나라로 출발할 것인가를 결정해야 합니다.

저는 실적으로 실력을 검증받은 '준비된 대통령'이라 자부합니다. 성남의 성공한 민생정책은 경기도의 정책이 되었고, 경기도의 성공한 민생정책은 전국으로 확산되었습니다.

정치인의 공약은 국민과의 계약 그 이상입니다. 저는 지킬 약속만 했고 약속한 것은 반드시 지켰습니다. 공약이행률 평균 95%가 이를 증명합니다. 저는 유능함을 실적으로 증명했습니다. 내세울 것 하나 없는 저를 국민들께서 인정해 주신 것도 오로지 해야 할 일을 잘 해냈기 때문으로 믿습니다.

특별히 한 가지 더 말씀드리겠습니다.

토건세력과 유착한 정치세력의 부패비리를 반드시 뿌리 뽑겠습니다. 단한 순간도 미루지 않겠습니다. 당선 즉시 강력한 '부동산 대개혁'으로 부동산 불로소득 공화국이라는 오명을 없애버리겠습니다.

개발이익의 완전한 국민환원제는 물론, 성남시와 경기도에서 시행한 '건설원가·분양원가 공개'를 전국으로 즉시 확대하겠습니다.

이번 '국민의힘 화천대유 게이트'처럼 사업과정에서 금품제공 등 불법행위가 적발되면 사후에도 개발이익을 전액 환수해서 부당한 불로소득이 소수 기득권자의 손에 돌아가지 않도록 완전히 뿌리 뽑겠습니다.

국민 여러분.

저 이재명과 함께, 새로운 대한민국, 새로운 정치, 확실한 민생개혁의 문을 열어 주십시오.

지금까지 그랬던 것처럼 성과로 보답하겠습니다. 대통령이라는 한명의 공직자가 얼마나 큰 변화를 만들 수 있는지 보여드리겠습니다. 100만의 공직자가 얼마나 훌륭한 국민의 일꾼일 수 있는지 확인시켜 드리겠습니다.

"내 나라는 공정하다"

"내 나라는 깨끗하다"

"내 나라는 희망이 있다"

그래서 "대한민국은 민주공화국이다"라고 자부하실 수 있게 하겠습니다.

김구 선생의 일념, 김대중 대통령님의 신념, 노무현 대통령님의 열정, 문재인 대통령님의 마음으로, 정치에 임하겠습니다.

국민을 감히 지도하지 않고 국민을 겸허히 따르겠습니다. 더 유능한 민주정부로 더 공정한 사회, 더 성장하는 나라를 만들어 보답하겠습니다.

저 이재명, 내년 3월 9일, 반드시 승리하겠습니다. 그리고 두 달 후 대통령 취임식장에 존경하는 문재인 대통령님과 함께 굳게 손잡고 서겠습니다.

김대중, 노무현 두 분 대통령님께 "당신의 유산인 네 번째 민주정부가 출범했습니다"라고 자랑스럽게 보고하겠습니다.

국민 여러분, 당원동지 여러분.

이재명은 했습니다.

이재명은 하겠습니다.

감사합니다.

경기도 성남시 상대원시장 연설

2022.01.24.

우리 여기 많은 분들이 아시겠지만 여기가 바로 이재명과 그의 가족들이 생계를 유지했던 곳입니다. 저희가 1976년 2월 23일 날, 비 오는 날 새벽에, 싸락눈이 내리는 새벽에, 저기 구종점 단대오거리에 내려가지고 짐 싸지고 여기를 걸어 올라와서 우리가 세들어 살 집을 갔는데, 우리 성남시민 여러분 기억하시는 것처럼 길이 진창이라서 신발이 자꾸 벗겨지고 걸어 다닐 수가 없는 그런 곳이었습니다.

아버지는 이 시장에서 청소 노동자로 일하셨고 제 어머니는 이 건물을 다시 짓기 전에 2층 건물에 우리 여기 상대원시장 상인 여러분 기억하시는 것처럼 공중화장실에 소변 보면 10원, 다른 변을 보면 20원, 이렇게 받았는데 제 어머니, 제 여동생이 함께 화장실을 지켰습니다. 정말 열심히 살았고 저는 초등학교 마치고 저 상대원 꼭대기에 우리가 살았는데 어머니께서 화장실에 출근하시기 전에 제 손을 잡고 공장에 바래다주셨습니다. 그래도 행복했습니다. 그래도 밤늦게 야간 작업 철야가 끝나고 오면 낮에 그 오랜 시간 일하시고 나서도 아들이 퇴근할 때까지 기다려주셨습니다.

그렇게 열심히 살았습니다. 아직도 그때 함께 일하던 사람들 여전히 혹독한 노동에 시달리고 위험 속에서 목숨을 잃어가고 있습니다. 그때 여기 명과통닭은 과일 가게였는데 지금도 얼마나 많은 사람들이 힘겹게 살아갑니까. 국가가 할 일이 뭐겠습니까. 힘겹고 어려운 사람들에게 용기를 주고, 많은 사람들이 행복을 찾아갈 수 있도록 길을 열고, 일자리가 없는 사람에게는 일자리를, 장사가 안 되는 사람들에게는 장사할 수 있는 기회를 주는 게 바로 정치 아닙니까, 여러분.

제가 우리 아버지 시장에서 청소하시고 시장에서 버린 종이, 깡통, 이런 것 주워서 하대원 고물상에 갖다 파시고, 썩기 직전 또는 썩어버려서 버린 과일 주워다가 우리 식구들 먹여 살려주셨습니다.

그래서 제가 여러분께 이렇게 말씀드리고 싶습니다. 함께 잘 사는 세상, 좌절해서 이 세상을 포기하고 싶은 사람이 없는 세상, 열심히 일하면 내게도 기회가 주어지고 나도 성공할 수 있다고 믿어지는 그런 세상, 여러분 만들고 싶지 않습니까?

제가 힘들게 공부하다가, 제가 요즘 젊은이들이 전 세계에서 가장 자살을 많이 하는 나라가 대한민국이라고 해서 저도 생각해봤습니다. 너무 어려워서 공장에서 다쳐서 팔이 이렇게 장애가 돼서 앞날이 너무 캄캄해서 저도 다른 선택을 생각해보고 실행해 본 일이 있던 곳이 바로 이 뒤에 1층 반지하집이었습니다. 지금도 누군가는 세상을 포기하고 떠나고 있습니다. 그런 사람들에게 기회를 주고 싶습니다, 여러분. 희망을 만들어주고 싶습니다.

저는 정치가 자기들의 이익을 챙기고 국민을 속여서 권력을 누리는 것이 아니라 우리 국민들에게 희망을 찾아주는 것이라고, 국민들이 필요한 일을 하는 것이라고, 국민의 명령을 따라야 하는 충실한 일꾼이어야 한다고 생각합니다. 그런데 여러분, 제가 본 정치는 전혀 그렇지 못했어요. 제가 본 정치는 국민을 속여서 편을 가르고 잘하려는 사람들을 공격해서 나쁜 사람으로 만들고 언론 권력, 돈 권력, 공권력 이용해서 애먼 사람들 가해자로 만드는 그런 악 중에서도 악이었습니다. 이런 정치를 여러분 계속 지켜보실 겁니까? 이런 나쁜 정치 속에서 여러분의 운명을 맡겨 놓으실 겁니까, 여러분?

국민 여러분, 저는 정치를 왜 하는가를 가끔씩 생각합니다. 제가 정치를 하는 이유는 지금도 여전히 제가 탈출해버렸던 그 웅덩이 속에서 좌절하고 고통받고 절망하는 사람들에게 공정한 세상을 만들어주기 위해서였습니다. 공정한 세상을 만들기 위해서 화장실을 지키면서 아들이 잘 되기만 바랐던 우리 어머니한테 거짓말하고 '판검사 실력이 안 돼서 변호사 해야 하니까 어머니 이해하세요' 이렇게 말하고 그래서 스물다섯 나이에 인권변호사의 길을 선택했습니다. 열심히 일했고, 깨끗하게 살려고 노력했고, 그래서 지금 이 자리까지 왔지만 상처가 너무 많습니다.

저희 가족이 어머니, 아버지, 시집 간 누나 빼고 여덟 사람, 여덟 가족이 반지하 방 한 곳에서 살았습니다. 그래도 우리는 남의 것을 탐하지 않았습니다. 최선을 다해서 우리 능력만큼 노력하고 가지려고 했습니다. 제가 시민운동을 할 때도 그랬습니다. 권력을 사적인 이익을 위해서 쓰는 이 부패한 정치와 행정을 감시하기 위해서 시민운동을 했습니다. 그러다가 제가 시장이 됐습니다.

성남시민들 병원이 없어서, 응급의료센터 없어서 분당으로 멀리 가다가 사고나는 게 무서워서 병원 만들기 운동했습니다. 그러다가 또 잡혀서 처벌 받았습니다. 분당 정자동의 부정부패, 딱 대장동 같은 그런 나쁜 부패 행위 하는 것 막다가 제가 감옥 갔습니다.

제가 시장이 된 이유도 단순했습니다. 이 부패한 정치 그만두고 우리 국민들이 진정으로 필요한 것들을 하자. 그래서 시장이 됐습니다. 시장이 됐더니 문제가 됐습니다. 저를 미워하는 사람이 왜 이리 많습니까. 저를 미워할 이유가 없지 않습니까. 시민들이 시키는 대로 열심히 했고, 부정부패 못하게 막았고, 공정하게 권한 행사하도록 공무원들 지휘 잘했습니다. 그런데도 저를 가만히 놔두지를 않더군요. 그러다가 결국은, 우리 성남의 사람들은 다 아시지 않습니까. 저희 가족들을 동원해서 저를 공격하기 시작했습니다. 정신이 온전하지 못한 제 여러 형제 중에 한 형제를 그들이 성남시의회 비례대표 공천 주겠다. 이재명 쫓아내면 시의회 의장 시켜주겠다고 작업하고 유혹해서 그 형님이 저를 공격하기 시작했습니다. 그 형님의 목적도 있었겠지요.

저는 압니다. 권력이라고 하는 것은 그 옆에 가까이 있기만 한다는 것도

다시, 이재명

권력이 됩니다. 시장에게 전화할 수 있다는 사실만으로 권력이 돼서 가끔씩 저한테 전화 오면 제가 일부러 안 받습니다. 주변 사람 모아놓고 저한테 전화한 게 뻔하거든요. 시장한테 직통으로 전화된다는 것만 해도 권력이고 그것만 해도 엄청나게 나쁜 짓 해서 이익 볼 수 있는 게 바로 권력입니다. 그런데 제 형님께서 시정에 개입을 하셔서 공무원들한테 이래라 저래라, 이거 해줘라 저거 해줘라, 이렇게 할 때 제가 어떻게 해야 되겠습니까. 그냥 좋은 게 좋은 거라고 형님 해드세요, 뜻대로 하십시오, 해도 되겠지요. 결말이 두려웠습니다. 그 결말은 결국 친인척 비리, 그리고 망신, 그리고 엄청난 대가를 지불하는 것이겠죠.

그래서 제가 완전히 다 막았습니다. 공무원들 전화도 못 받게, 상대도 하지 말라고 했더니 어머니를 통해서 저를 통화하겠다고 어머니 집을 찾아왔습니다. 어머니가 전화 연결을 안 해줬습니다. 왜 그런지 아니까. 그 어머니를 집에 불을 질러 죽인다고, 교회에 불을 지른다고 협박을 하니 어머니가 저한테 전화하셨습니다. 그게 시작이었습니다.

어머니가 집에 들어가지를 못하셨어요. 분당에 있는 딸 집으로, 저희 집으로 옮겨 다니셨습니다. 집에는 못 들어가셔서 제 아내가 찾아갔습니다. 병원에 가서 검사 좀 하자. 약 먹으면 아무것도 아니다. 그런데 거기서 어머니의 어디를 어떻게 한다, 이런 인간으로서 할 수 없는 참혹한 얘기를 했습니다.

저에게 어머니는 하늘입니다. 저를 낳아주셨고, 저를 길러주셨고, 저는 언제나 믿어줬고, 저의 어떤 결정을 다 지지해주신 분이십니다. 그 어머니의 어디를 어떻게 하다니요. 제가 화가 나서 전화했습니다. 왜 그런 말을 했냐. 어떻게 자식이 부모한테 그럴 수 있냐. 왜 불 지른다고 협박하고 그러냐. 그런데 이런 철학적인 표현도 이해 못한다고 저를 조롱했습니다. 그래서 제가 욕했습니다. 제가 욕한 것 잘못했습니다. 공직자로서 욕하지 말고 끝까지 참았어야죠. 잘못했습니다.

그러나 여러분, 결국은 어머니를 폭행해서 병원까지 가셨습니다. 제가 인덕이 부족합니다. 그러나 여러분, 제가 잘못했습니다. 그러나 어머니도 이제 떠나셨습니다. 형님도 이제 떠나셨습니다. 다시는 이런 일이 일어나지 않습니다. 제가 잘못했습니다. 이제 이런 문제로 우리 가족들 아픈 상처 그만 좀 헤집으십시오.

제가 이 말씀은 드릴 수 있습니다. 가족이 공적인 복무에 관여를 하면 그게 친인척 비리이고, 친인척의 시정개입이고, 결코 해서는 안 될 일입니다. 그래서 그걸 막느라고 벌어진 일입니다. 형님이 그랬습니다, 저한테. 어머니를 때리기 전에 내가 이거 다 녹음해놨는데 너 나한테 와서 빌고 내가 하라는 대로 하면 이거 녹음 공개 안 하고, 계속 시정에 관여하는 것 전화 안 받고 말 안 들으면 공개하겠다고 했습니다.

제가 정말 고민했습니다. 그 욕을 하고 녹음 당한 다음에 한 2~3주 지나

다시, 이재명

서 생각을 해보니까 제가 끔찍한 잘못을 저질렀더군요. 그걸 녹음을 공개를 하면 평생 망신일 거라는 생각이 들어서 제가 형님 요구를 들어드릴까도 잠깐 생각했습니다. 그런데 결론은 내가 비록 나중에 망신을 당하는 일이 있더라도, 평생 이 녹음으로 고생하더라도, 고통 받더라도, 공무에 형님이 개입하는 일을 허용해서는 안 되겠다고 생각했습니다. 그래서 결국은 형님이 공표를 했고 그게 십 수 년 동안 계속 돌아다니면서 지금도 저를 압박합니다. 국민 여러분, 잘못했습니다. 앞으로 그러지 않겠습니다.

시정과 친인척 비리는 사실 동전의 양면 같아서 정말로 어렵습니다. 그런데 우리 성남에 계시는 시민 여러분 아시겠지만 야구르트 배달 하던 제 여동생 기억하십니까? 제가 시장에 당선이 됐는데 야구르트 배달 그만하고 싶어서 장사가 안 되고 너무 힘들어서 그만두고 싶었지만 혹시 다른 직장 구하면 오빠가 도와줘서 그런다는 소리 들을까봐 제가 재선한 후까지 야구르트 배달 계속했고 그러다가 제가 재선된 후에 청소부로 직업 바꿨다가 과로로 새벽에 화장실에서 죽었습니다. 제가 도와준 게 없어서 가슴이 너무 아픕니다.

저희 누님, 여전히 요양보호사 하시고 힘들게 사십니다. 저희 큰 형님, 건설 현장에서 일하시다가 떨어져서 왼쪽 다리 절단하시고 최근에는 당뇨병까지 와서 오른쪽 다리도 절단했습니다. 그 참혹한 장면을 찍어서 언론에다 내는 사람들이 있더군요. 제 조카가 작은 아빠, 우리 아버지 그 처참

한 장면 그 영상 좀 어떻게 지워달라고 좀 힘 좀 써달라고 나한테 부탁했어요. 언론사가 그거를 내가 부탁한다고 들어줄 리가 없지 않습니까. 일부러 보라고 그랬을 텐데.

다른 형제들 저한테 도움 하나 받은 것 없이 청소부로, 청소 회사의 직원으로 성실하게 일하고 있습니다. 단 한 명의 예외가 있었을 뿐입니다. 그걸 저는 막으려고 하다가 이렇게 됐습니다. 여러분께서 제가 폭언한 것을 비난하시더라도 제가 최소한 우리 형제들이 시정에 개입하지 못하도록 공정하게 시정 수행하려고 노력했던 점을 조금만, 조금만 살펴주십시오, 여러분.

그리고 이곳에 우리 아버지 어머니 여전히 숨결이 남아 있습니다. 제가 우리 가족, 우리 형제들, 그리고 나와 함께 같이 공장에서 일했던 그 수많은 사람들, 어려운 환경에서도 최선을 다해 일하는 그 많은 사람들을 위해서 지금보다 몇 배, 수십 배 더 열심히 하겠습니다, 여러분.

공정한 세상이 돼야 합니다. 억울한 사람이 없어야 합니다. 삶의 희망이 있어야 합니다. 그래서 나도 열심히 노력하면 나에게도 길이 있다고 생각이 돼야, 최소한 내 다음 세대들은 나보다는 더 나은 삶을 살 거라고 믿어지는 세상이라야 아이도 낳고 꿈을 가지고 열심히 살 것 아닙니까, 여러분.

여러분을 믿겠습니다. 이 골목에서 아버지의 그 더러운 리어카를 뒤에서 밀면서 새벽마다 이 통로를 통해서 학교를 가는 여학생들을 피해가지고 제가 저 구석으로 숨었습니다. 그러나 여러분, 이런 저의 이 참혹한 삶

다시, 이재명

이 제가 어떤 곤경에도 불구하고 앞으로 나아가는 원동력입니다. 제가 그 많은 사람들에게 제가 조금만 고통을 견뎌내면 조금씩이라도 희망을 주고 그들에게 기회를 만들어 줄 수 있고 조금이라도 더 나은 삶을 살 수 있게 할 수 있기 때문입니다.

제가, 이재명이 하는 정치에는 저의 삶이 다 투영돼 있습니다. 제가 이 과일 가게에서 버린 과일들을 냉장고도 없고 놔두면 썩으니까 밤에 아버지가 주워서 가져오면 우리 식구들이 밤에 다 모여서 한꺼번에 배가 터지게 먹어치웠습니다. 내일 아침은 썩어서 못 먹으니까요. 그래서 제가 정치를 하면서 우리 아이들에게 냉장고에 넣어놓고 필요할 때 싱싱하게 꺼내 먹을 수 있는 정책을 만들었습니다. 어린이들에게 과일을 주는 사업을 한 이유도 냉장고에 과일 넣어놓고 먹고 싶을 때 꺼내 먹는 그게 제 꿈이었기 때문에 그렇습니다.

저는 교복을 입어보지 못했습니다. 그래서 아이들에게 최소한 교복 한 벌은 해주자. 부모가 돈이 없어서, 교복 살 돈이 없어서 선배들이 입던 교복 물려 입는 그 아픈 심정을 제가 조금이라도 덜어주고 싶어서 무상교복 시작했습니다.

제가 하는 모든 일은 우리의 삶, 우리 서민들의 삶과 이재명의 참혹한 삶이 투영되어 있습니다. 앞으로도 여러분을 위해서 최선을 다하겠습니다, 여러분. 고맙습니다.

서울 명동 집중 유세

2022.03.01.

존경하는 서울시민 여러분, 그리고 국민 여러분 인사드리겠습니다. 이 재명입니다.

여러분 오늘은 3.1절입니다. 우리 민족에게 정말 뜻깊고 중요한 날입니다. 그렇죠?

오늘 시작에 앞서서 우리 대한민국을 있게 해준 수많은 독립운동가, 그리고 순국선열들의 순고한 희생을 함께 기리면서 우리 선조들이 꿈꿨던 새로운 나라, 독립된 나라, 자주의 나라 함께 만들어가면 좋겠습니다. 여러분.

그리고 우리는 근세사에 두 번의 침략을 당했습니다. 엄청난 고통을 겪었고 지금도 그 상흔이 여전히 남아 있습니다. 지금 우크라이나의 똑같은 고통이 시작되고 있습니다. 여러분, 지금 이 자리에서 우크라이나의 평화와 안정을 위해 우리가 함께 잠시 기도하고 묵념하시면 어떻겠습니까? 잠시 묵념하겠습니다.

바로. 국민 여러분 어떤 경우에도 무력으로 타국을 침공해서 약탈하고 파괴하는 일이 다시는 없어야 합니다. 우리도 다시는 침탈당하지 않는 나라, 우리 3.1운동 당시에 만세를 부르던 우리 선조들의 뜻을 이어서 평화로운 나라, 진정 독립되고 자주의 나라, 함께 만들어가고 싶습니다. 동의하십니까, 여러분?

서울시민 여러분 이곳 명동은 위기 극복, 경제부흥 그리고 민주주의를 상징하는 곳입니다. IMF 외환위기 때 금 모으기가 시작됐던 곳입니다. 민주화 운동의 심장부였습니다. 그리고 사시사철 해외 관광객들이 붐비는 번영하는 대한민국의 상징이었습니다. 그리고 그에 더해서 만 20세의 젊은 청년 이재명이 이완용을 응징했던 역사적 장소이기도 합니다. 여러분.

그리고 이곳 명동은 우리 민주당에게 우리 진보 개혁 세력에게 상징적인 의미가 있는 곳입니다. 바로 97년 김대중 대통령 후보께서 2002년 노무현 대통령 후보께서 마지막 유세를 했던 곳이 바로 이곳입니다. 여러분, 기억나십니까?

두 분 대통령의 승리를 만들었던 이곳에서 다시 시작한다는 각오로 이 자리에 섰습니다. 여러분, 지금 선거가 정말 팽팽한 접전이라고 합니다. 저도 이런 선거 처음 겪어봅니다. 오늘 이곳 명동에서 한판승 쐐기를 박는 승리의 큰 걸음을 시작하겠다. 함께 해 주시겠습니까? 여러분?

민주화의 성지, 그리고 역사의 현장에서 희망이 있는 나라 여러분과 함께 만들어가면 좋겠습니다. 함께 해주시겠습니까?

국민 여러분, 저 이재명에게는 꿈이 있습니다. 국민 여러분께서 함께 꾸는 꿈입니다. 위대한 국민과 함께 위대한 대한민국을 만들어가는 그런 거대한 꿈입니다. 동의하십니까, 여러분?

전쟁 걱정 없는 평화로운 나라, 세계 어느 나라에도 굴하지 않는 당당한 나라, 높은 문화의 힘으로 세계가 부러워하는 문화강국, 그리고 모든 국민이 경제적 기본권을 누리는 G5 경제 선진 강국, 만들 수 있다고 믿습니다. 동의하십니까? 여러분?

이재명이 꿈꾸는 나라 우리 대한민국 국민들께서 함께 소망하는 나라, 오늘을 기점으로 우리가 힘을 합쳐서 함께 만들어 가시겠습니까? 여러분?

여러분, 세상이 참으로 빠르게 변화하고 있습니다. 기후 위기, 디지털 전환, 비중 패권 경쟁, 그리고 심각한 양극화와 저성장, 전쟁의 위기로 모두가 마음 졸리고 가슴 아파하고 세계 경제도 출렁이고 있습니다. 모든 것이 위기입니다. 당장 직면한 이 위기들을 극복하기 위해서 또 우리가 만들어 나갈 새로운 나라를 위해서 우리가 가진 모든 역량을 활용해야 합니다. 국력을 하나로 모아야 합니다. 통합의 나라로 가야 합니다. 여러분.

한가하게 편을 갈라 증오하고, 분열하고, 싸울 때가 아닙니다. 남녀를 나누고 지역을 나누고 동서남북 나눠가면서 싸우면 우리의 역량을 제대로 발휘하기 어렵습니다. 위기를 극복하기는커녕 오히려 위기가 심화 될 것입니다. 우리 국민들은 이미 준비되어 있습니다.

세계에서 코로나19 가장 잘 방어해냈고, 군사독재를 끝내고 민주화를 이뤄냈고, 전쟁의 잿더미 위에서 세계 10위 경제 대국을 이뤄낸 위대한 국민들 아닙니까, 여러분?

다시, 이재명

여러분, 저는 우리 국민들이 위기 극복의 위대한 DNA를 가졌을 뿐만 아니라 세계에서 가장 높은 시민의식을 가진 국민이라고 생각합니다. 이제 정치만 바뀌면 세계를 선도하는 선진국과 절대로 멀지 않았다. 동의하십니까, 여러분?

증오와 갈등을 심는 분열의 정치, 보복과 정쟁이 횡행하는 구태 정치, 이제 이런 과거의 정치를 넘어서서 국민을 통합하고 국민의 역량을 하나로 모으는 진정한 통합의 정치, 국민 내각 대통합 정부 우리들의 손으로 만들어야 하지 않겠습니까, 여러분?

우리 민주당은 결단했고 선택했습니다. 기득권을 과감하게 내려놓았습니다. 지난 주말에 여러분이 보신 것처럼 의원총회 열어서 정치개혁 정권교체를 통해서 '실수했습니다. 정치교체를 통해서 더 나쁜 정권교체가 아니라 더 나은 정치교체, 더 나은 세상 교체를 향해 나아가겠다.' 결심했습니다. 여러분.

정치가 국민을 걱정해야 하는데 국민이 정치를 걱정하고 있다는 그런 국민들의 지적, 가슴 아프게 받아들입니다. 이제는 국민들이 정치를 걱정할 것이 아니라 정치가 진정으로 국민을 걱정하고, 더 나은 세상을 만들기 위해서 선의의 경쟁을 하는 그런 정치로 확실하게 바꿔야 하지 않겠습니까?

거대 양당이 정치를 독점하고, 제3의 선택이 불가능한 차악 선택을 강요하고, 다른 편이 실패 실수하면 나한테 기회가 오기 때문에 더 잘하려고 노력하는 것이 아니라, 발목을 잡아서 상대의 실패를 유도하는 정치를 망치고 국민의 삶을 망치는 정치, 이제 확실하게 끝낼 때가 되었다. 동의하십니까, 여러분?

소수당도 자기 목소리를 내고, 지지받은 만큼 정치에 참여하고, 우리 국민들도 둘 중 하나 차악이 아니라 최선을 선택할 수 있는 정치. 진영을 가리지 않고 유능한 인재라면 적재적소에 배치해서 우리 국민들의 더 나은 삶을 위해서 서로 경쟁하는 정치, 우리 국민들이 정치의 기대를 가지고 미래를 꿈꿀 수 있는 진정한 민주 공화국 함께 만들어 갑시다, 여러분.

조금 전에 우리 사회 원로 종교인들께서 국민통합의 정치, 국민통합을 위한 연합정부를 만들어 달라는 제안을 했습니다. 저 이재명과 민주당이 당론으로 약속한 통합 정치의 약속, 그리고 대통합 정부의 약속과 다르지 않습니다. 원로분들의 제안을 적극적으로 수용하고 이재명이 통합정부 구성, 통합의 정치 확실하게 하겠다고 약속드립니다. 여러분.

여러분, 한 언론에서 공식 유세 단어 언급량을 세어봤다고 합니다. 이재명은 이재명 얘기를 많이 했다고 합니다. 기회, 유능, 이익, 통합, 미래를 말했습니다. 그런데 상대 후보는 오로지 민주당, 정권, 부패 이 말을 제일 많이 했다고 합니다. 미래로 가지 않고 과거에 매달리는 앞으로 뭘 하겠다는 말은 없이 '정치 보복하겠다.' 이런 말 공언하는 정치세력이 과연 이 나라의 미래를 책임질 수 있겠습니까, 여러분?

다시, 이재명

아무런 비전도 제대로 된 정책도 없이 저들만 아니면 된다. 심판만 하면 된다 이렇게 정치하는 세력이 어떻게 국민들에게 미래의 희망을 만들겠습니까, 여러분? 약속드립니다. 국민의 마음을 하나로 모으는 국민을 위한 통합정부를 만들겠습니다.

짧은 정치를 해오는 동안 성남시와 경기도에서 그랬던 것처럼 유능한 인재라면 진영을 가리지 않겠습니다. 좋은 정책이라면 박정희 정책, 김대중 정책 가리지 않겠습니다. 오로지 국가 발전과 국민의 더 나은 삶을 위해서 헌신하려는 모든 정치세력이 힘을 합쳐서 유능한 인재들이 각각의 특장점을 발휘하고, 서로 경쟁해서 더 나은 세상을 만들어가는 그래서 결과로서 국민에게 검증받는 합리적인 정치, 미래 지향적인 정치 확실하게 만들어서 보여드리겠습니다. 여러분.

분열과 증오의 정치 끝내겠습니다. 선거 때 잠시 경쟁하더라도 대통령이 되면 모두의 대통령이 되어야 합니다. 그렇지 않습니까, 여러분? 통합의 시대를 열고 대한민국의 역량을 최대치로 발휘해서 국민 여러분과 함께 전쟁 걱정 없는 평화로운 나라, 김구 선생이 꿈꾸었던 문화가 한없이 높은 문화강국, 그리고 모든 국민의 경제적 기본권이 확실하게 보장되는 G5 경제 대국, 저 이재명이 확실하게 만들겠습니다.

국가의 리더는 어느 날 갑자기 생겨나는 것이 아닙니다. 충분히 학습하고 많은 경험을 가지고 미래를 내다보는 통찰력, 현안을 분석 판단하는 혜안이 있어야 합니다. 누군가한테 물어서가 아니라 스스로 길을 정하고 방향을 제시할 수 있어야 합니다. 준비된 대통령 후보 누구입니까? 여러분?

실력이 실적으로 검증되어있고 한 말을 지키고 약속을 실천하는 유능한 리더 바로 준비된 대통령이라야 우리가 겪고 있는 이 거대한 위기를 극복할 뿐 아니라 기회로 만들어서 새로운 세계로 나아갈 수 있다. 동의하십니까?

여러분, 이 복잡한 외교, 안보, 국방, 정치, 경제, 문화 이 모든 영역에서 얼마나 복잡한 일들이 많이 벌어집니까? 대통령은 파도를 보고도 바람을 읽을 수 있어야 합니다. 거대한 파도를 일으키는 큰바람을 기회로 만들어서 앞으로 나아갈 수 있어야 합니다. 제가 좋아하는 말 중에 이런 말이 있습니다. '파도와 바람은 늘 항해사의 편이다.' 파도와 바람이 아무리 도와주면 뭘 하겠습니까? 항해사가 무능하면 목적지에 안전하게 도달하기 어렵습니다. 항해사가 현명해야 어떤 고난이 있더라도 그 고난을 뚫고 목적지에 안전하게 확실하게 도달할 수 있다. 그렇지 않습니까, 여러분?

경제도 모르고, 준비도 안 된 대통령이 이 5,200만이 사는 대한민국의 미래를 책임지기 어렵습니다. 위기를 극복하거나, 위기를 기회로 만드는 것은 더더욱 어렵습니다. 여러분. 경제를 잘 알고 준비된 대통령 후보, 실력 있는 대통령 후보 누구입니까, 여러분?

저 이재명에게 일할 수 있는 기회를 주십시오. 경제 회복, 경제의 지속적

다시, 이재명

성장, 기회가 충만한 사회 젊은이들이 기회 부족 때문에 남녀로 편 갈라져 싸우지 않고, 협력적 경쟁이 가능한 도전이 가능한, 실패해도 언제든지 다시 일어날 수 있는 세상, 확실하게 만들어 놓겠습니다. 여러분.

수출 1조 달러, 국민소득 5만 달러, 주가지수 5천 포인트 세계 5강의 경제 강국 불가능하지 않습니다. 여러분 우리 국민들은 이미 준비돼 있습니다. 황무지에서 10대 경제 대국으로 우리가 키워왔고, 이제 전 세계에서 가장 뛰어난 역량을 가진 국민으로서 지도자만 정확하게 방향을 제시하고 우리 국민의 힘을 모아내고, 분열이 아니라 통합해 낸다면 세계 5대 경제 강국 달성할 수 있다. 이렇게 믿습니다. 여러분.

이제 10대 경제 강국이지만 국민 개개인의 삶은 아직 거기에 미치지 못했다는 지적이 있습니다. 국민의 삶도 10대 강국을 향해 가야 하고, 앞으로 5대 강국으로 성장하는 과정에서 성장의 기회와 성장의 결과를 함께 누리는 포용 성장으로 모두가 함께 잘 사는 나라, 함께 만들어봅시다. 여러분.

나라만 부자가 아니라, 수출 대기업만 살찌는 것이 아니라, 우리 국민들의 지갑도 함께 두껍게 만들겠습니다. 이 명동 골목을 포함한 골목의 경제도 함께 살아서 우리 국민들이 대한민국 어디에서나 꿈과 희망을 가지고 미래를 행복하게 설계하는 나라, 저 이재명이 확실하게 만들어서 보답하겠습니다. 여러분.

여러분, 3년째 마스크 쓰시고 사는 거 정말 힘드시죠? 하루빨리 마스크

벗고 일상으로 돌아가야죠? 특히 최근에 코로나19 확진자들이 많이 늘어나면서 우리들 안에 코로나 확진된 사람을 이렇게 경원시하는 그런 분위기가 조금 있다고 합니다. 누가 걸리고 싶어서 걸린 거 아니지 않습니까? 우리도 걸릴 수 있지 않습니까? 그래서 제가 이 말씀 하나 드립니다. 코로나 확진 때문에 몸과 마음이 힘든 분들을 위해서 우리 모두 힘내자. 격려 손뼉 한번 크게 쳐주십시오. 국민 여러분, 이제 방역 시스템을 스마트하고 유연하게 바꿔야 합니다. 코로나바이러스가 진화하는 만큼 우리의 대응도 진화해야 되겠죠? 문제는 속도입니다. 시스템을 바꿔서 자영업자는 영업하게 하고 기저질환자는 착실하게 확실하게 관리하고, 중증 환자들에 대한 대비만 철저하게 하면 이제 독감 정도의 수준으로 떨어지고 있는 코로나19, 얼마든지 우리가 극복할 수 있습니다. 이렇게 바꿔야 되겠죠?

마침 정부에서도 방역 패스가 무리함이 있다는 점을 감안해서 바이러스의 진화 속도에 맞춰서 방역 패스 철회하고 있습니다. 이제 앞으로 방역에 대한 대응도 유연하고 스마트하게 복귀해서 가능하면 지금부터, 만약에 어렵다면 3월 9일 넘어서서 3월 10일에 이재명이 당선자가 되는 순간에 유연하고 스마트한 방향으로 확실하게 전환하겠습니다. 여러분.

제가 여러분께 한번 여쭤보겠습니다. 코로나19 초기에 방역 제일 잘한 사람 누구입니까, 여러분?

저는 사교 종교 집단과 충돌하는 것을, 보복을 감수하고 과감하게 본부

다시, 이재명

에 쳐들어가서 명부 구했고, 전부 종교시설 다 폐쇄했고, 교주조차도 영매 두려워하지 않고, 제가 진단 검사 강제했습니다. 확실하게 잘하지 않았습니까, 여러분?

지역화폐 소비 쿠폰으로 국민의 소득도 지원하고, 우리 소상공인의 매출도 올리는 이 정책 만들어서 집행했습니다. 경제 방역 잘하지 않았습니까, 여러분?

여러분, 앞으로 코로나 방역 경제 방역 누가 잘하겠습니까, 여러분?

여러분 이재명의 정치 신념 중에 아주 단순하면서도 많은 분들이 공감하는 것이 있습니다. 우리 모두를 위해 특별한 희생을 치른 소수에게는 우리 모두가 특별한 보상을 통해 그 손실을 메워줘야 누군가가 앞으로 우리 공동체를 위해서 더 희생할 것이고, 그래서 앞으로도 특별한 희생을 요구할 수 있지 않겠습니까? 억울한 지역도 억울한 사람도 없는, 사회 규칙을 어겨서 이익 볼 수 없고 규칙을 지킨다고 해서 손해 보지 않는 나라, 이 상식의 나라 꼭 만들어야 한다. 이재명의 첫 번째 신념입니다. 여러분.

그래서 오늘은 마침 3월 1일 3.1절인데, 우리가 흔히 말하는 것처럼 독립운동했더니 3대가 망하고, 친일 행위했더니 3대가 부자더라, 이런 소리 앞으로 절대 못 나오게 해야 되겠죠? 제가 경기도에서 또 성남시에서 독립유공자들에게 치료비 지원, 추가의 생계 지원비 지원, 이런 거 할 때 반대하는 사람도 있었지만 제가 해냈습니다. 제가 대한민국 대통령이 되면 애국지사들이 국가를 위해 헌신하고 기여하는 것이 결코 나와 내 후손들에게 손실이 아니다, 억울하지 않다, 이렇게 생각되도록 확실한 보훈 정책 챙기겠습니다. 여러분.

이번 코로나19 국면에서도 우리 모든 국민들을 위해서 특별한 희생을 치른 그런 분들이 있습니다. 바로 온갖 행정명령, 격리제도에 피해를 본 소상공인 자영업자, 그리고 문화예술가, 플랫폼 노동자 이런 분들입니다. 일부 지원이 되긴 했지만 충분한 지원은 되지 못했습니다. 빚으로 남았고 엄청난 손실이 왔고 극단적인 선택을 하는 그런 안타까운 사정도 있습니다. 우리 모두를 위해서 특별한 희생을 치른 이분들에게 국가의 이름으로 우리 모두가 함께 책임져주는 것이 맞겠지요?

그래서 여러분, 제가 지금까지 계속 말씀드렸던 것처럼 우리 자영업자와 특별한 손해를 입게 된 그분들을 위해서 제가 당선되는 즉시 추경을 요청하거나, 불가능하다면 취임 즉시 긴급 재정명령을 통해서라도 50조 원의 추가 예산을 반드시 확보해서 그 손실 확실하게 메워 놓겠습니다. 여러분.

이재명의 인수위원회는 위기 극복의 컨트롤타워가 될 것이고, 이재명 당선자는 위기 극복 총사령관이 될 것이고, 권한이 생기는 즉시 경제 부스터 샷으로 경제 확실하게 회복시켜 놓겠습니다. 여러분.

지금 어려움을 겪는 국민들께서 상환 만기 때문에 고생하셨는데 다행히 저의 요청을 받아들였는지 모르지만, 정부에서 상환 만기를 연기했습니다. 그리고 더 중요한 것은 코로나19 때문에 생긴 부채, 그 부채 채권을 정부가 인수해서 채무조정 채무탕감을 통해서 다시 일상적 경제활동으로 복귀할 수 있도록 지원하겠습니다. 여러분.

그리고 코로나19 때문에 신용불량 되어 버린 분, 지금 신용불량 위기를 겪고 있는 분, 너무 많습니다. 신용 대사면 확실하게 하겠습니다. 여러분.

그리고 앞으로도 계속 방역은 이어질 수밖에 없습니다. 방역 정책에 따라서 더이상 피해가 되지 않도록 정부의 방역에 협조하는 것이 손실이 아니라 오히려 이익이다. 이렇게 생각될 수 있도록 한국형 급여 지원 프로그램 PPP 도입해서 인건비 임대료 같은 고정비 정부가 책임져 드리겠습니다. 여러분.

'민생 회복 100일 프로젝트' 확실하게 준비하고 실행해서, 이번 여름이 가기 전에 일상 회복 경제 회복 확실하게 책임지겠습니다. 여러분.

대책 없이 비난만 하고 과거로 역주행하는 후보가 아니라, 미래를 향해 국민을 위해 준비하는 역량 있는 대통령 후보 이재명을 선택해주시면 여러분의 미래가 지금처럼 암담한 것이 아니라 희망으로 꼽힐 수 있도록 확실하게 책임지겠습니다. 여러분.

여러분, 여러분이 맡긴 권한, 여러분이 맡긴 예산은 대통령이 직접 쓰는 것이 아닙니다. 모든 100만 공무원에게 골고루 나누어 줘서 그들이 예산과 권한을 행사하고 집행합니다. 대통령의 역량은 지휘에 있습니다. 방향을 정하고 책임은 대신 져주고 권한은 부여해서 결과에 따라서 명확하게 신상 필벌 하면 우리 유능하고 충성스러운 백만 공무원들 열심히 일하더라 제가 성남시 경기도에서 겪어본 일입니다. 이들을 믿고 확실하게 앞으로 나아 가겠다. 동의하십니까, 여러분?

여러분, 우리가 똑같은 라면을 가지고 라면을 끓여도 이 사람이 하면 훨씬 맛있고 저 사람이 하면 밋밋한 경우 있죠. 우리 똑같은 축구 선수들인데 히딩크 감독이 지휘를 하니까 세계 4강 가지 않습니까, 여러분? 똑같은 재료를 가지고 식당에서 음식을 만들어도 맛이 천차만별입니다. 주방장의 요리 실력이 중요하지 않습니까, 여러분?

저 이재명에게 기회를 주시면 4년 만에 성남시를 전국 최고의 도시로 만들었던 것처럼, 3년 만에 경기도를 전국 최고의 시도로 만들었던 것처럼 대한민국 확실하게 다르게 만들어내겠습니다. 여러분.

여러분, 한 사람의 공직자가 하기에 따라서 그 나라의 운명이 바뀝니다. 똑같은 조선이지만 선조는 외침을 허용해서 백성 수백만이 죽었습니다. 그러나 똑같은 조선에서 정조는 탕평책을 통해서 과학기술에 대한 투자를 통해서 조선의 부흥을 이뤄내지 않았습니까? 대한민국도 유능한 리더가 방향을 정확하게 정하고, 우리 공직자들을 격려해서 함께 손잡고 미래를 향해 나간다면 지금보다 훨씬 나은 미래, 대한민국 만들 수 있다고 생각합

다시, 이재명

니다. 동의하십니까, 여러분?

그리고 서울시민 여러분, 오늘 이 자리에 서울시민 여러분 정말 많이 와 주셨습니다. 오다 보니까 가평에서 왔다는 분도 있긴 하더군요. 여러분, 서울은 세계 어디에 내놔도 정말로 자랑할 만한 도시입니다. 그런데 안타깝게도 우리 서울시민들의 삶이 팍팍하다고 합니다. 여러 가지 이유가 있겠지만 부동산 문제로 집 문제로 여러분 너무 고생하시지요? 우리의 부족함을 인정합니다. 성찰하고 새로운 방향으로 나아가려고 합니다. 꽉 막힌 출근길도 고통이지만 우리가 조금씩 바꿔내겠습니다. 시민 여러분, 집 문제 저는 시장을 존중해야 한다는 시장주의자입니다. 시장이 부족하다고 생각하면 공급을 늘리고 왜곡된 수요를 고쳐서 수요와 공급이 적절하게 만들어낸 가격 존중해야 된다고 봅니다. 그리고 1가구 1주택처럼 세금 부담이 많다면 다주택자들에게 추가의 부담을 시키면서 그 부담은 낮춰주는 것이 정의롭다 이렇게 생각합니다. 여러분.

청년 세대들에게 특별히 죄송합니다. 내 집 마련의 꿈을 이뤄보기도 전에 그 꿈을 접어버린 청년들이 많습니다. 영끌해서 집을 사야 하는 게 당연시되거나 부동산 정책 믿고 기다렸다가 '벼락 거지 됐다' 이렇게 자조하시는 분들 보면 정말로 가슴이 아픕니다. 부동산 문제 이재명이 확실하게 해결할 것입니다. 부동산 정책은 섬세해야 합니다. 정책의 세밀함 그리고 정책의 현장성, 이재명의 주특기 아닙니까? 이재명이 제일 잘하는 것입니다.

여러분.

  내 집 마련의 꿈은 확실하게 살리고, 실수요자는 확실히 보호하고, 부동산 투기는 확실하게 잡겠습니다. 국민의 내 집 마련의 꿈 존중하겠습니다. 필요한 주택을 충분히 속도감 있게 공급하겠습니다. 재건축 재개발에 관한 규제 완화하겠습니다. 층수 규제도 용적률도 완화하고 그에 따른 이익 중 일부는 공공주택으로 환원받으면 됩니다. 층수 규제, 용적률 완화를 통해서 두꺼비도 새집 살고 싶다는데, 여러분도 새집을 살 뿐만 아니라 자산도 늘리고 우리 무주택자들의 무주택 문제를 해결하는 새로운 방안도 마련하겠습니다. 여러분.

  집 한 채 가진 분들, 새집 살게 할 뿐만 아니라 더 나은 집으로 옮겨가실 수 있도록 저희가 정책 확실하게 할 것입니다. 부동산 문제는 우리 기성세대가 만들었는데 그 고통을 우리 청년들이 다 떠안고 있습니다. 그래서 말씀드린 것처럼 특별한 희생을 치르고 있으니 특별한 보상이 필요하다, 그래서 신규 공급하는 아파트는 30%를 청년들에게 우선 배정하자 동의하십니까? 여러분?

  그리고 용산공원 인근에 10만 호가량을 짓게 될 텐데 그곳은 전적으로 청년 기본 주택으로 청년들에게 우선 공급하겠습니다. 여러분. 청년과 생애 최초 주택 구매자들이 돈을 마련하기 어렵습니다. 금융규제를 완화해서 LTV 최초 구입자는 90%까지 완화하고, 다주택자의 양도세 중과 한시적으로 완화해서 집 내놓을 수 있게 할 것입니다.

취득세도 최초 구입자는 50% 더 감면하고, 그리고 여러분 금융에 문제가 생기면 다주택자들 건물 구입하는데서 규제하면 되지, 집 평생 처음 사 보겠다는데 거기다가 적용할 필요 없지 않습니까, 여러분?

여러분, 시간이 길어졌다고 자꾸 저보고 빨리 끝내라는 사인이 옵니다. 여러분 그래도 제가 할 말은 다 합니다. 여러분 부동산 문제 저에게 맡겨주십시오. 그리고 우리 청년들 나중에 노인 되면 어르신 되면 혹시 나 너무 가난해서 어떻게 되지 않을까 이런 걱정하지 않게 해야 되지 않습니까? 우리 모두 마찬가지 아닙니까? 우리도 언젠가는 노인 되지 않습니까? 그래서 여러분 노인기초연금을 40만 원으로 증액하는 데다가 더해서 부부가 같이 산다고 깎는 거 이런 거 하지 않고, 일해서 돈 번다고 깎는 거 이런 거 하지 않아서, 부부면은 80만 원 받을 수 있도록 그런 삭감제도 없애겠습니다. 여러분.

여러분, 여러분도 다 아시는 것처럼 이번 대통령선거는 과거로 갈 것인가 미래로 갈 것인가가 결정됩니다. 여의도의 정쟁 정치가 계속될 것인지 국민을 위한 민생정치가 새로 시작될 것인지가 결정됩니다. 선도국가로 도약할 것인가, 위기 앞에 무너질 것인가가 결정됩니다. 매우 중요한 선거인데 우리의 운명을 결정하는 선거인데, 이재명이냐 윤석열이냐 고민할 것이 아니라 나의 미래냐, 아니면 퇴행이냐를 결정해야 합니다. 어느 쪽을 선택하시겠습니까?

여러분, 우리 민주당. 그동안 양당 독점 체제에 의존하면서 많이 부족했습니다. 이제 당론으로 결정했기 때문에 빠꾸가 안 됩니다. 여러분 이제는 그냥 가야 합니다. 우리 민주당 믿어주시겠습니까? 우리 민주당은 이재명과 함께 부족한 점 반성하고 성찰하고 그리고 새롭게 혁신해 나가고 있습니다. 상대는 안타깝게도 미래에 대한 얘기 없이 정권 심판만 외치고 있습니다. 정권 심판에서 더 나쁜 세상 되면 누구 손해입니까, 여러분? 우리를 위해서 미래로 나아갑시다.

누군가의 미래는 거울에 비친 그의 과거라고 합니다. 약속을 지킬지 미래를 잘 만들어낼지 보시려면 그가 살아온 과거를 보십시오. 그가 만들어낸 실적을 보십시오. 실적으로 실력이 증명된 유능한 준비된 대통령 후보 누구입니까? 여러분.

이 나라의 진정한 주인이고 민주 공화국의 주권자이고 역사와 대한민국의 운명을 결정하는 여러분께서 이번 3월 9일에 3월 10일 이후에 대한민국의 운명을 결정해 주십시오. 여러분을 믿겠습니다. 믿어도 되겠습니까?

누가 그렇게 얘기했습니다. 이재명이 시장일 때 가장 성남시장답더라. 이재명이 도지사일 때 가장 경기도지사답더라. 이재명이 대통령이 되면 가장 대통령다운 대통령이 될 것이다. 동의하십니까? 여러분.

여러분, 물건 살 때도 후기 써보시고 비교해보고 그러시지요. 우리 성남

다시, 이재명

시민들께서 이재명 써봤더니 품질도 좋고 성능도 좋더라 리뷰 후기 많이 써주셨습니다. 우리 경기 도민들께서도 이재명 써봤더니 확실하게 맞더라, 다시 쓰자. 여러분도 이 리뷰 후기 믿고 한번 써주시겠습니까?

감사합니다. 여러분 3월 9일 뿐만 아니라 이제 3월 4일, 5일에 사전투표 있지 않습니까? 저도 사전 투표할 겁니다. 전국에 어디서나 아무 때나 할 수 있으니까 여러분 한 번도 빠지지 말고 사전투표 해주시고 혹시 투표 안 하신 분들한테는 전화하고 카톡 만들어서 투표해라, 이렇게 권유해 주십시오. 그렇게 해주시겠습니까? 진짜 마지막으로 이 얘기 하나만 하겠습니다. 김대중 대통령께서 이렇게 말씀하셨습니다. '행동하지 않는 양심은 악의 편이다. 할 수 있는 모든 일을 다 하되, 정말로 할 수 있는 일 없으면 담벼락에 대고 고함이라도 질러라' 맞습니까? 여러분.

망설이는 주변 분들에게 카톡도 보내고, 기사도 좀 보내주고, 엉뚱한 이상한 얘기 하면 아니라고 해명도 좀 해주시고 뉴스 보면 공감도 하나씩 눌러주십시오. 이 작은 실천들이 모여서 큰 역사적 변화를 만들지 않습니까? 세상을 바꾸는 격려도 한 방울의 빗방울에서 시작했습니다.

나비의 날갯짓이 태풍을 일으킨다고 하지 않습니까? 여러분들이 작은 힘들을 모아서 실천해 주시면 대한민국의 새로운 역사가 열릴 수도 있습니다. 여러분들이 잠시 눈 감으면 악몽 같은 촛불 정국 이전으로 되돌아갈 수도 있습니다. 여러분.

여러분, '작은 행동이 나라를 바꾼다.' 김대중 대통령의 말씀 실천해 주시겠습니까? 그리고 이 자리에서 유세하셨던 존경하는 노무현 대통령님, 반칙과 특권 없는 나라 상식의 나라 만들고 싶어 하셨습니다. 그러면서 하신 말씀 하나 있습니다. '민주주의의 최후 보루는 깨어 있는 시민의 조직된 힘이다.'

여러분 행동해 주시겠습니까? 여러분을 믿어도 되겠습니까? 그러면 이거 한 번만 해보겠습니다. 나를 위해(이재명), 서울을 위해(이재명), 대한민국을 위해(이재명), 이재명은(합니다), 이재명은(합니다), 더 나은 내일을 위해(이재명), 감사합니다. 여러분

서울 청계광장 유세

2022.03.08.

존경하는 국민 여러분, 민주공화국 대한민국의 주권자 여러분. 여러분의 선택을 받아서 이 자리까지 왔습니다. 앞으로 여러분과 함께 대한민국의 미래를 책임지고 싶은 이재명 인사드립니다!

국민 여러분, 이곳 청계광장은 우리 국민들께서 촛불을 높이 들어 이 땅의 민주주의를 바로 세운 그런 역사적인 공간입니다.

대한민국은 민주공화국이다. 대한민국의 주권은 국민에게 있고, 모든 권력은 국민으로부터 나온다. 대한민국 헌법 제1조가 그저 말이 아니라 우

다시, 이재명

리 국민의 가슴 깊이 생생히 살아있음을, 국민이 바로 이 나라의 진정한 주인임을 우리는 이곳 청계광장, 그리고 광화문에서 입증했습니다, 여러분.

국민 여러분, 정치는 정치인이 하는 것 같아도 결국은 국민이 하는 것입니다. 대통령은 지배자나 왕이 아니라, 국민을 대표해서 일하는 대리인이자 일꾼에 불과하다는 사실을 이 나라 주권자, 그리고 국민의 손으로 증명한 순간이 있었습니다, 여러분.

국민 여러분, 우리가 광장에서 그리고 거리에서 촛불을 들었던 이유가무엇입니까? 국민이 주인인 민주공화국을 지키자는 절박함이었고, 더 나은 나라를 만들어야 한다는 간절한 열망이었습니다. 공평한 기회가 보장되는 공정한 나라, 모든 이들이 진정으로 자유로운 나라, 전쟁의 위협이 없는 평화로운 나라, 모두가 안전하고 행복한 나라, 희망의 미래가 있는 나라. 바로 그런 나라를 만들자는 간절한 염원 아니었습니까, 여러분?

존경하는 국민 여러분, 저 이재명에게는 꿈이 있습니다. 억강부약! 대동세상! 강자의 부당한 횡포를 억제하고 약자를 보듬어 함께 사는 나라, 억울한 사람도, 억울한 지역도 없는, 그리고 생활고 때문에 극단적 선택을 하는 사람이 단 하나도 없는 나라. 이것이 저 이재명의 꿈이었습니다, 여러분.

청년들이 나고 자란 곳에서 친구를 증오하지 않고 넘어져도 다시 일어설수 있는 나라, 오늘보다 내일이 더 나은 희망이 있는 나라의 꿈입니다, 여러분.

국민 여러분, 저는 우리 국민의 위대함을 믿습니다. 국민의 높은 시민의식과 집단지성을 믿습니다. 위대한 국민과 함께 세계에 내세울 위대한 대한민국을 만들고 싶습니다, 여러분.

국민의 충실한 공복으로서 국민의 뜻을 따르고 용기와 결단으로 반드시 해내겠습니다. 국민이 원하는 일이라면 어떤 장애를 넘어서라도 반드시 해낼 것입니다, 여러분.

존경하는 국민 여러분, 저 이재명에게 기회를 주십시오. 코로나 위기를 넘는 위기극복 대통령이 되겠습니다. 국민을 편가르지 않는 국민통합 대통령이 되겠습니다. G5 선진 경제강국을 만드는 유능한 경제 대통령이 되겠습니다. 오직 국민의 삶만 생각하는 민생대통령이 되겠습니다. 반칙과 특권이 없는 사람사는 세상을 만드는 개혁 대통령이 되겠습니다, 여러분.

어떤 경우에도 국권을 찬탈당하지 않고 주변 강국에 휘둘리지 않는 당당한 대통령이 되겠습니다. 대통령 한 명이 얼마나 많은 변화를 만들어낼 수 있는지 직접 눈으로 체감할 수 있도록 확실하게 해내겠습니다, 여러분. 국민의 더 나은 삶과 이 나라의 희망찬 미래를 국민과 함께 반드시 만들어 가겠습니다, 여러분.

대한민국의 진정한 주인이자 역사의 책임을 지는 주체인 국민 여러분. 이제 대통령 선거가 몇 시간 남지 않았습니다. 이번 선거는 이재명이냐, 윤석열이냐를 결정하는 것이 아니라 나라의 운명과 우리 국민들의 미래를 결정하는 것입니다, 여러분.

국민 여러분께서 주권자의 유용한 도구로 저 이재명을 선택해주시면 김구 선생님이 못 다 이룬 자주독립의 꿈을, 김대중 대통령이 못 다 이룬 평화통일의 꿈을, 노무현 대통령이 못 다 이룬 반칙과 특권 없는 세상의 꿈을, 문재인 대통령이 꿈꾸고 있는 "나라다운 나라"를 반드시 만들어 내겠습니다, 여러분.

그리고 우리 모두의 꿈, 함께 어우러져 모두가 행복하게 살아가는 대동세상의 꿈은 저 이재명이 여러분과 함께 만들어 가겠습니다.

국민 여러분, 저는 국민을 믿습니다. 역사를 믿습니다. 지금까지 국민만 바라보고 여기까지 왔던 것처럼 앞으로도 국민만 믿고 앞으로 가겠습니다, 여러분.

대한민국의 운명과 우리 국민들의 미래가 달린 이 역사적인 대회전의 장에서 마지막 단 한 사람까지 참여한 어게인 2002, 승리의 역사를 함께 만들어 주시겠습니까?

국민 여러분, 우리가 이깁니다. 국민이 이깁니다, 여러분!

3월 10일, 우리가 1700만 촛불로 꿈꾸었던 나라. 국민주권이 온전히 실현되는 나라, 국민이 화합하는 새 나라에서 만납시다, 여러분.

그리고 그 날, 제20대 대한민국 대통령으로서 여러분과 함께 인사드리겠습니다. 어떤 경우에도 국민과 함께 가겠습니다. 감사합니다!

추천사

이재명을 썼다

정철 카피라이터

짧은 기간 이재명의 손이 되어 그의 카피를 썼다. 그를 알아 가면서 첫 문장을 썼고, 그를 채 다 알기 전 마지막 문장을 써야 했다. 그의 몸 안에, 삶 안에 완전히 들어가지 못하고, 안과 밖의 경계쯤 되는 어딘가에서 그를 만났고 그를 썼다. 분명 간격이 있었는데 간격을 밀착으로 바꿔 줄 시간은 부족했다. 덜 숙성된 문장이 밖으로 나가 쟁쟁 열심히 싸웠지만 칼끝이 무딘 그것들은 사람들의 가슴을 깊숙이 찌르지 못했다. 선거는 그렇게 끝났다.

아쉬워서일까.
미안해서일까.

지금도 내 안에서는 문장이 생산되고 있다. 생산하는 게 아니라 생산되고 있다. 내 안에 들어온 이재명에게 시간을 줬더니 스스로 발효되고 숙성되어 자꾸 새로운 문장을 만들어낸다. 그래, 맞아, 이런 칼끝이었어야 했는데. 하지만 뒤늦은 생산. 때를 놓친 문장.

그런데 이 지각쟁이 문장들이 아우성이다. 밖으로 나오고 싶어 아우성이다. 늦었는데, 끝났는데, 지금 세상에 나가 무슨 일을 하겠다는 건가. 나는 그들을 주저앉혔다. 그러자 그들은 머리띠를 두르고 외친다. 우리를 내보내라! 내보내라! 내보내라! 허허, 왜 저토록 나가고 싶어 할까. 가만, 그들이 할 수 있는 일이 정말 있는 건 아닐까. 혹시 나 혼자만 한 번의 실패를 끝이라고 단정하는 건 아닐까. 그들은 때를 놓친 문장이 아니라, 새로운 때를 꿈꾸는 문장 아닐까. 나는 나를 의심하기 시작했다.

그러던 중 이 책 이야기를 들었다. 그의 문장이 책으로 엮인다는 소식. 이것 참. 이들 또한 시간을 놓친 문장인데, 왜 이렇게들 아우성일까. 이유가 있겠지. 분명 있겠지. 책에 실린 문장 몇 꼭지를 읽었다. 아, 뒤늦은 문장은 없었다. 때를 놓친 문장은 없었다. 세상이 이재명의 절반만 알고 투표소에 들어갔다면, 나머지 절반은 이 책 속 문장들이 꽉 쥐고 있었던 거다. 꽉 쥔 손을 풀어 그 안에서 꿈틀거리던 이재명을 세상에 내놓는 책. 이재명 알리기를 다시 시작하는 책. 이재명 알기를 다시 호소하는 책.

『다시, 이재명』

제목의 의미를 알 것 같았다. 끝이라고 생각했던 내 멍청함도 알 것 같았다. 지난 봄 이재명이 찍은 것은 마침표가 아니었다는, 쉼표였다는 것도 알 것 같았다. 내가 주저앉힌 문장들이 두른 머리띠를 풀어 줘야 한다는 것도

338

알 것 같았다. 이 추천사에 무엇을 써야 할지도 알 것 같았다.

한 호흡 크게 숨 쉬고 더 큰 마침표를 향해 다시 달리는 이재명. 지금 그에게 필요한 것은 그의 냄새가 살아 있는 숙성된 문장이다. 이재명다움을 지닌 씩씩한 문장이다. 이 책이 품은 문장이고, 내 안에서 밖으로 나오고 싶어 하는 문장이다. 힘내라, 이재명! 이런 응원가도 물론 고맙지만 그를 알 수 있는, 그를 느낄 수 있는 문장에 보내는 응원가도 들렸으면 좋겠다. 울려 퍼졌으면 좋겠다.

힘내라, 이재명의 문장들!

시대의 나침반이다

박지현 더불어민주당 공동비상대책위원장

민주당 공동비상대책위원장을 맡은 지 2개월이 지났습니다. 하루가 한 달 같다고 느낄 만큼, 수많은 일을 겪었습니다. 그만큼 제가 하는 말과 행동의 무게를 오롯이 느끼고 있습니다. 작은 언행 하나조차 정치적 의미를 담아 해석하고, 때로는 스스럼없이 왜곡하는 일상을 겪으며 생각했습니다. 당의 공동비상대책위원장이라는 직책조차 매 순간이 무거운데, 대통령 후보 이재명은 도대체 얼마만큼 무거운 책임감을 이겨낸 것일까, 짐작조차 하기 어렵습니다.

"미래를 바꾸는 것은 결국 정치다."

20대 대통령 선거 개표가 끝나고도 현실을 받아들이기 어려워, 한동안 제 마음은 3월 8일 홍대 거리에 머물러 있었습니다. 그날 뜻밖에도 이재명 후보가 저를 유세 무대로 초대했고, 재차 마이크를 넘겨주며 제 말을 더 듣고 싶어 했습니다. "젠더를 갈라치고 혐오를 조장하는 사람이 대통령이 될 순 없습니다." 메시지는 간절하고 진심일 때 가장 강력해 진다는 사실을 이재명 후보가 알려주셨습니다.

　과거와 다른 새로운 날들을 우리 청년들이 만들 수 있겠다는 다소 '무모한 확신'을 가지고, 정치라는 세계로 들어선 날입니다. 이재명 후보의 마지막 연설은 지금도 저와 함께 있습니다. "우리가 '틀리다'고만 하지 말고, '다를 뿐이다' 그렇게 다양성을 인정했으면 좋겠다. 차이를 인정하는 것은 배려가 아니라 권리다." 그날 저는 정치가 차별과 혐오가 없는 세상을 만들수 있다는 희망을 가졌습니다. 그때, 가슴에 품었던 저의 희망은 아직 살아있고, 이제 우리의 희망으로 커지고 있습니다.

"이재명의 말과 글엔 뿌리 깊은 나무 향이 나온다."

『다시, 이재명』의 말글을 보면, 이재명 고문이 새롭습니다. 비대위원장이 된 이후 이재명 후보가 대선기간에 했던 말글을 다시 넘겨봅니다.

　대선후보의 말글은 민주당의 약속이고, 우리가 만들어야 할 시대의 나침반입니다. 이재명 고문은 대선 기간 내내 누구보다 많은 말글을 내놓으셨습니다. 정책을 설명하는 이재명 후보는 거침이 없었습니다. 정말 하나부터 백까지, 모든 것을 깊이 파악하고 꼼꼼하게 챙겨온 섬세함이 보였습니다. 소년공 시절부터 지금까지 살아온 말글엔 진실과 감동이, 사회적 약자를 먼저 생각하는 말글엔 그 누구도 흉내 낼 수 없는 이재명의 나이테가,

정말 깊고 진하게 새겨져 있었습니다. 유세현장에서 원고 없는 즉흥 연설을 보면, 청년 같은 열정과 아이 같은 장난스러움도 느껴집니다. 꼭 5월의 푸름을 닮았습니다.

제가 보고 느낀 이재명 고문의 말글을 더 많은 분이 함께 하면 좋겠습니다. 서민의 삶을 바꾸기 위해 고군분투했던 이재명 후보의 지난 시간 궤적을 따라, 때론 유쾌하고 때론 진지한 시간여행을 함께 즐기시길 바랍니다.